U0856947

普京

为俄罗斯而生的万人迷

黄 超◎著

台海出版社

图书在版编目（CIP）数据

普京：为俄罗斯而生的万人迷 / 黄超著.
—北京：台海出版社，2015.5

ISBN 978-7-5168-0609-8

Ⅰ.①普… Ⅱ.①黄… Ⅲ.①普京，F.F.（1952～）—传记
Ⅳ.①K835.127=6

中国版本图书馆 CIP 数据核字（2015）第 081758 号

普京：为俄罗斯而生的万人迷

著　　者：黄　超

责任编辑：王　品
装帧设计：张子航　　　　版式设计：红　英
责任校对：刘瑞彩　　　　责任印制：蔡　旭

出版发行：台海出版社
地　　址：北京市朝阳区劲松南路 1 号　　邮政编码：100021
电　　话：010-64041652（发行，邮购）
传　　真：010-84045799（总编室）
网　　址：http://www.taimeng.org.cn/thcbs/default.htm
E-mail：thcbs@126.com

经　　销：全国各地新华书店
印　　刷：河北信德印刷有限公司
本书如有破损、缺页、装订错误，请与本社联系调换

开　　本：710 mm×1000 mm　1/16
字　　数：196 千字　　　　印　　张：17.75
版　　次：2015 年 6 月第 1 版　　印　　次：2024 年 1 月第 3 次印刷
书　　号：ISBN 978-7-5168-0609-8

定　　价：58.00 元

序　莫斯科不眠夜

距离普京第三次当选俄罗斯总统已有几年时间，如今，他已经如愿以偿地成为一个为俄罗斯而生的重量级人物。可以说，时势选择了普京，普京也造就了时势。他一边享誉着男人的崇拜和女人的爱慕，一边全盘操控着十几年来俄罗斯的政局变化。

他就像一针“俄式兴奋剂”，他的每一次登台亮相，几乎都会引爆两种不同的民众呼声：我们期望稳定，我们期望俄罗斯重振雄风。

现在，让我们回顾一下那个备受全世界关注的莫斯科不眠夜。

2012 年 3 月 4 日，是俄罗斯总统大选的日子。3 月份的俄罗斯，还是银装素裹的冬天，漫天风雪却浇不灭俄罗斯人民参与总统竞选的热情。总统大选对任何一个国家来说都是一件相当重要的事情，为了赢得竞选，总统候选人的拉票可谓奇招频现。

作为总统候选人的亿万富翁米哈伊尔·普罗霍罗夫甚至包下了俄罗斯街头的所有广告牌。在这些广告牌中，普罗霍罗夫身穿西装革履，广告牌的一边写着“新的总统，新的俄罗斯”。几天之后，普罗霍罗夫更换了这些广告牌，广告牌中的他换了一套衣服，旁边的字也换成了“要管理，不要统治”。不过这种换汤不换药的行为，并没有取得多少成效。

相比其他候选人花样百出的竞选方式，普京显得异常冷静。他甚至没有在竞选广告中投入多少费用，在他眼中，要想赢得竞选，最好的办法就是让人民切身感受到你为他们做的努力。

俄罗斯人民对普京的好印象不言而喻，更何况普京在电视新闻当中出现的次数越来越多，混个脸熟的目的早就达到了，他完全不用花费额外的时间与精力在竞选广告上。

不过在这次总统竞选当中，俄罗斯人民还是分为两大阵营，一派支持普京，另一派反对普京。支持派感激普京这些年来为俄罗斯所做的努力，他们相信普京有能力带领俄罗斯走向辉煌，认为普京还是俄罗斯的希望之光；反对派则称，普京继续担任俄罗斯总统，只会因过于迂腐的思想而阻碍俄罗斯的发展。

普京知道，反对派反对自己的原因之一，是担心自己思想迂腐，不能与时俱进，他对此表示理解。他虚心听取了各种意见，通过与不同社会群体交流来发现自己的不足，在不断改进自己方案的同时，希望能得到更多人的支持。

在竞选期间，普京发表了多篇文章，在这些文章当中，他用一种直白的语言，简单直接地向俄罗斯人民来阐释自己未来的执政方向。

普京的努力没有白费，原来一直下降的支持率终于有了回升的趋势，形势的发展对自己越来越有利。

“除了普京，我们还能选谁?”退休的公务员维多利亚·谢苗诺娃这样说道。

2012年3月5日，俄罗斯总统大选终于有了结果：普京以超出60%得票率的绝对优势在第一轮选举中直接胜出。

答案揭晓之后，全国欢腾，世界也为之一震，因为这是普京第三次当选俄罗斯总统。为了庆祝这个难忘的日子，普京的粉丝们在莫斯科的马涅什广场召开了集会。就是在这个集会上，令人终生难忘的一幕发生了：这个被称为硬汉、“普大帝”的典型俄式的彪悍男人，居然在演说时流出了激动的泪水!

男儿有泪不轻弹，只是未到激动时。这次，在场的每一个人都清晰地听到，普京那带着沙哑的声音从结实的胸膛中有力地传出，在广场上空久久回荡不散：

“曾经，我问你们，我们会赢吗？现在，我们赢了!”

如果说普京等待这个结果煎熬了几十个小时，不如说他蛰伏了整整4年。4年间，没人了解身为总理的他在如何规划着下一次竞选，没人了解满腔热血的他如何盼着时光一点点的流逝。正如《基督山伯爵》中埃德蒙说的最后一句话：人类的全部智慧，都在“等待和希望”这五个字之中。

正是因为甘于退却在闪光灯的阴影下，“普大帝”重新“登基”了。在3月4日这个寒冷却喧躁的夜里，普京真的激动了。面对着为他摇旗呐喊的11万名死忠粉，一向不轻许诺言的普京竟然开口说："我曾向你们保证，我们会胜利，现在，我们胜利了。这是俄罗斯的光荣!"讲完这句话之后，普京前往设在"全俄人民阵线"的竞选总部，继续庆祝属于他乃至整个俄罗斯的胜利。

英雄不惧平凡日，自有桑沧荣光时。从2000年普京第一次入住克里姆林宫时起，普京这个名字就和冷峻、铁腕、强硬等多个词绑定在了一起。岁月荏苒，12年的光景没有分解普京这个名字的震撼力，而让人意外的是，这个俄罗斯纯爷们居然流下了眼泪。想来，这也和他不得不蛰伏4年不无关系：由于俄罗斯宪法对总统任期的限制——总统每任只有4年，而且只能连任一次。因此2008年，当普京做满两届8年的总统之后，无论民众对他有多么爱戴，他也只能老老实实地将总统之位让给别人。不过这个接班人不是别人，而是普京大力扶持的梅德韦杰夫。梅普二人相当默契，所以在梅德韦杰夫在任期间，他对宪法进行了修改——将总统的每届任期增加到6年。所以，普京如果再连任一届，就是整整12年——相当于以前的3个任期。

正如贵族都有专属的裁缝给自己做衣服一样，梅德韦杰夫也为普京"量身"修改了宪法。这虽然在某些人眼中有些违背民主的意思，但却符合俄罗斯风格。由此，普京有机会践行他的著名承诺——"给我20年时间，还你一个奇迹般的俄罗斯!"

这个男人，上得天入得海，骑得骏马驾得飞机，开得了枪唱得了歌，游泳无人能出其右，柔道足以横扫天下……这样一个男神般的男人却有点冷，他似乎只有一种表情，那就是无论面对何种磨难、何种困境，目光总是坚毅地注视着前方……这个有点冷的男人却也挺机灵，在当天的集会结束后，普京的新闻发言人佩斯科夫居然马上针对“流泪事件”翻案：他没哭，只是冷风吹到了脸上……

选举的大幕终于落下，“普大帝”的神话得以继续，俄罗斯人民的希望得以继续，全世界对这个政坛男神褒贬不一的评价和关注得以继续。

正如俄罗斯媒体所说：除了普京，你还能把选票投给谁呢？

男神终于再次登场，好戏待续，这一次他的任期是6年。

目　录

1

小胡同的大人物

男神的家族

有人说，但凡身居高位者，必定有着贵族的血统——至少也有着类贵族的气质。关于出身，普京本人经常提到的一句话是：我就是一个平凡人。

事实真的如此吗？当人们真的挖掘这位传奇人物的家族背景时，从他们的家谱中还真的找到了一些能人轶事。

让时间回溯到 18 世纪，看看普京的曾祖父——弗拉德·普京内。这个在历史上名不见经传的人物，曾经是彼得大帝的卫兵，而且他曾经在一次行途中，亲手抓获了前来行刺彼得的土耳其刺客，得到了大帝的赞赏和信任。有意思的是，当彼得大帝问起普京内的名字时，不由得皱了皱眉。原来，“普京内”在俄语中有“圆桶”的意思。彼得大帝差点笑喷，如此威猛的勇士怎么能配这么一个名字？改了！于是，普京内从此更名为普京。

彼得大帝没有亏待救命恩人，将普京内擢升为上尉卫士，另外还赏赐给他一块封地，地理位置相当不错，就在圣彼得堡附近。可能因为刺客从这以后“断货”了，让普京内英勇护主的传奇故事没有再度续写，他也就凭借着这块封地继续过着平淡的生活。

虽然彼得大帝没有给普京内更高的荣誉和更多的财富，却让这位勇士的血脉得以传承下来。弗拉德·普京娶妻生子，过得很顺利，先后生了 6 个儿子，其中有一个名叫斯皮里顿·伊万诺维奇——即普京的祖父。

斯皮里顿不是普通人，他是那个时代俄罗斯的“食神”。

1894 年，斯皮里顿到圣彼得堡学习厨艺，用了 5 年的时间学有所成。回去之后，由于手艺不错，又被店主出资送到波兰继续深造。海归的斯皮里顿更是了不得，他所在的饭店因为他而名气大噪。

一个偶然的机会，斯皮里顿得到了当地“圣愚”的认可，一下子走红厨坛。“圣愚”是干什么的？是当时社会大众广为崇拜的人物，据说能占卜未来，还能捉鬼治病——类似所谓的巫师。得了如此重要的“大众美食点评”，斯皮里顿自然名传千里。店主为了留住这棵摇钱树，给他开出了每月 100 卢布的薪水——这在当时可是“有竞争力”的工资。

斯皮里顿绝对是个德艺双馨之人，他知恩图报，因为备受店主赏识而更加负责和敬业了，用积攒下来的钱结了婚，娶了一个名叫奥莉加的女子。奥莉加是个持家有道的妇人，每月精打细算过日子，将斯皮里顿一半的薪水存进银行。

当时，俄罗斯的很多饭店都有个潜规则：厨师往往会从饭店拿一些菜、肉回家，算是自己给自己发了福利。对于这种陋习，店主也只能睁一只眼闭一只眼。然而斯皮里顿却从来没干过这种事，因为在他眼中，这就是一种偷鸡摸狗的行为，他要坚守做人的基本原则。

有原则的人最让人敬佩，斯皮里顿的质朴和忠实，让店主更加意识到自己捡了块真金。所以每逢节日，店主都会不声不响地派伙计拿着糖果和蛋糕，送到斯皮里顿的家里，给他的孩子们吃。就这样，雇佣双方在和谐融洽的气氛中相处。

可惜好景不长，斯皮里顿这种无忧无虑的日子伴随着沙皇政府的腐败逐渐走向了终结。没过半年的时间，圣彼得堡就爆发了震惊世界的“十月革命”。

斯皮里顿虽然不是一个热衷政治运动的人，然而家族的遗传基因，却给了他广博的见识和清醒的头脑。当他掂着大勺做菜时，脑子里偶尔也闪过他所目睹的民生惨状，他知道积重难返的俄罗斯必将经历一场前所未有的大变革。

在十月革命爆发后，斯皮里顿看到街上涌动的一张张兴奋的面孔和在水兵刺刀下发抖的贪官恶霸，也加入到庆祝的人群中去，还忍不住狂吻妻子说：“革命了，人民可以当家做主人啦!”

可让斯皮里顿没想到的是，十月革命的大火烧得实在太猛，在烧毁了沙皇政府的同时，将他的个人利益也燎掉了一部分——他存在银行的积蓄全部没影了。更糟糕的是，圣彼得堡又发生了严重的饥荒，粮食供应不上，家家都在挨饿。没办法，斯皮里顿只好带着一家人回到老家波来诺沃，从此，一代名厨辞别了菜刀，拿起了镰刀。

就在斯皮里顿一家陷于困顿之际，一位新政府干部的登门拜访，彻底扭转了他们的命运——邀请斯皮里顿去莫斯科郊区的哥尔克镇工作。当斯皮里顿问那干部具体的工作时，干部的回答让他吓了一跳：为列宁一家人做饭！

斯皮里顿自然满口答应，于是从农夫变成了领袖家的厨师。后来列宁逝世后，凭着忠厚的品行和高超的技艺，斯皮里顿又成为斯大林家的厨师。

合上普氏家谱想想，斯皮里顿大概是和领袖人物靠得最近也是接触时间最长的一个人。人们有理由相信，普京从祖父的身上吸取了领袖的气质和光华，让他在冥冥之中也朝着领袖这个位置步步靠拢。

普京的父亲名叫弗拉基米尔·斯皮里多诺维奇，也被人称为“老普京”，是一个不爱说笑的人，他和妻子玛丽亚·伊万诺芙娜之前生过两个孩子，可是都不幸夭折了。在玛丽亚41岁那年，普京像一颗姗姗来迟的瑰宝，降生在这个平凡的家庭中。自然，普京得到了父母无与伦比的宠爱，他曾经回忆说：“这辈子除了我，母亲没有其他任何追求。每件琐碎小事都时刻体现着她对我的这种疼爱。”

接触过普京一家的人都说，普京继承了父母身上的很多特质：从母亲身上，他继承了自然、朴实和善良的品质，在和别人谈话时眼神中总是流露出一种真诚；从父亲身上，他继承了做事严谨认真、专注规矩的个性。

虽然父母把优点传给了普京，赠予了他一笔丰厚的精神财富，但是这个家庭并没有给他足够的物质财富。当时，普京一家生活在圣彼得堡巴斯科维胡同里，住的是20平方米的公用房间。每一次用水，都要将沉甸甸的木桶从一楼提到五楼。

楼道里的卫生环境也不怎么样，总能看到一些硕大无比的老鼠快乐地奔跑着。后来，幼年时的普京就把追赶这些大老鼠当做免费娱乐项目之一。当然，有时候他会搞些恶作剧，把被赶到角落里的老鼠扔到人群中。

在幼年时代，普京没有一件像样的衣服，不能说破破烂烂，也是补丁叠着补丁。后来在他到科米自治共和国参加建筑队的义务劳动之后，总算给自己买了人生中的第一件新大衣。普京一家的生活状况，也是那个时代普通俄罗斯百姓的生活缩影：几乎人人住着狭小的公房，分配着可怜巴巴的食物，各家的生活水平大致相当。

贫穷伴随着普京的童年，可饱满的精神一直滋养他的人格成长。吃不饱穿不暖，顶多让他身体上受点罪，而家庭生活的和睦与父母的关爱，却让他快乐成长。这个工人家庭成为普京人生中的第一座城池：父母守护着他，爱着他，让他的精神世界充满阳光。

也正因如此，普京拥有了一个良好的人生开端。兜里没钱不要紧，他会靠着自己的努力，让腰包渐渐鼓起来，让更多的同胞们脱贫致富。

顽童“成熟季”

常言道，初生牛犊不怕虎，正因年少无知，才无所畏惧，才会英雄出少年。

普京幼时就表现出了异于常人的独立个性，他严肃、自由、不喜欢被拘束，在学校里经常独来独往。

小时候的普京，在老师眼中便是个问题少年。

普京的不安分，表现在他不受管教的方方面面。对于这样的孩子，老师自然要严加管教，但加在普京身上的束缚越多，他的不安分就表现得越明显，反抗的心理早就在他心中萌芽。学校里不乏像普京这样调皮捣蛋的孩子，几个同样不安分的小伙伴聚在一起，难免会有冲突发生。在接连不断的打架事件里，普京大多都是参与者，他也因此成了老师办公室里的常客。

不只是老师，就连普京的同学也为他的顽皮感到头疼。普京的小学同学鲍里先科曾回忆道："普京小的时候并不是同伴的好榜样。"他说，普京身上可以找到所有小男孩该有的毛病。他经常利用课间时间在走廊里乱跑乱喊，打扰同学休息，经常跟同学打架，甚至还常常跟老师顶嘴。

如此顽皮，甚至"顽劣"的普京，惹出麻烦事是家常便饭：考试作弊被抓、撕毁数学作业、与体育老师对着干、因为打架被叫家长……在学生手册上，老师给普京的评价几乎都是负面的——"上课前将黑板擦往同学身上砸去"、"上课时大声讲话"、"上课不听话，经常弯腰捡笔"、"课间休息爬楼梯，做一些危险的事"、"回家没做作业"、"在学校里经常帮助同学检查作业"，等等，最后一条似乎跟之前的格格不入，难不成他有抄袭的"案底"？

在当时的苏联，学生的成绩采用 5 分制评定，普京的成绩并不算优秀，他的绘画成绩才得 2 分，算术以及自然课的成绩只有 3 分，属于中等偏下的水平，但他也有拿手的科目，体育、历史的成绩都是 5 分，达到了优秀水平。看来，今日普京的柔道成就，是小时候打下的底子。

幼时的普京真可谓劣迹斑斑，且成绩平平，但这并不表示他是个主动惹是生非的家伙。一次，普京与同学一起打篮球，突然意外发生了。不知是谁不小心推了一下当时正在抢球的帕维尔·维诺格拉多夫，他的手不小心戳到了他身边普京的眼睛。

普京争强好胜的性格是出了名的，帕维尔知道自己是无心的，可还是担心普京会狠狠揍自己一顿。

普京的确常常打架，但并不是不明事理，他知道帕维尔是不小心才会伤到自己，所以并未生气，很有风度地接受了帕维尔的道歉。普京的大度也让帕维尔对他有了新的看法，两人很快成了朋友。

少年普京有着与其他男孩一样争强好胜的性格，也渴望当群体里的领导者。那时普京就知道，一副瘦弱的样子是当不上“孩子王”的，要想成为领袖，必须拥有强健的体魄，卓越的才能。

因此，普京也很早便投入体育锻炼之中，所有体育项目中，他最热衷搏击运动。

拳击被称为“勇敢者的游戏”，双方进行攻防对决，不仅仅是拳头与拳头的较量，更是体能、心理的角逐。拳击又被称为“艺术化的搏斗”，强大的爆发力以及赛情的多变性，都让普京为之着迷。在一次搏击训练的过程中，普京的鼻子受了重伤，疼得他龇牙咧嘴，轻触鼻尖都是锥心的疼。因此，他对拳击的热爱也渐趋于平静。

当时，苏联兴起了学习柔道的热潮，喜爱搏击运动的普京自然没有错过。

普京是在离家不远的特鲁德体育俱乐部学习柔道的，在那里他也遇到了自己的恩师——安纳托列·西姆耶诺维奇·拉科林，这位把一生都奉献给柔道教育事业的老师，对普京日后的生活产生了巨大影响。他不仅是普京的柔道老师，更是普京人生的导师，普京日后回忆起这位老师时也满怀感激地说："我一生都忘不了他。"

学柔道之初，普京每隔一天去训练一次，后来随着了解的深入，他慢慢发现了柔道中的美感，以至于后期都没时间去做别的事情了。普京在学习柔道时便为自己立下了目标，一定要在这上面取得成绩！

在普京学柔道后不久，空手道开始在民众间流行开来，但他这次没有随众。原因很简单，他没钱。柔道俱乐部不收取费用，学空手道则需额外交很多钱，普京和其他学柔道的小伙伴大都来自清苦之家，负担不起昂贵的空手道费用，为了不加重家里的负担，他选择了放弃。

另一方面，在普京看来，空手道、柔道都需要花费精力、刻苦流汗、坚持训练，都不是单纯的竞技搏斗，需要技巧的训练以及战术的运用，是智慧与运动紧密结合的高雅的体育项目，两者并无太大区别。

普京在学柔道时，曾发生过一件事，这件事让普京对柔道彻底着魔了。

特鲁德体育俱乐部训练的地方是一个体育馆，面积不大，俱乐部的体育项目轮流在这个体育馆进行训练。一天，教练领着他们去体育馆准备当天的柔道训练。当他们来到体育馆时，发现原本应该是他们使用的场地，却被一些学空手道的学生霸占着，他们丝毫没有要结束的样子。

普京的教练走到对方教练跟前，声明他们的练习时间已经结束，可对方教练连头都没有抬，还让学柔道的走开。普京的教练当即火冒三丈，二话不说，直接把那个人翻倒在地，用力一甩，把他甩在一旁，那人当即失去了知觉。

回想起当时的情形，普京现在还记忆犹新，这也让他更加坚信，柔道是一项很带劲儿的运动项目。

普京贪玩，他的父母为此也很担心，好在他并没有因此沾染上任何坏习惯。即便如此，当普京告诉父母自己要学柔道时，还是遭到了父母的极力反对。他们担心普京是在学习一些不好的东西以此来向别人炫耀。

后来，柔道教练对学生进行了家访，当教练将普京刻苦训练的情况告诉给他父母时，他的父母才意识到，普京这次不是闹着玩的，是真的希望能在柔道上做出成绩。

在普京的思想里，做事就要做到最好，他的这种要强性格也加快了他走向成功的步伐。仅仅学习两年柔道，他就开始在各大赛事上获奖，当真实现了当初的承诺，也向父母证明了自己。

柔道的学习过程很艰辛，可也很愉快。在训练的过程中，普京养成了不服输的性格，也变得更有涵养，他说："从小喜爱体育运动使我养成了尊重对手的习惯。"

尊重对手，才是对自己最大的尊重。如此优秀的品格，对普京日后的政治生涯也起到了推波助澜的作用。

2000 年竞选总统的时候，普京这样评价自己的竞争对手——俄共领导人久加诺夫，他称久加诺夫及俄共拥有强大的社会基础。普京尊重对手，对于昔日老师的恩情也没有忘记，2000 年 5 月 7 日，普京在总统就职仪式上，还邀请了自己的柔道教练。这样一个吃水不忘挖井人的人，没有成就才是怪事呢！

从政，他是块好料子

有些人自儿时就显露出某些方面的天赋，比如音乐天赋、绘画天赋，普京也不例外，他显露出的是非凡的从政才能。

并非所有人都适合从政，从政者最重要的才能是什么？或许是善于从事件中得出经验教训的才能，并利用所得经验完善自己。

普京并没有很早地显露出在学习上的天赋，可差强人意的成绩并不代表他没有过人之处。普京成绩不好，调皮捣蛋，但他思想似乎早熟于同龄人，甚至在同伴们踢毽子、玩翻绳之时，他已意识到要学会反思自己。从政者的血液，就这样在普京的身体里慢慢沸腾了。

普京调皮，不免“欺人”和“受人欺”，在他的战绩里，有一桩挨打的经历让他难忘，这是他第一次挨打。不过，挨打这件事本身并不重要，重要的是挨打后想了些什么。

那时欺负普京的是一个“瘦猴”，他看上去十分羸弱，年纪比普京大，也比普京有力气。虽然普京在这件事上吃了亏，但他说：“这件事不啻是街头‘大学校’，这‘大学校’第一堂就给我上了很重要的一课……”正是因为体会到了弱者的劣势，普京才决定要变得强大。他称这是一个“很重要、很好的教训”。于是，他开始从这“珍贵”的教训当中总结出了一些经验。

首先，普京从自身出发，找到自己的错误，他说：“我不对。”事情的经过其实很简单，当时那个年长的男孩对普京说了句话，之后普京很粗鲁地顶了那人一句，后来普京称那句话“简直可以把人噎死”，正因为那句没水平的话，才造成接下来的打架事件。普京称，他应该为此深刻反省。

其次，他认为自己不应该以貌取人，对待任何人都应该尊重。因为对方给他的第一感觉是：瘦弱，所以他才会贸然顶嘴，倘若对方是个高大威猛的壮汉，他可能就偃旗息鼓了。这件事让他明白，不论是谁，都应予以尊重，他说这次事件是有“示范意义的教训”。

再次，他觉得要想还击对方，自己就应该处于强者的地位。这次打架事件错在于他，但不论自己的立场是否正确，想要予以还击，必须要比对方更厉害才行。一如这次事件，尽管普京回嘴还击，接下来的搏斗中，那人霸道的攻击丝毫没有给普京还击的机会，他被单纯地压制着，一直处于弱势。

最后，普京认为自己应该随时做好准备，一旦被人恶意欺负，就应该立即予以还击。想要最终胜利，就应该大胆进攻，放手一搏。同时绝不惹麻烦，若有非常情况发生，一定回击，想要成为最后胜者，就应该咬牙坚持到对打结束。这样看来，普京的硬气来自于骨子里。不能练习，也没法练习，这是一种气质。

其后，普京一直谨守着这些打架哲学，从这几点经验总结中，我们便可看到一个坚定、刚毅、果敢的硬汉形象。正因他这洋溢着阳刚之气的形象，才使之后来被称为“欧洲牛仔”。

普京的顽皮、坏小子形象，并未维持很久，在小学6年级时，他突然一改以往“顽劣”的形象，这让他身边的同学都大吃一惊。

从6年级第一学期开始，普京就变得温文尔雅，谈吐举止礼貌且大方，做事规矩且仔细，“好孩子”的形象正慢慢被激活。

在这个学期里，普京认真学习，成绩突飞猛进，尤其是他的德语成绩，名列前茅，在班级里特别突出。普京这次180度的大转变，在老师眼中简直就是奇迹。原来那个让所有老师都格外头疼的顽皮小鬼消失了，换之以如此爱学习、有礼貌的优秀少年，真令人惊诧。

由于改变，普京在6年级第二学期加入了少先队，成为了一名光荣的少先队员。值得一提的是，普京当时的入队仪式是在列宁格勒市郊的一个博物馆的大院里举行的，在所有人心中，这是一个伟大的时刻，这是一个坏小子转变为好学生的最好证明。

有人不禁好奇，究竟是什么原因让普京下定决心改头换面呢？

普京的这一改变，源自一次“同志审判会”。

普京的调皮劲儿让当时居所的居民们大为不满，为了让他改掉坏毛病，大家为他开了一次“批判会”。在“批判会”上，众人列举了普京的种种恶习，并要求他改掉这些恶习，还威胁他如不改掉，就把他送到少年教育所接受劳动改造。

小孩子毕竟不懂事，在大人的“恫吓”之下，普京意识到自己身上所存在的缺点与不足看来真的很讨人厌，于是他下决心改正。

就是这个原因，才促使普京改变自己，训练自己的谈吐举止，端正自己的品行，让自己看起来更有教养。虽避免不了一些小错误的发生，但与之前相比，早就判若两人了。

看见普京逐渐走向正轨，维拉老师由衷地高兴，她曾经这么评价过普京——“有潜力”、“有个性”、“有劲头”，甚至她曾这样说道：“这孩子日后定能成大气候。”普京也没让维拉老师失望，终成一代政坛英雄！

当然，仅仅是善总结、爱学习就想成为一国的统帅，这还远远不够。普京所接受的教育并不是最好的，他所处的教育环境也仅仅是中下水平，他再怎么优秀也仅是亿万儿童之一，若非有非常之机遇，以及自身非常之能力，他也难成大器。

普京每每谦虚称自己是普通人，可他实在不普通。他的特殊，还体现在对体育的热爱上。

小时候的普京十分活泼，这是同学们对他的一致印象。维克托·鲍里先科是普京小学的同班同学，他是这么说普京的，“他就像是有多动症一样”，这也难怪低年级的时候，他不能安稳在课堂上学习了。可想而知，对于一个好动者而言，安安静静待几十分钟是多么艰难的事情啊。

普京有很强烈的求知欲，只是这心思没用到课堂上。与其在自己不感兴趣的地方浪费时间，还不如多花些时间让兴趣膨胀。身边有趣的事物，丰富多彩的世界，都让普京好奇。

对那时的普京来说，体育运动就是他的一切，他愿意将自己所有课余时间都放在体育训练上。他小时最好的玩伴维亚切斯拉夫·雅科夫列夫，回忆起幼时与普京一起玩耍的时光，曾经这么评价过普京，“他到学校可不是来学习的”、“一放学就急着往训练场赶”。

普京学过拳击，但在一次训练中受重伤后就放弃了这个爱好。他的个头在男孩当中并不算高，打篮球也有些吃力，进不了篮球队。那时男孩们还喜欢去操场踢足球，可惜普京没有机会参加。或许，普京就是为了柔道才在潜意识中“等待”。

直到11岁时，他算是找对了门路，开始接触柔道。几年刻苦训练，他的柔道技巧得到了很大提升，并且也得到了很多人的肯定。普京在柔道上的成就，与他的教练安纳托列·西姆耶诺维奇·拉科林的悉心教导密不可分。

拉科林不仅教会普京柔道的技巧，还教给他很多做人的道理。“也许是教练对我的生活产生了决定性的影响”，普京曾经这么说道，“如果我不从事体育，不知道后来会怎样。”体育不仅仅是锻炼了普京的身体，还教会了他塑造自己的品格。

普京性格刚毅，处事果断，这让他在政坛如鱼得水。而影响他，使他养成现在坚韧之风的人，正是他的父亲。

普京的父亲曾经是一名军人，善良智慧、严肃正派，是个富有远见的人。对于唯一的孩子普京，他自然是细心教导。他从小就教育普京要正直勇敢、脚踏实地，在父亲这么一个英雄式思维的熏陶下，普京也逐渐养成了朴实、踏实、坚韧的性格。作为一个在军人家庭长大的孩子，普京从小就被教育要成为一名对祖国、对人民有贡献的人。最终，普京不负所望。

普京父母并没有很好的工作，但普京认为，父母是给予他生命的人，给予他他们能力范围内最好的东西，自己没理由责怪父母没有给自己更好的物质生活，“正因为有了他们，我才能有一个良好的人生开端。”普京一直敬爱自己的父母。

普京的母亲在1989年冬天因癌症去世，他的父亲在他被任命为俄罗斯总理的前一周也离开了，对他予以厚望的父母，没能看到自己的孩子成为总理的那一天，真的是非常遗憾，但他们预料到普京不会仅在原地踏步，他们相信，自己的儿子会在更广阔的舞台施展拳脚。

普京身居高位，日理万机，但他仍然选择在繁忙的公事之后，回到故乡为父母扫墓。这样一个挂念已作古的父母的人，又怎会辜负民众对他的期望？

2 校园“一哥”

结缘“281”

一如许多不谙世事的孩子一样，普京很小的时候也有属于自己的“乌托邦式”梦想，他的梦想与众不同，不是医生、教师、科学家，而是——特工，他想进入克格勃，他将克格勃当做自己最大的追求。这让老师惊讶不已，于是留下“年纪不大，志气不凡”的评价。

其实，在卫国战争之后，在苏联像普京一样想成为特工，并将这个当成自己梦想的人不少。梦想虽美，可愿意付出实际行动的却并不多，普京即是少数愿意努力去实现自己梦想的人之一。

普京十几岁的时候，就开始为进入克格勃做准备了。

想要成为一名特工，仅仅拥有强健的体魄还远远不够。特工工作性质的特殊性，决定了每一个特工都必须精通各种外语。身手矫捷、精通外语，这还仅仅是最基本的要求而已，为了完成之后的工作，还必须拥有良好的化学知识，达到精通水平，这就有难度了。因为当时苏联的教育机构对化学方面的知识不太重视，所以普京想要成为特工，就必须从现在的第 193 学校转到另一个重视化学教学的学校。

列宁格勒第 281 中学——普京之后转学就读的学校，它是一所工学院的附属中学，故此十分重视工科类的教学，其中以在化学方面的教学成果为最。

列宁格勒第 281 中学是一所实验化学中学，对化学方面的知识相当重视。每天都有一节化学课，且在周五的时候，化学课将会延长至 5 个小时。故而对普京来说，这是一所他理想中的学校，也是他实现自己梦想之地。

第 281 中学并不仅重视化学教学，其他科目也同样重视。其对教学质量抓得比较严，正因为如此，才能挤进列宁格勒的名校榜内。

从一个学校转到一个学校，新的环境让普京刚开始时有点适应不了，这主要在于两个学校的教学氛围相差太大。这并不是说普京原先的第 193 学校的教学质量差，只是第 281 中学的教学过于严格。不仅课上教授的内容要比其他学校深，教学进度也较其他学校快。

刚开学时，普京来到学校，语文老师就已经开始介绍索尔仁尼琴的作品了，这比普京原先学习的课程超前好几个课时。不仅进度快，老师还会向学生介绍维克托·涅尔拉索夫的作品，可他的作品在当时并不允许出版，像他的《在斯大林格勒的战壕里》一度被认为是禁书，学校这种大胆的教学风格，在当时极为少见，至少在普京原来的学校里是绝不可能出现这种情况的。

第281中学的教学质量很好，这里的老师主张“人性化教学”，对学生比较亲切，不会像其他学校的老师一样经常批评、教育学生，他们更愿意与学生友好相处，像哥们儿、姐们儿一样。

格里高利耶夫娜·波格达诺娃，是普京在281中学的数学老师，她与普京曾发生过一件让普京至今都没法忘记的事情。

一天，波格达诺娃老师穿着一双带有绒球的鞋子来到学校，当她来到教室上课时，突然发现鞋上的绒球不见了，下课后她就在教室里找。这时，普京拘谨地来到老师身边，小声地对老师说：“老师，对不起。”他将小绒球递过去，满怀歉意地看着老师：“我们已经把它当足球了。”

看着脏兮兮的绒球，普京本以为波格达诺娃会大发雷霆，至少是严厉责怪，但波格达诺娃并未这么做，相反，她将自己另一只鞋子上的绒球也摘了下来，笑着交给普京，和蔼地说道：“这是你们的第二个足球。”波格达诺娃老师的眼中没有一丝责备之意，面对老师如此慈爱之态，普京心中满溢惭愧之情。

老师如此通情达理，课堂自然不会枯燥无聊。老师们的教学方式灵活、多样，根据学生的反应来调节上课的氛围，课堂气氛当然很轻松愉悦。避免了刻板的教学方式，在这种宽松且自由的学习环境中，学生学习知识的热情被充分调动起来，学习效率也大大提升了。

在如此和谐轻松的环境中，普京也慢慢变得开朗起来。原本独来独往的他，也开始参加班级的课外集体活动，更愿意承担自己的义务。在281中学，他不再是独自一人，他愿意把自己当成班级的一分子。同学们也很快接受了这个看起来瘦瘦的、很活泼、很开朗的新同学。

浓郁的学习氛围、良好的师生关系、同学间的友好相处，让普京获得了前所未有的快乐。

安娜·基谢罗——普京当时的同学，普京当时曾“有恩于她”。她说：“他（普京）最喜欢的科目是德语，我在测验的时候还向他求助过。”这个曾差点被普京放弃的科目，却成为他最拿手的科目之一。普京的德语水平就是在那个时期得到提升的。

当然，普京在科目上是有软肋的。当时他偏科严重，他喜欢学习文科类的科目，对于化学这类理科类的科目学起来比较吃力，与优异的文科成绩相比，他的理科成绩一塌糊涂。

普京最喜欢的是历史，课堂之上，他曾屡屡让同学们“化险为夷”。班级里很多同学不喜欢历史课，因为历史老师特别喜欢提问。

一天，在上历史课前，同学们便找到普京请他帮忙。其实也不是多困难的事情，他们希望普京在历史课上活跃一点，以此吸引老师的注意力，这样一来，老师也就顾不得其他学生了。

普京当时并没有马上同意，毕竟他也不晓得老师上课会提出什么问题，万一问了一些很生僻的问题该如何是好？回答不出来是很尴尬，很丢人的。可最后，普京还是决定“背水一战”，而他也很完美地完成了同学们托付的“任务”。整堂课，几乎是老师与普京的一对一对话，对于老师的提问，普京几乎是对答如流，他的表现不仅让同学满意，也得到了老师的赞赏。

普京在281中学表现得十分规矩，并没有做什么出格的事，表现平平，以至于连教过他的老师们对这么一位总理学生都没有什么印象。

1999 年 10 月，列宁格勒第 281 中学迎来了 50 年校庆，当时已成为俄罗斯总理的普京差点被人遗忘，险些被忘记邀请。

在举办校庆之前，曾有人打电话到校长接待室，询问举办校庆的时候是否要邀请普京。校方当时很吃惊，思索着这位伟大的俄罗斯总理难道是我们学校的毕业生？直到学校在 1970 届毕业生中找到弗拉基米尔·弗拉基米罗维奇·普京的名字，才突然醒悟：“哦！原来是他啊！”

在 281 中学，普京一直比较安分，他在学校里做过最让自己自豪的事，便是担任 281 中学的政治时事宣传员。

在当时的校园里，成为政治时事宣传员是件十分光荣的事，宣传员的职责即是定期向全校师生宣传近期在国内外发生的政治事件并给予一定的评价。普京从小就关心政治时事，而且他发言时条理清晰，精神饱满，语气激昂，很容易感染别人，可谓是政治时事宣传员的不二人选。

普京总是事先做好充足的准备，因此每次他发言的时候，同学们总是听得很认真，连老师也很欣赏他这般出色的表达能力。日后，成为领导人的普京所做出的精彩发言，或许就是从这小小宣传员锻炼出来的吧。

多年之后，普京的同学们仍然能从他发表演说时的身影中依稀看到当年那个认真负责的宣传员的影子——这是“普大帝”的标志。

爱情与未来

爱情与未来？两者看似并无直接关系，可对某些人而言，爱情决定着未来。

普京给人一种硬汉的印象，不苟言笑，表情冷峻，处事强硬，年少时的普京十分腼腆。总是独来独往的他除了几个要好的朋友之外，很少与其他同伴交流。尽管普京很少与别人接触，可这并不影响他在女生中的人气。

或许因为少言寡语，鲜少参加集体活动，这为普京蒙上一层神秘面纱。普京很少与别人接触，但他时常透露出的幽默感，让很多女生不由得主动接近。尤其 6 年级之后，他表现出的温文尔雅、文质彬彬，更让他成为众多女生爱慕的对象。

普京的初吻发生在他 8 年级时。

维拉·德米特里耶夫娜·古列维奇，是普京曾经的德语老师，她与普京父母的关系非常好，在学校里也很关心普京。她在回忆录里这样写道："普京与一名叫薇拉·布里列娃的女孩子关系很要好。"

薇拉·布里列娃是一个很优秀的女生，也是班里的班花，不仅漂亮，脾气也好，待人和善，班里几乎所有的男生都很"仰慕"她，但她只倾心普京一人。

普京虽个子不高，但由于经常参加体育锻炼，身体强健，浑身肌肉，"姑娘们经常拿他当话题"，薇拉·布里列娃回忆道。

薇拉喜欢上普京也是有原因的。

当时，普京一家住在圣彼得堡旁边的小镇上，薇拉是他们的邻居，有了这层关系，普京偶尔会同薇拉一起回家。有时在回家的途中会遇到一些喝醉的人，那些酒鬼发着酒疯，常常会挑衅路人。

普京当时正在练习柔道，且他也有很强的责任心，认为男孩子就应该保护好女孩子。面对那些酒鬼的挑衅，普京自然挺身而出，保护同行的薇拉。少女总是对拯救自己的英雄心生好感，对于普京的英勇行为，薇拉自然多加留意。

普京的家境并不好，他的着装都比较简单，可正是因为缺少了一点华丽，才让他看起来更加干练。而且普京也不小气，对朋友比较大方，加之薇拉对普京本身就有好感，一来二去，两个人相恋了。用薇拉自己的话说，他们已经发展到了“再也不能掩饰感情的地步”了。

热恋中的人都认为对方是自己的全部，他们就像所有年轻人一样冲动，私自定下了终身。普京曾经对父母说过要迎娶薇拉，但父母认为他们年轻气盛，不过是一句玩笑话，就以“年纪还小”为由推托了。

初恋大多就像绚丽的烟火，一瞬间的华美，绮丽的烟火眨眼间便消失于夜空，留下的是蔓延整个夜晚的遗憾。普京与薇拉的感情也是如此，虽然并未有结果，但当初的一个吻，也算是这段感情当中最为夺目的闪光点，使得这段感情不算有缺憾。

对于第一次接吻，薇拉说，“那是我终身难忘的”，对普京而言又何尝不是呢？

普京与薇拉的初吻纯属意外。那是一个新年的夜里，薇拉跟一群朋友同去普京家里，打算在他家过年。外面下着鹅毛大雪，北风呼啸，天气极冷，大家就围在火炉旁边玩起了游戏。

不知是谁提议玩“转瓶子”，规则是转动瓶子，当瓶子停下来之后，瓶头跟瓶底所指的两个人要接吻。薇拉回忆："普京当时很有兴致。"瓶子是普京转的，瓶子停下来之后正好指着薇拉跟普京，为了遵从游戏规则，他们两人就接吻了，这轻轻一吻，犹如蜻蜓点水般，温柔地、浅浅地，但却那么真实，那么让人痴迷。

薇拉说，当时接完吻之后，她的脸马上红了，立刻像做错事的孩子一样低下头，脸上烫烫的，心中宛如燃起一团火焰。周围人的起哄声音逐渐消散，四周仿佛都安静了下来，只听见自己的心跳声，扑通扑通……

遗憾的是，薇拉最终没能跟普京走在一起。按照薇拉的说法，原因在她，是她"太高傲"，而且两个人"根本就是不同性格的人"。薇拉还记得分手前的场景。那天，她去找普京，普京当时坐在桌前，低着头，很认真地不知在干什么，薇拉见普京没有理她，多少有些不开心，于是她走上前对他说："沃洛佳，你还记得吗……"

普京回过头，却用很严肃的口吻回答道："我只记得自己需要的。"普京从没有这么严肃地对薇拉说过话，薇拉当时也很吃惊。"我是个高傲的女孩"，薇拉是这么评价自己的。在家里，薇拉是父母的掌中宝；在学校里，薇拉受到所有男生的仰慕。一直被人宠着的薇拉却被人如此冷落，她简直不能忍受。她觉得他们两人无法再相处下去了，于是就此分手。

如今，薇拉已经拥有了自己的家庭，想起当初纯真的初恋，她表示很怀念，也期待着能与普京再次见面。

普京的这段朦朦胧胧的初恋发生在193学校，那时两个还是孩子，互有好感就误以为爱，青涩的一吻为这份纯真画上句号。后来在281中学，普京也有过一段恋爱。

在281中学，曾经发生过一件让当时所有学生都津津乐道的事情。

一天，一个10年级的学长故意挑事，踢了普京一脚，当普京要求他道歉时，他断然拒绝了。普京与低年级时相比确实老实了不少，可他也说过，自己绝对不主动招惹是非，除了对方挑衅。显然，这次符合“标准”，普京自然忍无可忍。

是时，给人一副好学生印象的普京终于爆发了，当即与这位学长扭打起来。最终，学长因体力透支被普京打败。可事情到此还没有结束，学长一直对普京怀恨在心，认为被他打败很没面子，故此一直找机会报复普京。

当天放学之后，那位学长带着他班级里所有男生去围截普京。来者不善，可普京没有逃跑，而是沉着应战。三下五除二，就把那位挑事的学长制服了，随后扬长而去。想来，学长的亲友团也一定瞠目结舌了。

普京打败恶霸学长的事情不胫而走，全学校的学生都知道了，曾经同样被欺负的同学自然很高兴。就这样，普京“一战成名”，从此再也没有人敢去挑衅普京。

如此“英雄”，使得很多女生都本能地靠拢他。这位并不英俊的英雄，比那些帅哥更受女生欢迎。那时，普京与列娜·奥夫奇尼科娃关系亲密，说到他们之间的关系，还有一段小插曲，那时与刚刚转学的普京关系最亲密的，是与他一样来自193学校的斯拉瓦·雅科夫列娃与沃洛佳·伦津。伦津是普京的同桌，他们前面是列娜·奥夫奇尼科娃和斯维特兰娜·波塔普丘克。伦津喜欢奥夫奇尼科娃，但他胆小，不敢揪她的头发——男生对女生有好感，一般会去揪女生的头发——他就悄悄地对普京说：“普京你来揪吧!”

普京与奥夫奇尼科娃曾经拍过这样一张照片：奥夫奇尼科娃将一条围巾搭在普京的脖子上，而普京的手也搭在奥夫奇尼科娃的胳膊上，两人相向而视，含情脉脉，眼中的爱意浓烈得让人简直不忍直视，这不就是一对正在热恋中的情侣吗?

奥夫奇尼科娃的姐姐加利娅·格里戈良还记得，有一天妹妹放学回家，用充满崇拜的语气向她描述了一个非同寻常的男孩——普京。格里戈良见自己心高气盛的妹妹竟然对这么一个男孩如此关注，自然对这个人产生了兴趣，究竟是什么样的人能让自己的妹妹如此着迷。不久之后，格里戈良见到了这位“不同寻常”的男孩。

“我简直大吃一惊——瓦洛加相貌平平，谈吐乏味……”格里戈良第一眼见到普京，很不客气地评论着，她眼中的普京很不起眼，不英俊又无趣。可这跟她没关系，毕竟情人眼里出西施，奥夫奇尼科娃喜欢才是最重要的。

中学毕业之后，普京上了大学，奥夫奇尼科娃去了列宁格勒工学院，两人原本亲密的往来也逐渐终止了。至此，普京的爱情之光只“昙花一现”，因为他有更重要的“未来”。

离中学毕业还有一年，所有人都开始考虑自己以后要干什么，普京也不例外。他的梦想是当一名特工，成为一名英勇的间谍。他将自己的想法告诉了父母，父母自然不同意，特工在他们眼中是非常危险的工作。

当时，普京的柔道教练正好来普京家，他告诉普京的父母，普京可以以运动员的身份进入大学，并可以不用参加最后的入学考试，如此，普京的父母便希望他能去技术学院就读，毕竟学会一门手艺才最实际。而普京的教练，则告诉普京，如果不能读大学，就去参军。

此时，摆在普京面前的路够清楚了，他将何去何从呢？

普京的父亲是一个比较大男子主义的人，希望儿子能听取自己的意见，但普京态度坚决，不肯让步。为了能让普京改变主意，这一年里，普京的父母、教练都在给他施加压力。只是，这种做法反而让普京更加坚定自己的选择。

当间谍？可以！但普京都不知道需要学习什么，考什么科目，为此，他决定去克格勃总部看看。

当时接待普京的是一个他应叫叔叔的人，这个工作人员看到一个一脸稚气的学生来到这里时特别惊讶，他很礼貌地询问了普京来此的原因。普京直爽得很，告诉那人他想在这里工作。

结果可想而知，那人果断拒绝了，并给了两点理由：首先，克格勃不接受直谏的人；其次，必须是高校毕业或者当过兵的。普京想了想，询问若是高校毕业什么样的学校最好，那人告诉他——法学院。

从那以后，普京开始着手列宁格勒大学法学院的考试。他的目标很明确，态度很坚决，他要考上列宁格勒大学法学院，毕业之后去克格勃工作。

未来是自己的，没有人愿意被人干涉，普京也是如此。

“五分”生，“十分”牛

大学是个让人有梦、有憧憬的地方，充满诱惑、机遇，同样也有“陷阱”，一着不慎，堕落者大有人在。虽然如此，它的魔力依然不减，因为它是搭建每个人通往梦想之城——若那“城”

的确充满梦想的必经桥梁。

对那时的普京而言，列宁格勒大学就是这样一座通往克格勃的桥梁。只是，这桥梁“很窄”，不容易挤上去。

彼时，每个学校都有自己的录取名额，这些名额并非都给高中生，90%的名额都是为那些军人准备的，剩下的少数几个名额就成了高中生竞争的目标。每个大学平均一个录取名额就有40个学生竞争，且大学参考的并不是学生的平均成绩，每所大学都有各自参考的几门特定科目，比较这几门科目的成绩再筛选。也就是说，要想在茫茫人海中脱颖而出，你必须要放弃那些不必要的科目，全心攻取特定的科目，当然，这也意味着最后考取的学校的范围也将缩小。

可选的学校少了，录取名额还很有限，可以想象那种压力之大。学习本身就有压力，更何况普京的父母、教练都紧盯着他，同时还希望他放弃考大学，可想而知当时普京的感受。

幸而，普京所在的281中学的老师有办法，他们的目标就是帮助学生上大学，尽管普京并不打算继续深造化学，但这所以化学教学见长的学校的老师并不介意，他们依然很尽心地帮助普京。最终，普京以作文B，其余科目都是A的优异成绩，考入了列宁格勒国立大学法律系。

列宁格勒国立大学（现在的圣彼得堡大学）被称为俄罗斯的“民族财富”，它培养了很多闻名世界的科学家，更是世界最负盛名的大学之一，也是俄罗斯最古老的院校之一。该校位于涅瓦河北岸，与冬宫遥相对应。学校设有应用数学、物理、化学、管理哲学、法律、历史、经济等学科，是一所综合性大学。进入这样一所世界名校，无疑让普京更加接近自己的梦想——离克格勃又近了一步。

列宁格勒国立大学建校于1724年，至今已有两百多年的历史，已培养了成百上千位优秀人才，享誉全球的现实主义艺术大师伊凡·谢尔盖耶维奇·屠格涅夫、高级神经活动生理学奠基人伊万·彼得罗维奇·巴甫洛夫、前苏联著名经济学家列奥尼德·康托罗维奇等一大批世界著名的学者，都是从这所学校走出去的。

据相关数据统计，在列宁格勒国立大学毕业的学生，或在该校任职的老师当中，获得诺贝尔奖的就有8人。从该校走出的人才中，不仅有在各方领域做出重要贡献的学者，还有很多政府的高级官员。世界著名的革命家、政治家，伟大的革命导师列宁，即是从这里走出去的。当然，普京也是这所学校历史上一个夺目的闪光点，他也是该校的骄傲。

刚入大学，普京非常兴奋，但小胜利没让他得意忘形，他知道自己想要进克格勃就必须加倍努力，汲取更多专业知识的养料来充实自己。目标明确，剩下的就是朝着目标前进了。

普京入大学时是1970年，正是苏联的黄金时期。由于政府大量出口石油、天然气，大笔资金流入国内，人民生活较为富裕。人民富裕，生活安定，便开始寻求精神层面的满足，这是无可厚非的事，可问题往往便在这时出现。

当越来越多的娱乐活动出现，人们原本被压抑的惰性便会释放开来，容易深陷享乐主义的怪圈，无法自拔。

列林格勒国立大学里的学生，自然都是全国精英，在这样一个精英聚集之地，文化生活开展得也相对丰富。每当太阳西沉，各种晚会、聚会也就陆续上演，每天都有新活动，学生们玩得不亦乐乎。

当同伴们都沉迷于各种聚会之时，普京却一个人安安静静地埋头苦学。除了体育活动，他几乎不参加任何课外活动，甚至连共青团都没有参加。

他要去克格勃，他知道自己要将仅有的时间都花在学习上，只有如此，去克格勃工作才会成为可能。通常，他也都会刻意避开那些聚会，太过吵闹的环境总是让他无法静下心来学习。

他会一个人待在宿舍或者教室啃书本，可有时候聚会也会抢占他的地盘在宿舍举行，此时，他只能去图书馆找个安静的角落继续奋发。

普京认真学习的态度，是所有同学乃至老师都认同的，一开始，还有人去邀请这个学霸，但普京每每婉言谢绝，大家也就产生了不打扰他的想法。久而久之，普京的时间真的完全由他一个人掌控了，他在自己设定的知识范畴贪婪地吮吸着养料。

普京在列宁格勒国立大学法律系苦学 5 年，除了攻读马克思主义法学原理、苏维埃法律、法律史等专业课之外，还选修了政治学等其他课程。由于刻苦学习，普京的大学成绩始终名列前茅。那时，科目成绩使用五分制评定，而他的成绩是“全 5 分”——“我用 5 分说话”，这或许是大学时代的普京说过的最牛的 6 个字。

求学期间，普京的确很少参加集体活动，但他向来不是拒人千里之外的人，同学遇到困难，他都会雪中送炭，因此他的人缘很棒。

普京在上大三的时候，发生了一件让他兴奋不已之事。

一天，普京的母亲去一家咖啡店买东西，结果店家并没有找给她零钱，而是给了她一张国家发行的彩票抵了零钱。没想到，这张彩票为普京一家赢得了一辆“扎波罗日仁”牌轿车。当时，若是把这辆车卖掉，可以得到3500卢布，这可是一笔大数目，对于生活一直都很拮据的普京一家来说，这笔钱太重要了！然而，父母却决定将这辆车送给始终辛苦学习的普京，作为他努力学习的奖励。

父母的这个决定让普京欣喜若狂，也更感动。如此，普京拥有了一辆人人都羡慕的轿车。

那时，一个大学生能开轿车，堪称是奇闻一件，普京这事儿当时还造成了一次不小的轰动。有了便捷的交通工具，普京没有只顾自己享受，他主动担当起了同学出游的司机。同学、朋友若有急事，普京会大方地把车借给他们。这辆轿车为普京赢得了更多人的好感。

学习，是大学时代普京的第一要务，学习之余，他也没把体育丢掉。

普京并没有忘记柔道，而且还参加了各类比赛。1974年，他参加列宁格勒地区的柔道比赛，当时参赛的人不仅有像普京这样的业余选手，还有很多职业选手，但普京毫无畏惧，凭借着出色的表现，最终夺得了冠军称号。

能在高手云集之中脱颖而出，足见普京柔道技巧的精湛。那是一次精彩的比赛，其中的几场他至今记忆犹新。当时，普京遇见了一个强劲对手，他使出浑身解数也没能将对手摔倒，累得气喘吁吁的他几乎都无法呼吸了。

对手很强，普京也不弱，对手在应付普京的进攻上也并不轻松。强者对垒，拼的是耐力和心理素质，结果普京以微弱的优势赢得了胜利。这也是他战胜自己的一次经历。

除了柔道，在大学期间，普京还迷恋上了摔跤。

摔跤需要选手拥有丰沛的体力，敏捷的身手。观看摔跤时，观众会欢呼呐喊，而摔跤手必须要有清醒的头脑，在嘈杂的环境当中保持高度警惕。

如果说柔道是对手间直接的冲撞，那么摔跤就是一场伺机而动的搏击。摔跤手技术高超，未必会取胜。首先你要与对手周旋，摸清对手的想法，在保证自己一直处于主动状态的同时，还要消耗对手的体力。

其次，还要接受在与对手僵持时紧张感及压迫感的煎熬。寻找到对手漏洞时，便要伺机而动，突然出击，用自己最快的速度，以最大的力气将对手一击击倒。

普京练习摔跤的目的很简单，他希望在这个过程中锻炼自己的意志，让自己在危急时刻还能做出最正确、理性的判断。

有一次摔跤事故让普京一直耿耿于怀。

那场比赛，普京并没有参加，参赛的是他的大学同学。那位同学是在普京的劝说下才开始学习摔跤的，只掌握一些皮毛就上场比赛了。如此，不幸的一幕发生了，那位同学在比赛的过程中打了一个前空翻，落地时没有站稳，脑袋狠狠砸在了垫子上，当场昏迷。

众人见状，急忙将他送去医院治疗，可由于他落地时冲击太大，导致脊椎错位，全身瘫痪，10 天之后他离开了人世。

此次意外让普京十分后悔，他将一切责任全归结于自己身上，倘若自己没有劝说那位同学学习摔跤，他也不会去世。或许，他从此次事件中也得到了某种启示：很多时候，看似与己无关的事，或许与自己有莫大的关系。

在柔道和摔跤中，普京除了锻炼自己的比赛技巧，更重要的是提升自己的身体素质。他经常去列宁格勒郊外的基皮亚维湖边跑步。基皮亚维湖很大，绕湖一周大概有17公里。每天起床，普京都会与他的朋友来跑步，跑完之后再去吃早饭、训练学习、午饭午休、训练学习……

普京以严肃的态度对待柔道和摔跤，将柔道、摔跤当成自己完成目标的必要条件。可以说，正是因为他在让头脑发达的同时不忘四肢的发达，才有了一个站在公众视野中的铁汉。

追逐梦想的过程从来就不会是轻松的，为梦想挥洒汗水，是辛苦的，也是甜蜜的。螺旋而上的五分生普京，当真十分牛！

遇上“俄国好师父”

师傅领进门，修行在个人。遇到名师指点之后，能否学好全在于自己。一个有很好基础，有努力学习之决心，潜力十足之人，没遇到合适的领路人，未来之路必定堪忧。一如千里马，即便天资优越，在遇见伯乐之前，也只是“辱于奴隶人之手”。

普京是一个幸运之人，他一生中遇到过很多愿意助他一臂之力的贵人，他们是他的良师，也是他的益友。像愿意纠正他，引导他走向正确道路的小学老师维拉·德米特里耶夫娜·古列维奇；传授他柔道技巧，教他为人处世之道的柔道教练安纳托列·西姆耶诺维奇·拉科林，等等。

在普京辉煌的一生中，有一个堪称伯乐的人不得不提，他就是普京就读于列宁格勒国立大学时期的老师——阿纳托利·亚历山德洛维奇·索布恰克教授。普京曾在他的自传中写道："他是我一生的恩师。"

在普京眼中，索布恰克教授是个非常和蔼的人，待人亲切且富有思想。作为一个高级知识分子，索布恰克常常能给普京一些很深刻的建议，令之受益良多。索布恰克也十分关心政事，普京经常与他探讨相关的政治热点，他的一些独到观点让普京十分受教。

索布恰克是法律系的经济学教授，曾教过普京《民法学》、《经济学》。普京第一次听索布恰克的课，是在他大学三年级的时候。那时，普京就对这位博学多识的教授很有好感，因此对他所教的内容自然格外用心聆听、审慎思考。

普京那篇获得优秀成绩的毕业论文——《论国际法中的最惠国原则》，即是由索布恰克辅导完成。在这篇论文中，普京敏锐地发现，在苏美关系开始缓和的当时，经济在两国政治、贸易往来中的重要性，由此亦可看出普京除了对政治问题有独到见解之外，对经济方面的问题也相当关心。当然，普京能有这般见解，索布恰克不无功劳。

索布恰克愿意辅导普京完成毕业论文，也足见他很欣赏普京。只是，两人的关系并没有往深处发展，仅停留在普通的师生关系，他们只是互相关心，彼此略有好感罢了。

索布恰克回忆起还在大学时的普京是这样评价的，他说，当时普京的成绩一直是名列前茅，而且也已经显示出了顽强、坚毅、果敢的特性，但他不愿意引人注目，为人低调，"只是个普通学生，和其他人没什么两样"。尽管索布恰克对普京很欣赏，但并没有完全承认普京的能力。

那时，普京未能与索布恰克由师生关系提升到更高的关系层面，这多少让人感到意外和遗憾，但这之后，他们就由这种师生关系转变为政治上的好搭档，也开始有了更深的交往。普京不会想到，此后他竟然会与索布恰克有那么深厚的关系，就连索布恰克也不曾想过事情会变成那样。

1937 年，索布恰克出生在原苏联西伯利亚经济区赤塔州。他的父亲是一名铁路工程师，母亲是一名会计。索布恰克兄弟三人，一家六口人过得相当拮据。索布恰克从小就努力学习，他知道只有知识才能改变自己的命运，只有好好学习才能让家人过上好生活。

通过自己的勤奋努力，索布恰克考上了国际名校——列宁格勒国立大学，在大学里学习法律。大学毕业之后，他被分配到斯塔夫罗波尔边区，但他还是希望能继续学习，于是在工作之余，通过函授的方式修完了列宁格勒国立大学的法律研究生的科目，成为一名法律研究生。由于成绩突出，他被召回母校，担任列宁格勒国立大学法律系的教授。

索布恰克是一个出色的知识分子，他愿意思考，对任何事物都有一套自己的看法。这位拥有无限人格魅力的教授，在大学里也相当有人气。有人评价他是“最具活动能力、真正超凡脱俗”，他的能力由此可见一斑。

1988 年，在列宁格勒国立大学任教多年的索布恰克做出了一个重大决定——结束自己的教学生涯，学而优则仕，像很多知名学者一样，就此投身政坛，他要帮助戈尔巴乔夫改革。

从校园走到政坛的索布恰克，有着典型的知识分子特征，他思维敏捷，多年的任教讲课生涯让他练就了一副一流的口才，从基层中走出来的他善于倾听民众的心声，愿意与人民直接对话，积极为人民谋求福利，他的亲民举措深得民心。因为政绩优越，从政不久，索布恰克就被选为市政府议员。

1990年，对于所有人来说都是特别的一年，尤其是索布恰克。在这一年里，列宁格勒举行了第一次市长选举。振臂一挥，应者云集，由于索布恰克的出色表现，他得到了大部分民众的支持，继而众望所归，成为列宁格勒市的市长。

此时，普京刚退出克格勃，在他前途未卜之际，索布恰克向他伸出了援助之手。刚当选市长的索布恰克继续扩大自己的智囊团，于是便将普京招致麾下。从索布恰克招入普京开始，他俩的关系就从原来的单纯的师生，变为了政治合作伙伴。

普京一直称索布恰克是自己的恩师，不仅因索布恰克曾经是自己的老师，更重要的是，他为自己打开了一扇崭新的大门。的确，是他开启了普京的政治生涯，他也是普京从政生涯的领路人。

普京是索布恰克团队中重要的一员，他尽心竭力地为索布恰克工作。索布恰克曾经指导过普京的毕业论文，这样的先期铺垫让两人在此后的合作也相当默契。有时候，索布恰克因工作需要离开列宁格勒，他会事先签好一些市政府的空白公函纸，并将它们留给普京，同时更将他离开列宁格勒这段时间的工作全权交给普京。

显而易见，索布恰克的做法是对普京完全放心和信任的表现，普京也非常珍惜这份放心和信任。在索布恰克离开后，他总会认真审阅文件，确认无误后才会签下名字。对于一些大事、要事，他会小心地整理在一起，等索布恰克回来后再提交上去。

提起索布恰克对普京的信任，绝不仅仅因普京曾经是他的学生，更主要的原因在于，普京在工作当中表现出了对团队的高度忠诚。在索布恰克的团队中，普京是他最得力的助手，每次都能把任务完成得完满又漂亮，这是极为难得的。

说普京忠诚，并非空穴来风，他不会因索布恰克地位的改变而改变。从政者的人生向来一波三折，索布恰克也不例外，也有从波峰到波谷的时候，可普京从未让自己的忠诚之心动摇过，甚至于在索布恰克遭到监禁，生命遭到威胁时，他依然没有选择背他而去，反倒及时伸出援手，就像索布恰克当初对他一样。

1996 年，索布恰克参加圣彼得堡的市长竞选，普京带领索布恰克的团队宣誓，一旦索布恰克竞选失败，他们这个团队就不会再为市政府效力了。结果还真遂了普京等人的“心愿”——索布恰克竞选失败，于是，“索家军”集体请辞。

为此，索布恰克非常感谢普京，他感谢普京没有像其他人一样出卖他，没有在他最危难的时候躲避他，更感谢普京写信给最高机关为他辩护，一直以来给予他的最高度的忠诚。

新任市长雅科夫列夫认为普京是难得的人才，所以他曾挽留过普京，但普京拒绝了。普京拒绝的原因，不是因雅科夫列夫不好，而是他觉得，作为索布恰克的助手，必须要有应有的忠诚，他要遵守自己的誓言，背信弃义之人在政坛上是没有立足之地的，“宁愿因忠诚被绞死，也比背叛偷生好”。面对媒体，普京留下了这么一句话，也让世人看到了他的“死忠”。

索布恰克 63 岁时因病去世，这位影响普京一生的人却没能看到普京成为俄罗斯总统。索布恰克的离世，让普京非常痛心，他说如果没有索布恰克的教导，就没有他日后的辉煌。索布恰克，唯一一个被普京称为老师的俄罗斯政客，确实是普京应一辈子感激的人！

3

苏版 007

初遇克格勃

普京的梦想是成为特工，加入克格勃。

在称为索布恰克智囊团一分子之前，普京的“克格勃时段”显然是问路的“投石”。这段经历也许称不上是经验，可普京的心智，在这个过程中所获的磨砺，是他能成为索布恰克左膀右臂的助力之一。

特工之梦，从萌芽开始，一直在普京心中茁壮成长，他刻苦学习，积攒能量，为的就是有一天能以最良好的状态去迎接随时都有可能出现的、那个能带他进入克格勃的人。

中学毕业前一年，他曾只身来到克格勃总部，希望了解进入克格勃需要的条件，甚至还幻想着克格勃能当场录用他，可他的幻想破灭了。不过，尽管克格勃没接受他，却给了他“机会”，他知道了自身的不足，更明确了努力的方向。

自从那次克格勃之旅之后，普京就一直等待着克格勃的人来找自己，就如电影里的桥段那样——告诉他：“你就是我们要找的人”。现实不是电影，那个人迟迟没出现，普京也只能一直等待。

在等待中，普京进入了大学，而后发奋学习，最终以优异的成绩、健壮的体格、谦逊的态度，为自己的“能量柱”蓄积着更强的动力。他时刻准备着，希望自己能引起克格勃的注意。

那么，克格勃究竟是什么？为什么它让普京如此着迷？

克格勃是苏联国家安全委员会，成立于 1954 年，至 1991 年苏联解体，它一直都是苏联政府获取其他重要情报的部门。

对于任何一个国家来说，安全永远是最重要的，一个国家除了要有强大的军队作为保障之外，还应该有“无孔不入”的情报机构。克格勃成立的初衷，是应对苏联当时国内国外的危机，解决国内外一切突发事件即是克格勃的职能。

苏联解体后，克格勃成为俄罗斯联邦安全局，是世界四大情报组织之一。在克格勃工作的都是特工，所以对于一直梦想成为特工的普京来说，这里就是他圆梦之地。

克格勃会像其他政府机构一样在学校招募人才。诸如列宁格勒国立大学、莫斯科大学这类著名的学府，自然成为克格勃招募人才的首选之地。

虽然克格勃在学校招募人员已不是什么秘密，但由于克格勃工作性质比较特殊，故此招募的事宜也没搞得那么张扬，一切都是悄悄有序地进行着。

对于被录取者，克格勃会安排他们进行专门的训练，时间为半年到5年不等，全看录用者自身的素质水平及学习情况。克格勃之所以能成为世界上最著名的特工组织之一，与它严格的招募条件、苛刻的训练方式是密切相关的。

普京被克格勃召见，是在他刚升入大四时，也就是在他刚得到列宁格勒柔道冠军之后。历经了多年的等待，普京终于有机会进入克格勃了。

刚开学后不久的一天，学校通知普京，让他到一间教室去，那里有人要见他。普京走进那间教室，看到里面坐着一个衣着简朴得体的成年人。普京在脑海中迅速翻阅，想找出这个人，但他的记忆库里没有。这个陌生人是谁？他可能是克格勃里的人！

普京——乃至学校任何人都不认识那人。那人自称伊万·瓦西里耶维奇。他跟普京说，想谈谈毕业之后普京工作分配的事，并愿意为普京提供一个工作机会，但没有说具体的工作。反之，他告诉普京另一个见面地点，打算到那里才把一切详情陈述。

再次见面的地点位于普京所在的法律系的门厅，但普京到了那里后，并没有见到那人。

当时普京等了20分钟左右，可还不见那人的影子。他觉得，自己可能被耍了，或许只是某人跟他开玩笑。可就在他准备离开时，那人气喘吁吁地跑了过来，简单地道了歉后，询问普京是否愿意到克格勃工作。这是普京做梦都想不到的，也是他做梦都想达成的愿望，他当即表示愿意。这下，梦想实现了！

然而，事有意外，普京虽然很愿意进克格勃，可并未马上如愿。在那次简单谈话之后，那个发出邀请的人再也没有来过学校，也没有其他克格勃的人见过普京。直到1975年毕业分配的时候，大学的就业委员会安排学生接下来的工作，普京却被一个法律系的老师点名当一个律师。

正当他失望万分时，一个意外的惊喜从天而降。有人打来电话，让普京去学校的人事部。

原来，打电话的人正是克格勃安排在学校的特工，他负责学生毕业分配的事，他告诉普京，上级已经同意普京去克格勃工作。他的一句话，瞬间驱散了聚积在普京心中的阴霾。

没过几天，普京便开始准备进入克格勃。至于普京毕业之后的去向，学校并没有详细说明，只说他从事“非常重要的工作”。普京跟他的父亲说过他将加入克格勃的事，父亲很支持他的决定。就这样，他——弗拉基米尔·弗拉基米罗维奇·普京，终于实现了夙愿，成功加入克格勃，成为了一名特工。他的别样生活，也就此开始。

硬汉摇篮

梦想实现的喜悦不言而喻，可实现梦想是第一步，接下来的考验才是检验一个人是否能守得住梦想之果的关键。

普京在即将毕业时，得到了克格勃的认可，成为了一名正式特工。当时，被录取的除了他还有两个人，其中一个是尼科莱·帕特鲁谢夫。普京在担任俄罗斯总理时，帕特鲁谢夫担任普京原来的职位——俄罗斯联邦安全局局长。

1975年，刚结束大学的毕业答辩，普京3人被立刻送往克格勃专门的学校进行训练。

在当时的苏联，专门为克格勃训练新人的有两百多所学校，由于是训练特工的专门院校，其具体位置严格保密，在地图上也没有标明。

这些克格勃的专门学校在周围都配备了一支装备先进、技术精湛的克格勃部队。他们的任务就是围住学校，不让任何人靠近，就连学校周边地区，也在他们严格的保护之下。保密工作做得如此到位，也难怪连本地人也不知道这里有一所特别的院校。

除了百余所小规模的学校，有7所大型的学校为克格勃的新人保驾护航。普京等人前往的就是帕拉霍夫卡学校（401保密学校），具体位置不得而知，只知道在明斯克市东北方向，是一个远离市区的偏僻处所，那里临近多个国家——挪威、丹麦、瑞士、荷兰、奥地利，正因为处在边缘地区，所以其隐蔽性做得更是滴水不漏。

普京一行人，刚在学校完成答辩就被带上了一架飞机——那是克格勃的专用机。飞机从普京所在的列宁格勒，直接飞往帕拉霍夫卡学校。普京等人全程都被监视着，完全无法得知自己身在何处，更不知道自己要去哪里。

当他们内心忐忑地下了飞机之后，发现自己已不在列宁格勒了。看看周围的场景，他们以为自己大概是被送到了国外，因为对于眼前这所学校，他们一无所知，连该学些什么知识也没有人告诉他们。众人都是突然被叫走的，随身行李带的也不多，别被"骗子集团"瞄准就好，普京相对镇静，因为他家境清苦，也没带多少钱。

帕拉霍夫卡是一所间谍学校，它要求学生必须掌握的知识并不比其他一般性学校少。数学、化学、外国文学等基础科目也都是必修的，共要学697课时。此外，还要掌握特别学科，包括地形学、摄影技术、特种联络方法、无线电收发报等，共有 1824 课时。比如，在玻璃片上写隐形情报、在地图上用隐形墨水绘制特殊的秘密符号，这些都是特工在今后执行任务时必须掌握的。

除了这些，还有军事课程，包括武器装备、军备设施、国外领导人情报、外国军事组织的编制。

军事化管理的学校自然严格，更别说是专门培养特工的学校了。在校期间，学生与家人或朋友写信时，绝不能使用真实的地址，防止学校位置暴露。出入校园，必须有克格勃颁发的特别许可证。按照规定，在校训练的时间为一年半。

1977 年，经过严格的训练，普京在最后的测验中以优异的成绩获得帕拉霍夫卡学校颁发的毕业证，并被授予陆军中尉的军衔。这位优秀毕业生，在毕业之后成了克格勃第一总局列宁格勒工作站侦察分队的一员，此刻，他才算真正成为了他梦想中的特工。

普京所在的侦察分队属于特工科，特工科的任务就是跟踪外国人及外国大使馆的外交官。

刚成为一名特工的普京，还没有自己单独的办公室，连电话也是几个人共用一部。房间小，人又多，每个人的独立空间都不大，过于拥挤便会产生压抑感，难免会有小摩擦发生。但这并不常发生，毕竟大家都是接受严格筛选、训练的专业特工，多数情况下都能控制自己的情绪。

几个人在一间不大的房间里工作，而电话却只有一部，这也让他们之间产生了不少矛盾。那时，普京有一个外号——“煲电话粥能手”，他常常霸占电话与朋友聊天，聊起来没完没了。幸好，这个坏习惯并不影响他在侦察分队里的形象。

谢尔盖·彼得罗夫，是普京所属的特工科的科长，他眼中的普京气度不凡，第一次与普京谈话，他就觉得这个小伙子头脑灵活、善于分析，认为普京很适合从事特工这种高智商的工作。诚然如此，从普京现如今的表现来看，他当特工时也肯定不赖。

特工的工作是严格保密的，即便是在一起工作的同事，也不会随便过问其他人的工作内容。普京毕业时的成绩优异，再加上他本身的才能，上级曾派他执行特别任务，并且颁发给他分队刑侦科工作证。据普京当年的同事维克托・弗洛里科夫说，分队刑侦科工作证只有少部分人才拥有，这是一种特殊待遇的证明。由此可见普京很受当时领导的器重。

由于普京工作出色且学习能力强，上级决定让他进入特工科增设的德语进修班学习，这也不是所有人都能享受的待遇，只有最具发展潜力和前途的人才会到这里。该德语班并不颁发毕业证，只有一张结业证书，但外语成绩会记录在学员档案中。

之所以说德语进修班并非人人都能去，是因为进修班采取非常严苛的教学，同时采取优胜劣汰的原则，倘若有学生跟不上教学进度，他就会被劝退。由于进修班的要求严格，最后毕业的只有不到一半的人数，普京很光荣地从这个严格的德语进修班毕业了。

在克格勃第一总局列宁格勒工作站侦察分队，普京一共工作了 8 年，主要做谍报工作。

1984 年，由于普京出类拔萃的表现，被调到国家安全委员会对外情报局。在此之前，还要对情报局的新人们进行一次训练。这次，普京被送到了安德罗夫红旗学院，接受比以往更加严苛的训练。

安德罗夫红旗学院，是所有年轻军官梦寐以求的地方，能到这里去的都是有前途的年轻人，从这里走出去的都是有作为的军人。

推荐普京进入安德罗夫红旗学院的是谢尔盖·彼得罗夫，他曾经表示并不情愿让普京离开侦察队。那时，普京已经从陆军中尉升任少校了。他觉得，像普京这种人才正是侦察队所急需的，他的存在也注定会提高侦察队的工作效率。只是，将普京留下来也仅是对侦察队有好处，对普京而言并不如此。

谢尔盖·彼得罗夫认为，普京应该有一个更好的前程。他知道普京日后必成大器，不能因自己的自私而阻止一棵小树长成参天大树，所以他决定放普京走，让他到更高的平台施展拳脚。如此，谢尔盖·彼得罗夫忍痛割爱，将普京送到了安德罗夫红旗学院。

安德罗夫红旗学院，现在已更名为巴拉斯哈对外情报学院，但并没有多少人知道它的真实身份，只当它是国防部下属的一个科研所，研究一些保密项目。开学时，普京被分配到一栋灰色的四角楼里，为防止学生逃跑或外人进入，四角楼的周围布满了严密的防护措施。四角楼附近架起了通上高压电的铁丝网，每晚都有荷枪实弹的警卫带着训练有素的警犬四处巡逻。

对于很多初到一个新环境，想利用一点时间熟悉的人来说，红旗学院绝不是最佳选择。因为学员们通常还来不及熟悉周围环境，甚至还没互相介绍，就要面对第一个任务：前往乌克兰西南部一个叫乌尔格勒的地方，接受空降兵师的特种训练。这并不是一次简单的训练，回忆起那段时光，列格布·诺维科夫少校还心有余悸。

特种训练的第一项是“钻坦克”。所谓钻坦克，就是好几辆坦克向你围截，在坦克慢慢靠近后，以最迅捷的速度准确地钻进坦克底下。列格布·诺维科夫少校说，训练是在一块平原上进行的，那里连个壕坑都没有，钻进坦克底下除了要沉着冷静，还要在最短的时间内做出最准确的判断。

成功钻进坦克底下，并不意味着你可以放心，你还要在坦克底下保持冷静，避免坦克履带碰到自己。这样一项危险的训练，对学员们是一场极大的考验，发生意外也自然在情理之中了。

然而，“钻坦克”并不是这次训练中最难的科目，“高地跳伞”才是。

训练当天，所有人都穿着特质的衣服——带有带子，像降落伞伞衣的一种训练服。训练过程要求学生从高地跳下，在接近地面的时候才能打开降落伞。列格布·诺维科夫少校说，他与普京就是在这次训练中第一次见面的。他跟普京一前一后跳下了高地，但事故发生了。

在快接近地面的时候，本应该打开降落伞来减缓降落速度，可列格布·诺维科夫少校的伞绳断了。伞绳断了意味着什么？当时他们要降落的地方是一片刚刚收割完的玉米地，到处都是玉米杆，高速下降，无论是直接触碰陆地还是掉到玉米杆上，都是死路一条。

在列格布·诺维科夫少校后面跳下的普京，当时就在他旁边，普京知道自己的同伴伞绳断了，于是紧紧地拽着他，可高速下落使他们很难掌握平衡。在此危急关头，普京使出了柔道中的一招，总算化险为夷，减缓了列格布·诺维科夫少校下降的速度，最后两人都安全落地。因此，普京是列格布·诺维科夫少校的救命恩人。

在红旗学院，学生是不允许将自己的真实姓名告诉别人的，所以直到毕业，有些人的名字还是不得而知。当然，有些学生会在介绍的时候无意间将自己的本名说出来，但这种错误普京从未犯过。他知道，有些错误看似不起眼，可若犯了，对人生而言则是致命的。

只磨刀，不杀人

即便眼下受再多的苦，若想到以后的甜，这苦也不是酸涩难咽的。普京的红旗学院生涯不可谓不苦，而他的今天，也不可谓不甜。

从亚历山大·科贝洛夫上校的口中，我们可以捕捉到更多关于这个秘密学院的事情，也会更立体地了解普京的曾经。

那时，每天一早，就有很多学生结伴去跑步，但跑步队伍里很少能看到普京的身影。这时的普京跟中学时代的状态比较“重合”——他不想跟太多人一起，与其与一帮人吵吵闹闹，不如一个人安安静静地锻炼。

普京一开始就找机会躲避同他人一起跑步，当然，他根本不会偷懒，甚至要比那些跑步者进行更多的锻炼，毕竟“壮如牛”的体格是完成学业的基础。躲避与别人结伴跑步的普京，有时也会一个人在校内的游泳池里游泳，总之一个人能完成的，他不会硬凑两个人做。

红旗学院除了让学生接受训练，还让学生学什么？关于这一点，在红旗学院任教多年的亚历山大·科贝洛夫上校说，学校是以学以致用为教学原则的，会教授学生未来情报官在工作中实用的知识技能。

由于情报工作需要面临莫可名状的危险，为了让学生能在日后工作中尽可能圆满完成任务，所有老师都严格教学，半点马虎都不可以，可谓是铁面无私！

老师会很细致地向学生描述各种技巧的动作要领，然后亲自示范，直至所有学生都完全明白、掌握。徒手格斗是学生必学的自卫技能，同时还要学会如何在赤手空拳的情况下制服手持凶器者。此外，学校还聘请了专家为学生讲解各国的文化、风土人情、民俗习惯等，这都是为了让学生在今后的工作中更好地融入目标所在的环境。

所谓特训，自然不能只有这些，用列格布·诺维科夫少校的话讲，训练的独特之处是“包罗万象”的，简单的驾车都是一次非同寻常的训练。

对每个学生来说，熟练驾驶是基本中的基本，但仅学会开车还不足以显示训练的特别之处。在开车的时候，老师会坐在副驾驶位置，当学生全神贯注地开车时，他会问诸如“在我们车后面的那辆汽车的车牌号是什么”的问题，且要求学生必须马上做出准确回答。

这种做法，主要是培养学生一心多用，让他们知道在开车时也要留意周围的情况，做到眼观六路。

环境是多变的，训练时难免会遇上恶劣天气，可这并不代表训练的暂停。相反，气候越恶劣，就越有训练的必要性，毕竟你无法预料执行任务的时候会遇上什么天气。

严师出高徒，这话一点不错。学员们经受常人所不能受之训练，身体素质及头脑的“等级”也自然高于常人。除了过硬的驾驶技术、克服恶劣天气的能力，老师还要求学生熟练使用各种枪械，且要有百分之百的命中率。这点不难理解，间谍工作极具危险性，一秒钟的时间便决定生死。

普京严于律己，因此学院的要求他都能做到，在同批学员里，他的表现也最为突出。

红旗学院不是地狱，对于学生的训练也采取劳逸结合的原则。在高强度的训练之后，学院是允许新人们想方设法地搞一些娱乐活动的。

足球是大家都喜爱的运动，尽管训练很辛苦，但足球带给大家的是精神上的放松，在传球、运球、射门间，加深了同伴间的友谊。而每每一次尽情的奔跑之后，紧绷的神经也得以放松。学员们大都是二十出头的热血青年，在足球场上尽情挥洒着自己的青春，总是酣畅淋漓的。凡事都力求做到完美极致的普京，在放松的足球场上一样不甘人后，他是当时赛场上最勇猛的选手之一。

在红旗学院训练，学生间产生深厚的感情自不必说，毕竟大家都是在“生死线”上一同走过来的伙伴。普京过生日当天，与他一同训练的同学都过来为他庆生，大家吃喝玩闹，好不快活，在这欢声笑语中，彼此间的感情也愈发深厚了。只是，这种感情的宣泄总要受制于“条款”，这着实没办法让他们肆无忌惮地放浪形骸。

红旗学院管理十分严格，严禁学生饮酒，倘若发现有违纪者，学校会将他的名字写在墙报上，以示批评。但是，年纪轻轻的普京等人都有叛逆的情绪，越是不让做的事就越蠢蠢欲动。

哥儿几个会向老师请假，谎称自己要去附近的野地跑步，之后却是偷偷喝酒。通常，他们会悄悄地到附近的村子里向村民买酒，这些酒都是村民自家酿造的，又香又烈，好心的村民还会送他们点鲱鱼当下酒菜。

幽静的环境，茂密的丛林，醇香的美酒，时而谈天说地，时而说笑打闹，一时间居然有近“院”情怯之感。

好在这些小伙子都是靠谱青年，只是喝酒，但不喝醉，他们知道自己还有更重要的事情去做。

1985年，结束了安德罗夫红旗学院的训练，普京终于成为了一名特工，这次他将以特工的身份去德意志民主共和国工作，用“苏德友谊之家”主任的身份进入东德，化名“莱比锡”。

此次东德之行，让他获益良多，他的反跟踪技巧也是在这次任务中得到了更完满的锻炼。在一次与同事秘密碰面之后，普京发现有人在跟踪他，为了不暴露自己的身份，不让目标怀疑，他便开始四处闲逛，佯装成普通路人，东游西逛一整天，最终追踪他的人晕头转向，完全无法预料他的目的。

还有一次，普京与同是卧底的同事接头，也是突然发现有人跟踪，于是连忙钻进车内。当时普京只身一个人，可他灵机一动，将自己的帽子放在车前座上面，外面人向内看，还以为是两个人。凭借着如此沉着、冷静的应对，他又一次化险为夷。

诸如此类的危急情况还有很多，接受过训练并且成绩优异的普京，总能灵活地运用学校里的知识转危为安。

普京在东德的主要工作就是搜集情报，以北约为重点目标，收集来的情报都直接送到克格勃总部。

克格勃将培养的男特工称为“乌鸦”，除了男特工，他们还培养“燕子”——年轻貌美的女特工。

在德国德累斯顿，有一家名叫贝琉酒店的高级酒店，这家酒店幕后真正的老板就是克格勃特工，所以这里也就成了“燕子”们常去的地方。假如能从下榻在这家酒店的旅客身上获取一些情报，那么很快就会有一位美丽的女士前来打招呼，这位主动上门的女士，就是受过专业训练的“燕子”。为了能让目标更容易上钩，一般前去执行任务的都是精通那位旅客所属国家的语言文化的“专业人士”。

普京在东德工作了 6 年，这 6 年时间里，他的保密工作一直做得很好，从未暴露过自己的身份。当全世界都在播报普京担任总统之后，已经统一的德国的情报局才意识到，这位现任的俄罗斯总统曾经在东德工作过。更让他们吃惊的是，他们竟然从没发现过！

此后，他们便开始搜寻当年的资料，希望能从以前记录的只言片语中推测出普京当时的任务，但事与愿违，普京的档案不见了。德国统一之后，东德当时的所有档案全部被德国情报局接手，可这些档案中并没有普京的档案。

普京在东德具体的工作内容，只有他及他的上司、同事才知晓。普京在之后的访谈中说过自己的工作内容——发展线人、获取信息、整理信息，最后再将整理好的信息送到克格勃总部。他说，他主要负责搜集的是政治情报，他曾经戏称这份工作是“类似 007 所从事的冒险工作”，但他只负责情报的搜集整理，都是脑力劳动的活儿，从没有在执行任务的时候杀过人。

曾与普京一同在东德执行任务的同事，是这样评价他的：不抽烟，不喝酒，不爱财，不好色。普京能很好地控制自己的情绪，将秘密藏于心中，这与他幼时的性格特点以及后天的训练密不可分。

普京的特工工作，让他变得与众不同起来，站在人群之中，或许他并不出众，可脑子里却会迸射出比普通人更丰富的光芒，这光芒一路照耀着他，登上了人生的最高点。

4

弱水三千只取一瓢

初恋、知己和爱人

有人将红颜比作星星，太阳则是爱人，而月亮便代表情人。日月转换，都有消失不见的时候，但星星没有。即便是白天，也仅仅被阳光掩盖；夜空中的繁星，虽无月光耀眼，可点点璀璨，甚为引人。

都说铁汉柔情，普京这个铁汉也一样有其柔情的一面。我们书写普京的感情，并不是如八卦般想博人眼球，只是想还原一个更多维度的“肉身普京”罢了。

学生时代，普京曾与列娜·奥夫奇尼科娃有过一段浪漫的爱情，虽然这段懵懂的爱情没能走到最后，但普京却从中获得了一位红颜知己——不是列娜·奥夫奇尼科娃，是她的姐姐加利娅·格里戈良。当初，对普京没有一点好印象的加利娅·格里戈良，或许也不曾想过，她竟然会与普京保持着朋友关系。

从281学校毕业之后，列娜·奥夫奇尼科娃去了列宁格勒工学院，之后又被保送去德国学习。在她离开列宁格勒之后不久，普京接到了她姐姐——加利娅的电话。普京很快就辨认出话筒中的声音来自加利娅，他刚开始很吃惊。

电话里，加利娅的声音听起来很伤心，她通过电话向普京诉说了妹妹离开后的苦恼。其实所谓的苦恼，也只是身边突然少了一个人的不习惯感，尤其离开她的是亲妹妹。

普京耐心地听着加利娅的哭诉，挂断电话后有些不放心，他决定去见加利娅，好好安慰她一番。很快，普京出现在加利娅的身边，嘘寒问暖，这一次他们谈了很久，也正是这次谈话，让原本并不看好普京的加利娅的态度发生了本质性变化。

自那次促膝长谈之后，加利娅与普京的接触也渐渐多了起来。随着进一步地了解，加利娅发现了普京身上的闪光点——沉稳、幽默、学识渊博、体贴入微，慢慢地，两人成了很好的朋友。

加利娅略比普京年长，但她自认为在很多方面都比不上普京。每当她有什么烦心事，都会毫不顾忌地向普京倾诉，普京也会安静地倾听，之后百般安慰。

在一次又一次的接触中，加利娅渐渐明白，妹妹对普京如此崇拜是有原因的，别说是她，就是现在的自己，也几乎要因普京的体贴入微而着迷了。只是，就在“马上着迷”之前，误解出现了。

在一次偶然的机会里，加利娅得知了普京就职于克格勃，加利娅立即打电话给普京，并约他见面。赴约而来的普京还没坐热凳子，就迎来了加利娅的一通指责。她告诉普京，克格勃与地狱没有什么区别，他会为在克格勃工作而感到羞愧。

面对加利娅的责怪，普京并没有马上反驳。他耐着性子，安静地听着加利娅的责备，等到她情绪稍微平定，他才严肃地向加利娅保证，他绝对不会去干坏事。普京说得没错。普京的保证让加利娅稍微放心，其实加利娅也知道，以普京的为人，就算让他去做坏事也不可能。她对克格勃存有偏见是事实，可朋友还是要相信的，就这样，两人的友谊仍纹丝不动，没有因此受到任何不良影响。

加利娅特别喜欢戏剧，是个十足的戏迷。由于普京身份特殊，他总能很容易地弄到戏票，他也知道加利娅喜欢看戏，所以每当有新戏上映时，都会弄几张票送给加利娅。生活上的细节，往往最能反映一个人的内心。在加利娅眼中，普京绝对是一级棒的“男闺蜜”。而对普京来说，她又何尝不是自己的红颜知己呢？

普京与加利娅一直维持着深厚的友情，出于种种原因，两人没有走到一起，或许太过熟悉了——亲人般的熟悉，让两人都觉得“谈情”不自在吧。

后来加利娅结婚了，生活过得并不宽裕，微薄的工资使得日子举步维艰。每到身无分文的时候，她就会向好友普京寻求帮助。对于这样的请求，普京向来都是在所不辞的，他并非十分看重钱财之人，他知道，人才是最重要的。

翻开普京的“情史”，有一个插曲不得不提。2013 年，普京与妻子宣布已经离婚，而早在 5 年前，俄罗斯媒体就爆出普京已经离婚且准备迎娶俄罗斯前体操冠军阿丽娜·卡巴耶娃，尽管普京当时表示报道不实，可事实的真相恐怕只有当事人自己最清楚。从中也不难看出，冷峻寡言的普京，还是有着巨大杀伤力的。

无论是之前的奥夫奇尼科娃、加利娅，还是现在的“绯闻女友”阿丽娜·卡巴耶娃，普京的身边似乎总有鲜花陪伴，这大抵与他与众不同的人格魅力有关，试问，又有哪个青春少女不会被成熟、亲切、有内涵的男人吸引呢？

除了加利娅，在普京的一生当中还有一个不得不提的女人，她就是柳德米拉·什克列布涅娃。

苏联加里宁格勒，是一个风光秀丽的地方，而一个美丽的姑娘就在这里降生了。那是1958年1月的一天，在莱蒙托夫街的一个小楼里，什克列布涅夫家迎来了喜事——一个新的生命来到了这里。

小姑娘的到来，无疑给这个家庭带来了希望。伴随着婴儿清脆的啼哭，人们也迎来了东正教的圣诞节。小姑娘的母亲为她取了一个好听的乳名——“柳达”。直到柳达到了上学的年纪，父母才给她取名为柳德米拉·什克列布涅娃。

柳达一家并不富裕。柳达的父亲亚历山大·什克列布涅夫是一名机修修理工人，她的母亲叶卡捷琳娜·吉洪诺娃是一名在车队里工作的收银员。由于父母的收入不高，一家人的生活也比较拮据，为了能让日子过得好些，柳达的父母也和其他住户一样，在自家院子里盖起了饲养棚，养了一些母鸡。

每天一早，柳达像其他小伙伴一样早早起来，钻进饲养棚里捡几个新鲜鸡蛋，这些鸡蛋可能是家里最好的食材了。在困难时期，柳达一家几乎揭不开锅，出于无奈，只好将这些下蛋的母鸡吃了，生活之窘迫可想而知。

柳达家的房子是一栋颇有年份的老建筑，墙上已经开裂，尽管他们住在一楼，但每逢下雨天，屋内也会漏雨。每到这时，就能看到柳达把盆摆满一地去接漏进来的雨水的情形。不仅是雨水会随着裂缝滴入家中，风也会见缝就钻。每年冬天，家中的屋顶上会结满冰柱，而四处透风的墙也保不住屋内仅有的一点温度，一家人裹得严严实实，可还是抵不住严寒，冻得瑟瑟发抖。

穷人的孩子早当家，柳达也不例外。很小的时候，她的父母就有意识地培养她的自主能力。在上学之前，柳达便开始帮父母做一些家务。上学之后，柳达会自己整理校服、熨烫衣服。而洗衣做饭，对于从小就干家务的柳达更不在话下。

柳达有一个梦想——成为一名演员，这与她从小热爱戏剧有关。很早，她就开始参与少年宫的一些活动，《樱桃园》、《钦差大臣》……传统的民间故事中都能看到柳达的身影，凭借出众的外表和精湛的演技，她甚至频频出演女主角，在当地小有名气。

起初，柳达就读于第44中学，之后转入第8中学。柳达有着一头漂亮的棕色长发，水汪汪的大眼睛充满灵气，她不仅外貌出众，性格也随和，加之能歌善舞，在学校很受欢迎，是学生心中的“校花”。

漂亮的人向来不缺追求对象，柳达也是如此，身边不乏爱慕者。像她这样出色的女孩，宛若一架粉色轰炸机，在全校的男生心中轰炸开来。

向柳达告白的不仅有同班同学，就连学长学弟都给她写过情书。最终，柳达抵不过尤拉·阿布罗西金的追求攻势，答应了这位学弟的表白。显然，尤拉·阿布罗西金成了全校男生的“公敌”。

柳达的父亲曾是一名军人，对女儿管教甚严，他不希望女儿过早恋爱。柳达了解父亲的脾气，于是只好偷偷摸摸地与尤拉·阿布罗西金见面，也不敢让他送自己回家，每次都是在离家很远的十字路口便早早与自己的小男朋友分手道别。

柳达的“演员梦”众所周知，老师和同学都认为她是天生的演员，很支持她的梦想。高中毕业之后，自信满满的柳达报考了圣彼得堡戏剧学院，但由于太过紧张，在第二轮测试时被淘汰了。与梦想失之交臂，那段时间里，柳达一直都很沮丧，待在家中不肯出门。

演员梦碎了，可不代表柳达未来的人生没有出路。通常，考取艺校并不要求太强的文化课，可柳达并未因此放松学习，因此刻苦的她有着不错的文化课成绩。

当时，没有考入圣彼得堡戏剧学院的柳达改弦易辙，准备考取列宁格勒国立大学。而在进入这所学校之后，她距离自己的演员梦也越来越远了。更重要的是，她与男友分手了。也恰恰因为如此，普京才有机会走进她的世界，与之上演一场绝美爱恋。

丘比特之箭

命运总爱开玩笑，可能绝非恶意，或许只是在考验你而已。世界上总有太多的阴差阳错，可又有同样多的机缘巧合。比如普京与柳达的相遇，便是一张压一张的“多米诺骨牌”。

与演员梦擦身而过，柳达的精神一度萎靡不振。经过短暂调整之后，她重拾信心，决定考取列宁格勒国立大学。

是时，在她准备考试之际，她的小男朋友尤拉·阿布罗西金找到她，告诉她自己愿意跟她考入同一所学校，但前提是等他一年，毕竟他是学弟。柳达也不愿意与尤拉分开，就同意了他的请求。在等待尤拉的那一年里，柳达先后从事了很多工作：邮递员、清洁工、临时伴奏等。

1975年，柳达与尤拉这对青涩的鸳鸯一同考入了列宁格勒国立大学。此时，柳达与自己的演员梦越来越远。

开学后不久，柳达发现，她并不喜欢自己的专业，尽管她曾屡屡强迫自己学着接受，可却始终无法对工科产生兴趣。思前想后，柳达觉得，与其在这里浪费时间，还不如出去工作。就这样，柳达主动退了学，去工厂当起了车工。

金子总会发光，的确如此。1980年，柳达考进了航空公司，成为加里宁格勒航空队的一名空中小姐，而她与尤拉的感情也逐渐走到了尽头。

感情的结束有时也许并不是一件坏事，只有与错的人告别，才会遇见对的人。就像柳达，没有结束与尤拉的感情，也就不会遇见普京，更不会爱上普京。

普京的爱情并没有那么浪漫的前奏，尽管他一直都很有女人缘。金黄色的头发，天蓝色的眼睛。一个是麦浪跳跃的活泼色彩，一个是碧蓝天空的宁静宽广。普京的性格也正像这两种色彩给人的感觉，乐观、好动、沉稳、豁达。正因普京一直以来都是一副精力充沛、充满阳刚之气的样子，所以才会有那么多少女为他着迷。

可是，在爱情面前，他绝不是“老手”，在与柳达谈恋爱时，普京的慌手慌脚，宛如三岁孩童。而他的腼腆内向也深深地吸引了柳达。

普京与柳达的初次见面，源自一次意外。

1980年，22岁的柳达成为了一名空姐。一次，一个同是加里宁格勒航空队的空姐朋友拉着她一块去旅行，为期 3 天。这是短途旅行，可却让柳达遇见了自己的一生挚爱，开始了长途般的婚姻生活。

柳达的那个朋友，当时收到了她另一个在列宁格勒音乐学院上学的好友的邀请，去列宁格勒苏维埃剧院听一场音乐会。邀请柳达朋友的人叫谢尔盖·罗杜尔金，巧合的是，他认识普京，于是，普京也被邀请一同前去听音乐会。

两个原本并无交集的陌生人，就这么机缘巧合地相遇了。

当柳达跟着她的朋友在谢尔盖·罗杜尔金的带领下，来到列宁格勒苏维埃剧院门口时，普京已经在那里等待他们了。坐在剧院门口的普京，“其貌不扬，不是很引人注目”，这是他给柳达留下的第一印象，除此之外没有其他。

普京就像个“毫不起眼的陌生人”，这也难怪柳达对他没多少印象。不过，这次音乐会之行，倒让这几个年轻人玩得很开心，接下来的几天时间里，他们几个人还一同观看了其他表演。几天下来，四个人相处得十分融洽。

光阴飞逝，3 天的时间转眼过去了。直到将柳达她们送到地铁站，普京才意识到到了分离的时刻。而就在分离前的那一刻，普京将自己的电话号码留给了柳达。

其实，普京将自己的电话号码留给柳达，是一个十分冒险的举动。那时他已在克格勃工作，而个人隐私必须要牢牢保护，他这样贸然暴露联系方式，只能说是“被爱情冲昏了头脑”。

普京第一眼就喜欢上了柳达这个善良美丽的姑娘，尽管他们仅仅相处了 3 天，可已经足够了。

幸福是要争取的，普京也是这么做的。他告诉柳达，他在警察局工作，但具体的工作内容并未透露。虽然爱情冲昏了他的头脑，可还不至于丧失理智。而普京在克格勃工作的事情，柳达也是在与其交往一年多以后才知道的。

普京的用意，柳达自然清楚，但对于这个神神秘秘的警察，柳达并没有很深的印象，她只记得普京是一个瘦瘦的、不爱说话的人。可在回家途中，柳达一遍遍地想着普京，渐渐地发现，自己居然莫名地想念他，这个仅仅相处 3 天的人，这个清瘦沉默的人，这个并不出众的人，竟然让自己如此想念！

对于他们的感情，柳达并不知道能维持多久，毕竟两人不在一个城市。柳达的同事们其实也不看好她与普京的这段异地恋。不仅是因两人不在一个地方，更主要的是，那时柳达家中没有安装电话，普京虽留下电话号码，可柳达无法常常打给他。不过，真正的情感也许并不受制于外在条件，这份情感会自己创造机会。

那时，柳达所在的航空公司正好经常要往返于列宁格勒与加里宁格勒之间，如此，两个没机会煲电话粥的人，却有了可当面诉衷肠的机会。

为了不受思念的煎熬，柳达常常搭上前去列宁格勒的班机。后来她曾回忆称，别人都是乘坐公共汽车、电车、出租车去见爱人，而她则乘飞机去谈恋爱。言辞之间，尽是无限的幸福与甜蜜。

柳达的出现，让普京受了丘比特一箭。即便他们的婚姻结束了，可当初的情和意，却穿透了妄言与非议，弥散在两人的心头。

普家“好媳妇”

冲动是爱情的制造者，也是幸福的创造者。不少人的婚姻都是冲动促成的，然结果喜忧参半，全在于如何经营了。相爱不易，应用心珍惜。普京和柳达，便手捧玻璃一般地呵护着彼此这段爱恋。

1981 年，普京建议柳达放弃工作，去上大学，柳达同意了，那年柳达 23 岁，考上了列宁格勒国立大学语言系预科班。

原本，柳达想学习热门的德语，但学德语的人就如过江之鲫，竞争相当激烈。思考再三，她成为了西班牙语专业的学生。她并不知道，这次与德语的擦肩而过，却在日后帮了她大忙。——彼时，普京当上总理后，作为第一夫人的柳达跟着丈夫出国访问的机会自然多了。在一次前往西班牙访问时，柳达跳过身边的翻译，直接与西班牙王后聊天，这出人意料的举动在当时掀起了一个小浪潮。显然，那是个为自己和普京加分的浪潮。

柳达进入列宁格勒国立大学，暂且不论其他方面，起码再也不用饱尝与恋人普京分离两地的相思之苦了，他们可以更频繁地见面，约会自然也更方便。只是，两人的约会总是匆匆结束，而那短暂的见面时间，也会无端地被普京的“迟到”削去一半。

别人迟到最多几分钟，普京通常会迟到半个小时、1 个小时。为此，当时尚不知普京具体工作的柳达，经常为男友的迟到抱怨连连。直到在一次偶然的谈话当中柳达才得知，普京原来在克格勃工作，而后才不再介意男友的迟到。

普京与柳达的感情一直都很稳定，他们就这样波澜不惊地交往着。然而，往往越是看似平淡的感情，在遇到小小风浪时，即会掀起轩然大浪。

那天，两人盛装出席了一个晚会。参加晚会本是高兴的事，可两人却发生了矛盾，且是相当严重的矛盾。不知什么原因，柳达当时玩得很开心，又是喝酒，又是跳舞，与他人嬉笑谈闹，完全融入了晚会当中。

普京不喜热闹，一如既往地冷静，在一旁的角落里安静地看着柳达。说实话，他不喜欢那样的柳达，他更希望柳达也能与自己一样安静下来，至少应该在他身边。没错，普京吃醋了！硬汉普京吃醋了！他嫉妒在柳达身边同她欢闹的人，他嫉妒了！只是，普京嫉妒后的表现不是大发脾气，也非沉默不语。

晚会之后，普京向柳达提出了分手，因为他觉得两人不适合继续交往下去了。

分手！居然因为女友玩得太过兴奋而分手！普京未免太小题大做了吧？柳达被他突如其来的决定惊住了，随即伤心欲绝，落寞地一个人回到了加里宁格勒的老家。

普京本不是小气之人，所以醋意很快就过去了。冷静下来的普京为自己冲动的决定感到后悔，他爱柳达，深爱着。满怀歉意的普京马上赶到了柳达的家乡，希望能当面向她真诚地道歉。无奈，因公事繁忙，无法长时间逗留，临走前，普京留下了一张希望和解的纸条。

柳达看了纸条后，感动不已，她明白这个男人是因为爱她才有不成熟的举动，她愿意原谅这个爱着自己的男人。

在与柳达交往了三年半后，普京觉得，是时候跟心爱的女人结婚了。

那天，普京显得格外沉默。他坦承地告诉柳达，他是个脾气不好且不爱说话的人，而柳达却是个了解他的人。普京的三言两语，把柳达弄得一头雾水。看着一反常态的普京，听着他那没有“表情”的语言，柳达以为普京这次又要提分手了，不禁神色黯然，沉默地低着头，一语不发。

这时，让柳达意想不到的事情发生了。普京定了定神，说：“我爱你。如果你不反对的话，我想选择一个日子和你结婚。”普京严肃且坚定的话语传到柳达的耳朵里，这让她一时慌了手脚，不知该如何是好了。两只手因为紧张而紧握成拳头，在身体两侧不自然地放着。自己深爱的男子此刻正向自己求婚，哪有女人会不同意？感动的柳达，眼中噙着泪水同意了。

普京并未把与柳达的恋情告诉家人，而柳达在接受了普京的求婚之后，很快回到家中，将这件喜事告诉了自己的母亲。母亲自然为女儿找到归宿欣喜，母女俩居然高兴得整宿没合眼。

1983 年 7 月 28 日，涅瓦河上的一艘游轮上充满了欢声笑语，世上所有的祝福仿佛都被它侵占了。普京与柳达的婚礼就在这艘游轮上举行，牧师宣告他俩结为夫妇，“幸福”一词似乎都无法形容他们那时的心情。双方的亲属都出席了这个朴实、甜蜜的婚礼，普京与柳达的父母也是在这场婚宴上才第一次见面。婚后，女方要冠夫姓，柳达也更名成柳达米拉·亚历山大洛芙娜·普京娜。

那时候，普京和柳达没有自己的房子，蜜月旅行结束之后，他们就暂时住在普京父母家里。原本，普京父母准备了大房间给他们，可他们却执意不肯，而是搬进了小房间，虽然拥挤，但也不无温馨。普京的父母对这个聪明善良的漂亮媳妇很满意，柳达与他们相处得也十分融洽。

婚后第二年，已经怀孕的柳达跟着普京一同去了东德，在东德的那些年里，她终于学会了之前与自己擦身而过的德语。1990年，从东德回到列宁格勒后，柳达担任了列宁格勒大学德语培训班的讲师。

柳达是一个务实、平和、亲切、不爱慕虚荣的人，也不愿抛头露面，在邻居们的印象中，她绝对是个贤惠的妻子。柳达很早就学会了开车，在东德买完伏尔加车后，她一直开回了列宁格勒。

平日里，柳达不愿化妆，即便后来普京成为圣彼得堡的副市长，她也是素颜见人，待人也没有架子，与人见面也会热情地打招呼。她每次开车偶遇街坊，都会顺便将他们一同送回家，这让她获得了更多来自邻居的好评。

在柳达的心中，女儿的教育问题是重中之重。她常常陪着两个女儿练琴、学习、散步、做游戏。家中琐事她全权操办，为的是减少普京的负担，让他安心工作。可以说，那时期的普京有此“后盾”，仕途之路的坦荡也便有据可依了。

在东德生活多年，柳达知道自己的一言一行对丈夫都有很大影响。普京是一名特工，自己稍不小心多说的一句话，就有可能让自己深陷危机，甚至会牵连旁人，因此柳达也简言慎行。

柳达几乎不接受记者采访，唯一一次例外，是在普京竞选总统前夕。为了能帮助普京竞选，让民众更好地认识普京，克里姆林宫决定为普京写一本书——《来自第一人物：弗拉基米尔·普京访谈录》，克里姆林宫方面特地召集了几名著名的记者，通过对普京及其家属、亲友、老师、同学的访谈，在最短的时间内写出了这本书，柳达也在这次访谈中谈及了普京及家庭的情况。这次访谈以及这本书，对普京竞选总统起到了推波助澜的作用。

普京第一次成为总统是2000年，是时，成为第一夫人的柳达42岁。这位低调贤惠的第一夫人深受民众的尊敬，大家称她为“白雪公主”。

家有贤妻，夫无横事。有如此贤内助，也难怪普京的政治生涯一帆风顺。只是，世间万事总在变迁之中，夫妻二人婚姻的破裂，让曾经献上真挚祝福的亲友们扼腕叹息。可两人总算曾在最青春烂漫的年华里抓住了属于自己的幸福，这已经足够了。

5
政坛“圈地运动”

“戈叶”恩怨

普京的从政路似乎是外力助推使然，毕竟他幼时无此理想，或许是那个时代需要一个硬汉的出现，而普京——恰逢其时。只是，合适的时间总姗姗来迟，可能是机遇更偏爱有耐心的人吧。

1990 年，刚过完新年不久，普京便带着家人从东德撤回列宁格勒。原本，他的任务是在东德打探情报，这次出于无奈撤回，他自知自己的任务失败了，对东德的克格勃组织来说，他或许已经失去了价值，于是回到列宁格勒后，他很快向上级提交了辞职报告，决定离开他深爱的克格勃。

克格勃并不愿意放走这位精英，拒绝了普京辞职的请求。组织上不放，可普京心意已决。他第二次提交辞职报告是在“八·一九”事件发生后的第二天，这次，克格勃同意了他的请求，放他走了。

这个让普京从小憧憬的地方，从此在他的生活轨迹上消失了。

失业的普京，生活陷入了困境。对于未来，他如刚走出校园的学生一样，迷茫无助，不知明天会发生什么，自己下一步该怎么办。

普京在东德当差时，曾买了一辆伏尔加牌轿车，从东德回来之后，这辆车也被带回了国内。生活困顿，也供不起车子了，普京转念一想，干脆去当一名出租车司机，一来能继续使用车子，二来还能多少改善家人的生活。

不过，普京最终没有成为一名出租车司机，因为在准备期间，他得到了另一个工作机会——去列宁格勒国立大学当校长助理。这真是天上掉下来的好事儿，相较于开出租，回母校当助理显然更好。

就这样，普京的“的哥”路还没开始就断了，他当起了助教。助教生活平静，与东德的生活相比少了很多刺激感，也少了一份成就感，可普京懂得满足，在母校安心地做着分内事。

别看只是小小的助教工作，普京却干得风生水起，对待工作认真尽责是他的一贯作风。当时，为了改善学校的经济状况，学校方面跟一些企业合作，合资开办了很多工厂，普京的工作也就从学校事务管理慢慢转变为管理这些工厂。

工厂里的事只是些琐事，但为了能完成工作，普京需经常东奔西跑。在一次又一次与人接触的过程中，他切身感受到了市场经济环境下的社会状况，他的能力也在这个环境下得到了锻炼。

伟大与平凡并不是绝对对立的，就如同阴阳两极，是可以相互转变的。“平凡”的普京，很快就走上了“伟大”之路。

在列宁格勒国立大学担任校长助理期间，普京再次与自己的恩师阿纳托利·亚历山德洛维奇·索布恰克相遇。这次相遇，普京的人生发生了颠覆性变化，索布恰克为普京开启了一扇崭新的大门。

再次相遇，两人的身份也与以往大不相同。普京不再是当年那个沉默低调的学生，索布恰克也不是当时那个循循善诱的教授了。再次相遇时，索布恰克已弃教从政，作为一颗在政坛上冉冉升起的新星，他借着自己的人格魅力，影响着当时的政坛。

1988 年年初，美苏争霸，苏联为了与美国一争高下，消耗了大量国力，致使国内经济形式、政治状况趋于混乱。爱国志士都希望能为国解难，纷纷投身政海，试图通过改革来改变当前的局势。

人各有志，每个人的政治主张各不相同，一时间多个政党出现，政坛更是乱上加乱，这使得经济也开始停滞不前。是时，有三股较为强大的政治势力让苏联政局呈现出“三足鼎立”的局面。这三股势力分别是：以加力加乔夫为首的“传统派”，以戈尔巴乔夫为首的“中间派”，以叶利钦为首的“激进派”。其中，以“中间派”的政治势力、政治影响力最大。作为“中间派”的主要领导人，戈尔巴乔夫也是当时政治势力最雄厚的政客。

1985 年 3 月，戈尔巴乔夫被选为苏共中央总书记、苏联国防会议主席，之后又被任命为苏联总统，随即正式入住克里姆林宫。紧接着，他的政治改革正式上台。他的改革以“人道的、民主的社会主义”为中心。“激进派”的叶利钦，就是通过这次改革，才让自己的政治生涯走上辉煌的。

那时，叶利钦的激进思想很受巴尔巴乔夫的青睐，总统都看中了，叶利钦自然是官运亨通。果然，他很快被选为苏共中央书记，还被选为莫斯科市委第一书记，更成为苏共中央政治局的候补委员。其时，戈尔巴乔夫并没有意识到，他一手提拔的叶利钦，日后并不会成为自己的得力助手，相反，他是自己最大敌人。戈尔巴乔夫等于将一枚定时炸弹放在自己身边，而他却不自知。

1987 年，叶利钦第一次向戈尔巴乔夫发难，那是苏共在 10 月份召开的中央全会上。当时，叶利钦突然批评起了苏共的政治改革，说苏共的改革没有任何效果，无法从根本上解决人民的生活问题。叶利钦用最犀利的言语，狠狠地给了当时苏共一巴掌。

“为什么工人阶级统治了这个国家 70 年，他们仍然生活在这样的水平线上?”叶利钦在大会上义愤填膺地说道，这“香肠里的淀粉总是比肉多”的社会水平，就是当初人民所期待的吗?

打铁趁热，叶利钦接着质疑领导层的工作质量问题，批评了很多主要领导人，其中也包括一手提拔他的戈尔巴乔夫。叶利钦认为，之所以会造成现在这种积重难返的局面，这些领导人要负主要责任。

彼时，叶利钦成为第一个敢在这样一个大型的、拥有众多领导人参与的会议上正面批评苏共改革问题的人，他后来还因此被称为“一小时英雄”。对于在场所有人来说，叶利钦的“大放厥词”给他们带来的都是一次不小的震撼。

所谓枪打出头鸟，第一人不是那么好当的。叶利钦的话还没说完，下面很多与会者开始坐立不安了，他们认为叶利钦的这一发言，并不是从当时的社会现状出发，过于片面，这样的人自大、傲慢，是改革过程中的敌对分子，以他为代表的分裂主义，才是造成社会动荡的主要根源。

叶利钦说完后，27 个人纷纷站起来反驳他，说他的发言属于“左倾”思想，偏离实际，甚至认为他的目的是破坏领导层的团结。

原本十分重视叶利钦的戈尔巴乔夫获知这一消息后，当即雷霆大怒。原来，自己一手提携的竟然是自己的对手！当然，戈尔巴乔夫并未觉得叶利钦有能力击败他，毕竟“小胳膊拗不过大腿”。

1987 年 11 月 11 日，戈尔巴乔夫代表苏共中央，把叶利钦从莫斯科第一书记的宝座上赶了下来，把他调到了建委，守着建委第一副主席的头衔。也许是为了示威，戈尔巴乔夫亲口告知叶利钦这个消息，并放了一句狠话：“我绝不会再让你搞政治!”

墙倒众人推，失去了戈尔巴乔夫的青睐，叶利钦也被很多人排挤，试问谁愿意与这个惹毛了总统的人搞好关系呢，即使赞同叶利钦主张的人，也不敢明着反抗戈尔巴乔夫。大家都知道，此时要做的是明哲保身。

而那些千方百计想拍戈尔巴乔夫马屁的人，算是抓住了机会，对叶利钦落井下石，希望以此博得总统的好感。政坛即是没有硝烟的战争，看似平静如水，却是暗潮涌动的。

叶利钦已经被调到建委做第一副主席了，戈尔巴乔夫还是不太满意，他打算做得更彻底一些，一如他对叶利钦说的一样，不再让叶利钦有机会搞政治。

1988 年，戈尔巴乔夫逮着个机会，免去了叶利钦的职位，从副主席变成了建筑部部长，并将其名字剔除在政治局候补委员的名单之外。此时，叶利钦远离了政治舞台，他的政治生涯仿佛就此结束了。

这下，戈尔巴乔夫觉得能安心睡觉了。贬黜了叶利钦，削弱他的政治力量，他是无法东山再起的。诚然，叶利钦的政治势力被极大地削减，但这并不意味着他在与戈尔巴乔夫的对决中彻底失败。从另一个角度看，戈尔巴乔夫的做法反倒成全了叶利钦。

叶利钦敢于在中共大会上用最犀利的言语去抨击苏共领导人所做的改革，且指出改革中存在的不足，这种不畏强权、敢于谏言的品行深受苏联民众的尊敬，而他为此被贬官也博得了更多人的同情。这反而成为他日后难得的政治资本。

事实上，叶利钦在中央大会上所发表的意见，也代表了一部分人的观点，故此，他在不知不觉中成为反对戈尔巴乔夫政治主张的领军人物，这也为他日后东山再起埋下了伏笔。塞翁失马，焉知非福，真是一点也不错。

1988 年 12 月，苏联人民开始选举“苏联人民代表”，这对叶利钦来说是重返政坛的绝佳机会，他很快决定加入这个人民代表的竞选中。不过，当时苏联的选举法规定，部长不允许参加人民代表的选举。怎么办？只有成为人民代表才有机会重新开始，才有力量去与戈尔巴乔夫抗衡，因此这次竞选机会绝不能放弃！

为了能参加这次选举，叶利钦毅然辞去了建筑部部长的职务，与其当一个没什么权力的部长，还不如放手一搏。就这样，叶利钦全心全意地投入此次竞选之中，决意背水一战。

在竞选人民代表期间，叶利钦积极参与一切竞选活动，频频与选民见面，屡屡参加大规模的选民集会，同时发表演说，还参加了电视台的辩论会。他的所有做法，目的只有一个——希望竞选成功，希望通过增加自己的曝光率，使自己的政治纲领深入民心，毫不掩饰地揭露政府官员腐败的作风及官僚主义。

叶利钦这一步走对了，他打出的正直、廉洁牌，在民众那里十分受用。当然，他本人即是如此。

努力终得收获，叶利钦赢得了竞选。在莫斯科选区，叶利钦获得了接近90%的选票，这也可以看出民众对叶利钦的期待。自此，叶利钦成为了“苏联人民代表”，他又拥有了与戈尔巴乔夫正面对抗的资格！

普京的“政治伏笔”

时局动荡，民生疾苦。越是混乱的年代，越容易出现英雄。暴风雨来临的前夕，海面上仍然飞翔着海燕，不畏风雨，就如索布恰克他们一样。

索布恰克加入苏共时，他已50岁了，那时叶利钦与戈尔巴乔夫的斗争已进入白热化阶段。国家兴亡在此一刻，索布恰克自然明白自己要做什么，他也不满苏共的做法，认为苏共的一些举措实在荒唐，他想改革，想改变当时的政治局势。因此他也需要一个契机，一个可以让他从教师转变为政客的契机。他很幸运，因为不久之后，这个机会来了。

当时，苏联正在选举“苏联人民代表”，作为知名院校的列宁格勒国立大学获得了推荐候选人当选人民代表的权利。这就是索布恰克等待的契机。

列宁格勒国立大学在选举大会上选出了8名候选人，索布恰克也在其中。他想从政，就必须在这次竞选中胜出，但与其他人相比，他似乎没有太多优势。8个候选人当中，知名度最低的索布恰克一度不被看好，不过他也有自身的优势。凭借着出色的演讲能力以及条理清晰的演讲纲领，他居然成功地击败了其他选手。

索布恰克的口才很好，面对其他人提出的尖锐问题也不会乱了阵脚，他的沉着、冷静在这几个候选人中格外突出，他平静地回答对方的苛刻问题，坚定又不失智慧，给其他人留下了深刻的印象。

最终，索布恰克获得了75%的支持率，这绝对的优势让他得以继续接下来的竞选活动。索布恰克充分发挥自己的长处，在接下来的列宁格勒市瓦西里岛的第47选区的竞选中，也大获成功。

1989年5月25日，莫斯科举行了苏联第一次人民代表大会。在大会举行前的预备会上，索布恰克的表现就十分出彩，而在随后的代表大会中，他继续保持着胜利者的劲势，十分夺人眼球。凭借这次代表大会中的表现，索布恰克很快就当选了人民代表，也吸引了苏联领导层的关注。索布恰克的名字也慢慢为越来越多的人熟知。在这次代表大会之后，他加入到了叶利钦的跨地区小组。

索布恰克是个很能保持自我的人，不容易被同化，更不会随波逐流。他加入叶利钦的跨地区小组，只能说较其他“中间派”、“传统派”的政治主张，他认为叶利钦所代表的“激进派”更符合他本人所希望的政治局势，这并不是说，加入叶利钦阵营便要处处与戈尔巴乔夫作对。

相反，身处“激进派”阵营的索布恰克，也并不认为戈尔巴乔夫的所有做法都不可取，而戈尔巴乔夫也一样“通情达理”，未将索布恰克树为自己的政敌，甚至还非常尊重索布恰克。在最高苏维埃会议、人民代表大会等重大会议上，他都会真诚地向索布恰克提问。这样看来，不知是戈尔巴乔夫想到了“多一事不如少一事”，还是索布恰克会“做人”呢？

索布恰克是一个成熟的政治家，他时刻保持着自己的独立性，他不属于任何一个派别，更不会偏袒叶利钦、戈尔巴乔夫两人中的任何一个，他不愿卷入他们两个人的竞争当中。普京曾说："我非常欣赏索布恰克的独立性以及阐述自己见解时的勇敢精神。"在当时民众的心中，索布恰克是一个正直、率真的人。

尽管索布恰克一直都保持着独立性，希望在叶利钦与戈尔巴乔夫之间找到一根平衡木，因他不希望加入这场恶斗当中，与其耗费力气自相残杀，还不如多花些时间精力去改变社会，造福民众。但是，事与愿违，索布恰克的那根平衡木倾斜了。

促使平衡木倾斜的正是戈尔巴乔夫。他下放了一份文件，称：最高法院领导人、最高检察院、苏联政府成员以及其他高级官员的任命，必须经过苏共中央政治局与最高苏维埃会议的批准。这个决策一出，随即引起轩然大波。这等于是向索布恰克直接下了"挑战书"。

索布恰克当时是一个经济法和改革分委会的领导人，他在参加最高苏维埃会议的时候，反对过很多人事任命，致使他们无法再在职位上继续工作，其中大多数都是一些为官多年的元老级人物。

其实，索布恰克的做法是可以理解的。当时政局混乱，其中一个原因就是那些冥顽不灵的老顽固的存在，这才使得改革一度停滞，故此为了能使政治局势好转起来，必须要剔除这些腐败分子，并且输送新鲜血液。许多元老级的人物没有通过最高苏维埃会议的批准，而一些还没多少名望的人反而被任命了，这让那些没通过批准的元老级人物心里很不舒服。很快，那些没被任命的人开始抨击这项新政策，国会也变成了一场激烈的辩论会。

在这场辩论会中，索布恰克与戈尔巴乔夫的关系也逐渐恶化。尽管索布恰克之前一直与戈尔巴乔夫都有很好的交情，但道不同不相为谋。这场声势浩大的辩论会让索布恰克与戈尔巴乔夫的关系破碎，但索布恰克也因这场辩论而名声大震。不仅在最高苏维埃中拥有很高的知名度，在全国范围内也有很高的声望。他本人的名声与影响力，也在这辩论会之后达到顶峰。

很多人都给他写信，向他阐述自己的观点。只要你在信封上写上“莫斯科，克里姆林宫，索布恰克”，信就一定会被送到索布恰克手上。曾有一个领导人受欢迎程度的调查显示，索布恰克仅次于叶利钦。

名气大了，且有自己独特的政治主张，索布恰克也频频被邀请出国访问，这让许多西方国家的外交官都有机会一睹这位政治家的风采，他们普遍认为，索布恰克是最好的政治伙伴，也是最好的谈话对象。

索布恰克原是一名老师，是优秀的学者，他凭借自己出众的文笔及相关的专业知识，屡次在媒体上发表文章，他甚至是当时苏联政治家中发表文章数量最多的。

索布恰克写过最长的一篇文章刊登在《星火》杂志上，《莫斯科新闻报》曾以整版篇幅刊登了关于索布恰克的文章，他的文章客观且深刻。或许是因频繁发表文章的缘故，索布恰克在民间也很有“声望”——《共青团真理报》曾说他是收到求爱信件最多的政客。

1990年，列宁格勒市举行了市长选举，凭借着良好的声誉以及广泛的知名度，索布恰克毫无悬念地从大批竞选者中脱颖而出，他也从一名小小的参政议员摇身一变，成了列宁格勒市的市长。他终于有机会可以实现自己的抱负了。

然而，一市之长并不好做，坐上这个位置之后，索布恰克才发现，市长工作与自己原先所从事的议员工作大相径庭。

议员的工作性质很简单——开会，参与一些重大事项的决策。作为议员时，索布恰克可以凭借自己出众口才及相关的专业知识进行演说以达到目的，但市长绝不能如此。议员只依靠嘴上功夫就能把工作做好，市长则必须付出实际行动才行。

索布恰克知道，市长是一个务实的职位，只有真正做出些成绩，才不辜负人民对他的期望。他明白，自己必须亲自处理一些实际问题，但他也晓得自己能力有限，毕竟他不是实践派。相比解决一些具体问题，他更擅长以演说的方式鼓舞士气，因此对他而言，当务之急是找一个务实肯干且能力优秀的助手。

如此，一切都那么顺理成章——普京出现了。

1990年年初，从苏维埃办事回来的索布恰克，回母校处理事务，在走廊里他遇见了普京。看到自己大学的老师，普京兴冲冲地走上前问候，寒暄几句后便开始聊起各自的状况。普京的能力，索布恰克自然知晓，他心中不由自主地萌生了这样一个想法：他愿意当我的助手吗？

索布恰克知道普京在校期间的表现及成绩，闲聊中，他也获知普京曾在克格勃工作过一段时间，他知道克格勃是什么地方，这也更证明了普京的能力，而且普京个性沉稳，没有劣迹，他不就是最好的助手人选吗？

想到这些，索布恰克开门见山询问普京是否愿意到市政府工作。普京没有过多地思虑，爽快地接受了恩师的邀请。随后，他立刻辞去了校长助理的职位，开始了自己为期6年的行政官员生涯。

机不可失，失不再来。普京抓住了难得之机，才有了日后在政坛上的叱咤风云。话说回来，若没有叶利钦“激进”表现作为伏笔吸引到索布恰克，也就没有恩师作为“伏笔”铺就普京的政治路。如此看来，当一个人注定要走向巅峰，此前的一切翻覆便都是为了铺路。

叶利钦的好计谋

命运当真掌握在我们自己手中？

有时候，他人的人生波动，会让我们的人生一样掀起涟漪，甚至巨浪。也许会让你一贫如洗，也许会让你飞黄腾达。面对这样的极端二选一，或许我们唯一能主宰自己命运的机会，就在于选或不选。

普京辞去校长助理的工作后便进入了市政府，成了索布恰克的外事顾问。所谓外事顾问，自然是负责列宁格勒市的外事活动。原本，列宁格勒市的外事活动都由上一级外交部来决定，在普京上任之前，列宁格勒市拥有了自己的治理权力，这才让普京抓住了机会。

许多外国客人都被列宁格勒市深厚的文化底蕴以及秀丽的自然风光所吸引，纷纷前来观光，其中以中欧和北欧的客人居多。索布恰克需要接待外宾或代为接待客人时，普京即需要在他身旁陪伴。在与这些外宾交谈的过程中，普京慢慢了解了一些大城市中政府的运作方式，这也等于是为他青涩的政治生涯补课。

那时，普京38岁，这个年龄正应是在政坛发力的时段。然而，擎起大任者绝非一帆风顺，就在他准备在政坛一展身手之际，暴风雨来了——苏联“解体”了！事实上，这次重大历史事件，才算得上是把普京直接推向政治舞台的动力。

苏联的这次遭遇，对社会各界来说，无疑是一场灾难。苏联解体对其政治事务而言，如同经历了一场绝世浩劫。

苏联之所以解体，一个不得不提的重要人物——叶利钦，也许更有“发言权”。正因他的一些举措，才直接导致了苏联的解体。当然，也间接影响了普京的命运，从这一角度看，其对普京的影响，甚至超过了索布恰克。

事情要从叶利钦竞选苏联人民代表胜利那天说起。

1989 年，叶利钦破釜沉舟，辞去建筑部长一职，专心为竞选苏联人民代表做准备。3 月，叶利钦以 89.6% 的得票率胜出，以绝对的优势当选为苏联人民代表。此后，叶利钦积极参与演说，筹备活动，在频繁地与人民接触的过程中，他的思想也越发根植于民心。是时，苏联共产党的内部，逐渐形成了以他为代表的“民主纲领派”。

政治培育人的野心。当叶利钦终于打破了戈尔巴乔夫的“魔咒”，继续在政治上大显身手之际，他的野心也更大了，渴望更大的权力。很快，他有了新的目标——竞选俄罗斯联邦最高苏维埃主席一职。该职位是地方党委最高级的官员，处于首脑地位，拥有极高的权力。

锁定了目标，叶利钦马上着手为竞选做准备。积极统筹材料，频繁接触各界人士，在了解他们的需求的同时也逐步完善着自己。

叶利钦必须付出更多的努力，那是因为他属于苏共党内的反对派，在先天条件上处于劣势，所以要想在竞选中胜出，他得有夺人眼球之处才行。

前两轮的竞选，叶利钦的主要对手是苏共官方的主流派——克拉斯诺达尔边疆区委第一书记波洛兹科夫。此人是被普遍看好的种子选手，只是在与叶利钦的竞选当中，却并未展示出更强的实力，甚至始终被叶利钦压着。

票数可说明一切。前两轮中，叶利钦与波洛兹科夫的得票分别是497:458、503:458。叶利钦票数领先，也不意味着他可以当选。按照规定，当选者必须获得531票以上，两轮竞选下来，两人都没有达到票数。此时，苏共主流派决定换人。

苏共党内一番讨论之后，决定让原俄罗斯联邦部长会议主席、中央政治局候补委员弗拉索夫去与叶利钦竞争。

第三轮竞选注定是激动人心的，不仅叶利钦感到压力空前之大，苏共主流派也倍感煎熬，他们也没有完胜的把握。

在形式上有明显优势的苏共主流派，在前两次都没有胜出，故此第三轮竞选，他们打算孤注一掷。

5月29日，第三轮竞选结果公布，叶利钦以535票战胜弗拉索夫的467票，以微弱的优势成功当选为俄罗斯联邦最高苏维埃主席。

叶利钦的成功当选，对自己及所代表的党派来说都是一次重要且必要的胜利，一旦失利，他可能很难再站起来。他倒是高兴了，可有一个人却很不开心——是的，他就是叶利钦的劲敌戈尔巴乔夫。

政治宿敌自然老死不相往来，戈尔巴乔夫原本以为自己屡屡调离叶利钦，会将其彻底清除于权力中心，却不想他居然绝处逢生，以退为进，成功当选俄罗斯联邦最高苏维埃主席，对他而言，不能不说是个沉重且近似于毁灭性的打击。

而此时，重新拥有与戈尔巴乔夫对抗实力的叶利钦，又有了一个更大胆的想法——肢解苏联，之后成立一个新国家，他要成为一国之主！要想实现自己的新目标，首先就要解决戈尔巴乔夫这个主要的敌人。

刚刚走出政治低谷的叶利钦，开始向戈尔巴乔夫为首的苏共发起了猛烈的进攻。

1990 年，拉脱维亚、爱沙尼亚、立陶宛这三个沿海国家率先宣布脱离苏联，决定自立门户，苏联的其他加盟共和国也有独立的意思。对于希望站上权力巅峰的叶利钦来说，俄罗斯独立是他梦寐以求的。

1991 年 1 月 14 日，叶利钦召开新闻发布会，在发布会上他宣布，俄罗斯、白俄罗斯、乌克兰、哈萨克 4 个共和国的首脑们决定签订“四方条约”，条约涉及经济、政治、文化诸多领域。

如果遂了叶利钦所愿，成功签订“四方条约”，那么戈尔巴乔夫这位苏联总统的权力就会被极大地削弱，而中央政府就如同躯壳一般，毫无用处。

或许，历史还不需要新的当家人出现——“四方条约”并没有像叶利钦期望的那样顺利签订。叶利钦刚宣布要签订“四方条约”没多久，“四方”之一的哈萨克的领导人就发布声明，称他们并没有决定要签订条约，甚至在声明中还严厉地斥责了叶利钦的这种行为。

随后，俄罗斯议会中的共产党议员，也对“四方条约”予以抵制。同时，更拒绝其他联盟国签订“双边条约”。一来二去，叶利钦闹得沸沸扬扬的大计划最终流产了。

1991 年，苏联国内出现了经济危机，算是救了叶利钦——这场经济危机加深了苏联人民对戈尔巴乔夫及其代表的政党的不满。戈尔巴乔夫在苏联国内实行了新的经济改革，这次改革即是这场经济危机的导火索。改革的内容即是调整苏联国内的物价水平。

在很短的一段时间里，食品的价格上涨了1.5倍，这对于原本生活就比较困难的苏联人民来说，生活负担愈加沉重了。

当时，苏联国内通货膨胀率已达到了20%，且物价一点都没有要下调的趋势，上涨幅度反而愈加迅猛。一时间，举国民众都在疯抢商品，为了在还有购买能力的情况下先储存商品，很快，日用品、消耗品面临断货。

当时的苏联，难以解决温饱问题的家庭占了总人口的1/3。贫穷，也使得社会越发不安定，为了防止人民发生暴动，政府在莫斯科等大型城市安排了许多军警巡逻，可即便加强警力，民族冲突及民族分裂的势头依旧迅猛，丝毫没有因武力而消减。

人民对戈尔巴乔夫的埋怨越来越多，这也让更多人站到了他的对手——叶利钦的阵营，显然，叶利钦的好日子到了。

叶利钦意识到，国内的混乱是打倒戈尔巴乔夫的绝佳时机，他要牢牢把握住这个机会，完成肢解苏联的目标。

1991年2月13日，戈尔巴乔夫与叶利钦的矛盾激化，成千上万的民众聚集在莫斯科举行游行示威，表示支持戈尔巴乔夫，反对叶利钦的分裂主义；而在同一时间，万余人在莫斯科开展了“保卫叶利钦”的群众集会。一场政治大战一触即发！

此次集会发生后的一个星期左右，叶利钦便在电视上发表讲话，称戈尔巴乔夫为独裁主义者，公开指责其种种“反民”行径，呼吁各地政府不要再与戈尔巴乔夫沆瀣一气，他甚至当众要求戈尔巴乔夫马上辞职。这是叶利钦与戈尔巴乔夫第一次正面冲突，两人的矛盾也一路攀升至最高点。

对于苏联是否要解体，这绝不是某个人或党派便能决定的，政府将决定权让给了人民，由他们来选择。

1991 年 3 月 17 日，苏联就是否赞成保留联盟问题召开了史上首次全民公决。当时全国人口有 1.85 亿，其中 80% 的民众参与了这次公决，最终，70% 以上的民众都同意保留联盟。

这次公决的结果表明，苏联还将继续保留，也就是说，叶利钦想要肢解苏联的愿望破灭了。表面上看，形式对叶利钦十分不利，但并不代表他一无所获。因为就在举行是否保留联盟的公决的时候，俄罗斯联邦也举行了一次公决，公决的内容是——“该共和国是否该设立总统职位”。在这次公决中，投票的民众超过半数都赞成设立总统职位。换言之，叶利钦分裂苏联的计划暂时失败，可他却成了总统职位的不二人选。

同年 6 月 12 日，俄罗斯举行了第一次总统选举，境内开设了 9.8 万个投票站点，有 1 亿俄罗斯人民参与了这次投票。最终，叶利钦以 61% 的得票率成功当选为俄罗斯第一任总统。

是时，俄罗斯占苏联总领土的 70%，而叶利钦成为俄罗斯总统，这意味着他掌握了整个俄罗斯的生杀大权，这使得戈尔巴乔夫十分被动。俄罗斯总统的诞生，表明了俄罗斯的独立，而占有 70% 苏联领土的俄罗斯的独立，就等于是说戈尔巴乔夫这个苏联总统被架空了。

7 月，苏共二十八大在莫斯科举行，叶利钦在这次大会上宣布退出苏联共产党，而他的拥护者们，包括列宁格勒市市长索布恰克以及莫斯科市市长波波夫，他们选择一路追随叶利钦。他们的退党举动，给了已经摇摇欲坠的苏共一记重拳。

对于叶利钦来说，他的基本目标虽未实现，可终极政治目标却实现得很漂亮，他胜利了！

俄罗斯的独立，叶利钦的胜利，虽不是真正意义上的“苏联解体”的标志，可苏联也早已名存实亡，戈尔巴乔夫的统治寿命即将完结。此时，对仍蛰伏于安静角落的普京而言，他的锋芒开始有了展示的门路，毕竟，他跟随索布恰克，而恩师又跟随叶利钦。迟早，他是要一骑绝尘的。

“八·一九”事件

大海不会风平浪静，人生也不会一帆风顺。对戈尔巴乔夫来说，1991 年之前，他的一叶扁舟还算顺风顺水，直到与叶利钦对垒，它的小船才摇摇欲坠。

1991 年，对每一个苏联人都是极其特殊的，对戈尔巴乔夫来说更甚。对他而言，当时最大的难题就是叶利钦逐渐上升的政治权力以及日益增加的人民支持，他清楚地认识到自己的处境是多么危急。

为了扭转自己的劣势，戈尔巴乔夫立即制定了新的政策，并很快就投入实行。为了适应接连出现的独立事件，戈尔巴乔夫决定把苏联改为更为松散的邦联，他的政策是——成立苏维埃主权共和国联盟。

匆忙制订的计划，自然在考虑上不够全面，很快，新政策的弊端显露出来了。

戈尔巴乔夫出台的新政策，本意是加强各个加盟国的凝聚力，但适得其反，各加盟国的分离势力反而越闹越凶。苏共党内的“传统派”对戈尔巴乔夫制定的新政策颇有微词，他们认为，新政策并不适应苏联的实际情况，而戈尔巴乔夫一味地想扭转自己的劣势，丝毫没有考虑到新政策是否适合苏联旧体制。

苏联旧体制的种种弊端，在新政策实行之后相继暴露，但戈尔巴乔夫已无暇顾及这些，根本来不及想出解决办法，这也加剧了人民对苏共的不满。苏共已不再是原来的苏共，原本树立起来的威望也在刹那间崩塌。如此，事态的变化，已经出乎戈尔巴乔夫的意料，局势一度失控。

意识到自己的劣势，戈尔巴乔夫采取的紧急补救措施并没有达到预期的效果，反而使自己愈加深陷绝境。而戈尔巴乔夫的节节败退，也让苏共党内意识到，他是敌不过叶利钦的。

面对日益强大的叶利钦，苏共坐不住了，既然戈尔巴乔夫没有办法斗过叶利钦，也就没有必要继续让他掌管大权。鉴于戈尔巴乔夫新政的失败，担心他继续执政会再添乱，同时也是为了挽救苏共与苏联政府，“传统派”做出了一个重大的决定。

1991 年 8 月 19 日，苏联副总统——亚纳耶夫发表了一份声明，称戈尔巴乔夫重病缠身，已经无力再继任总统一职，他本人将暂时接过指挥棒，带领苏联继续前进。其实，这份声明是“传统派”自己策划的，他们觉得戈尔巴乔夫难以击败叶利钦，这么下去，苏联都不得安宁，因此不能再让他继续担任总统，于是他们策划了这么一出“政变”。

就在亚纳耶夫发表声明后不久，苏联国防部部长亚佐夫、苏联国防部副部长兼陆军总司令瓦连尼科夫、克格勃主席克留奇科夫、最高苏维埃主席卢基扬诺夫同亚纳耶夫聚在一起，开了一次会，并在会上决定成立紧急状态委员会。

随后，紧急状态委员会发表了一份《告苏联人民书》。在这份文件当中，紧急状态委员会表示，戈尔巴乔夫是造成苏联这一紧急状况的元凶，由于他的错误领导，才导致各大加盟国选择独立，文件中说，苏联国家与苏联人民的命运都处在非常危险的关键时期。

而在同一时间，毫不知情的戈尔巴乔夫正在黑海度假，这真是极大的讽刺：总统被“弹劾”了，可总统本人依旧优哉游哉。由于苏联国内的这一政变，戈尔巴乔夫被软禁在了克里米亚。

这次政变在历史上被称为“八·一九”事件，它是俄罗斯“传统派”的救国运动。为了维护国家统一，为了挽救国家命运，同时还要维护苏共的地位以及维护社会主义制度，“传统派”思考再三，才策划了这场政变。

政变发生的时候，叶利钦还在哈萨克外访，当他回到莫斯科，了解了事件的始末原委，着实大吃一惊，一时之间竟也手足无措。他明白，紧急状态委员会的主要敌人其实是他，尽管眼下看来，戈尔巴乔夫是主要受害人，但很快，他们就会把矛头指向他，对他做出一系列攻击。叶利钦知道，必须要在他们发动正式的攻击之前，拥有自保甚至反攻的能力。

对叶利钦来说，这一战至关重要。他曾经被打压过一次，好不容易东山再起，如果这次再失败，很难有重来的机会。这一战，他必须要赢！

刚从哈萨克回到莫斯科的叶利钦，还没来得及休息，就马不停蹄地赶往俄罗斯会议大厦商量对策，他要为胜利争取时间。

“八·一九”事件之后，苏联政坛真正形成了三足鼎立的局势。以紧急状态委员会为代表的“传统派”驻营在克里姆林宫里，代表“中间派”的戈尔巴乔夫被软禁在克里米亚别墅，而“激进派”的阵营就在俄罗斯议会大厦。戈尔巴乔夫被困在国外，叶利钦也即将面临危机，此时，占据有利形势和主动权的，只有

“传统派”。

此时，该是叶利钦选择的时刻了，他的决定不但决定了自己的生死，更决定了“普大帝”的前程，因为他是普京人生路上最重要的伏笔。

“肢解”苏联

人在危机时刻所爆发出的能量难以想象，足可以力挽狂澜，化危机为转机，一如叶利钦，他在几近一败涂地之地，猛然间翻盘。

当叶利钦被困于俄罗斯会议大厦之时，他要在进退之间做出选择。思前想后，他还是决定主动出击。他首先想到，要想取得胜利，要想成功，必须得到群众的支持，只有得到人民群众的力量，才可能在这场必败的战事里占据上风。

叶利钦选择走出议会大厦，走到群众中去。

带着准备好的《告俄罗斯公民的呼吁书》，叶利钦站到了停在议会大厦外面的一辆坦克上。他将自己如此清楚地暴露在外，其实是十分危险的，“传统派”早就派下重兵把守着俄罗斯议会大厦，叶利钦就是他们重点的监视对象。但此时，原本应该隐藏起来的叶利钦却光明正大地站在最醒目的地方，做着最显眼的事情，他随时都有被枪杀的危险。

站在坦克上的叶利钦，大声地宣读着呼吁书里的内容，越来越多的人被吸引过来，他们聚集在坦克附近，认真地听着。叶利钦从他们的眼中看到了期待，看到了希望的火种。渐渐地，人们开始附和着，开始呐喊着。此时，叶利钦知道，他们认同了自己的观点，他们选择站在自己这边，他知道，胜利在望！

回到议会大厦的时候，叶利钦心情愉悦，之前的紧张情绪也因群众的明显支持而得以舒缓，这就意味着，他还有放手一搏的资本。

尽管群众的支持，让叶利钦稍稍放了心，但他并没有完全放松，他知道关键时刻还没到，要乘胜追击才行，于是急忙制定下一步方案。

宣读完《告俄罗斯公民的呼吁书》之后不久，他很快召开了新闻发布会，在发布会上，他呼吁要举行罢工行动来抗议“八·一九”事件。随后，他就派代表前往克里米亚，尽管之前与戈尔巴乔夫水火不容，但此刻他们都处于弱势，叶利钦决定与政敌戈尔巴乔夫握手言和，先解决眼前最主要的敌人。

有了群众的支持，也有了盟友，叶利钦的阵营似乎有根基了，但这并不表示他一定会取得最后的胜利。为了能有十足的把握，叶利钦向西方大国伸出援手，向他们寻求帮助。不仅如此，他还组织一批他的支持者们去说服监视议会大厦的士兵们，目的是让他们放弃监视任务，为已所用。

万事俱备的叶利钦与半桶水的政变者，双方对决的结果很容易就猜得到。几天之后，“八·一九”事件终于画上了句点。

这次对决，以叶利钦取得最后的胜利而告终。功亏一篑的政变者被捉进了监狱，戈尔巴乔夫也因“八·一九”事件被架空了权力，得到民众与西方国际支持的叶利钦则顺理成章成为了民族英雄。就在这短短的几天时间里，叶利钦就得到了超乎以往的知名度，他的威望与影响也在这一次事件后达到了顶峰。

叶利钦无疑是果断、机智、胆识过人的，同时他有强烈的成功欲望，这或许是他走上政治巅峰的最强动力。

“八·一九”事件发生的时候，普京正在度假，当他得知祖国正经历着一场如此严重的事变时，游玩之心瞬间消失，国家为何会这样？带着满心的忧虑，普京赶回了列宁格勒。

列宁格勒是俄罗斯的第二大城市，其政治地位不言而喻，一样是兵家必争之地，政变者自然也不会漏过这里。

紧急状态委员会下令，要求列宁格勒军区派军队驻进市区。市区不是军区，要是让军队驻进市区，那么市民的生活就无法得到保障。同时，市区里还有很多其他国家的游客，他们的安全问题也会被影响——一旦出现任何差错，就是国际问题了。

为了控制城市，军队难免会与市民发生冲突，原本和谐宁静的城市自然会变得满目疮痍。作为列宁格勒市的外事顾问，普京自然不愿意看到流血事件在这里发生，他必须得想办法，不让军队驻进市区。

一连好几天，普京都是没日没夜地工作，往返于列宁格勒的克格勃分部与军区之间，与多个相关方面进行协商，希望军方暂时改变计划，不要进入市区。最后，普京向军方再三保证列宁格勒绝对没有问题，这才阻止了军队进入市区。

“八·一九”事件发生时，索布恰克正在莫斯科办事。了解了事件的起因经过后，他立即宣布支持叶利钦，并决定搭乘最早的一班飞机前往列宁格勒声援叶利钦。

当时的莫斯科正处于政变者的占领下，索布恰克毫不顾忌地支持叶利钦，当然引来紧急状态委员会的不满，克留奇科夫将索布恰克的名字列入大逮捕的名单当中。与此同时，列宁格勒的克格勃分部也收到了命令，抓捕即将到达列宁格勒的索布恰克。可以说，此时若没有普京在身边，索布恰克的政治生涯，甚至生命可能都将到此为止。

普京之前就在列宁格勒的克格勃工作，所以还是有些人脉的。与普京一同在克格勃工作的同事知道他与索布恰克的关系，因此在收到抓捕命令后，马上放风给普京，让其早作准备。

自己的恩师，自己的上级领导马上要深受囹圄之苦，普京甚是着急，自然不能坐视不理。时间紧迫，若是旁人或许早就乱了阵脚，可普京毕竟受过严苛训练，故而十分沉着冷静，他很快想到了一个计划。

他亲自挑选了一批优秀的武警官兵，驾车前去机场“抢人”。索布恰克乘坐的飞机还没有停稳，普京就立即将车开到了飞机舷梯之下，抢在克格勃之前接走了索布恰克，且对他进行了严格的武装保护。

普京此举，从道义上说，是不忘恩师栽培之恩的表现；从政治立场上看，他晓得索布恰克所能产生的影响力，这也是他能够“进击”的桥梁。当时，他或许还未意识到拯救了索布恰克，会让他在叶利钦的视野里形象“更高大”。

叶利钦的权力在“八·一九”事件之后迅速扩大，凭借俄罗斯的重要地位，他又发布了一系列政策，将苏联的财产、权力、还有机构全都划给了俄罗斯。

1991 年 11 月 16 日，叶利钦接管了联邦中央一系列财产金融部门，控制了能源的进出口，此时的他财大气粗，甚至停止向将近 80 个联盟中央部门的资金供给，并且下令要求他们解散。

之后，叶利钦下令由俄罗斯中央银行接管苏联国家银行对外经济事务银行，同时撤离了俄罗斯境内的克格勃等军事政治机构，停止了苏共的一切活动。叶利钦的目标，是使苏联解体，为了完成这个目标，他继续进行搞垮联盟的活动，是时，原本就奄奄一息的苏联正慢慢被逼入绝境。

同年12月7日，叶利钦与白俄罗斯领导人斯坦尼斯拉夫·斯坦尼斯拉维奇·舒什科维奇、乌克兰总统列昂尼德·马卡罗维奇·克拉夫丘克，在布列斯特城进行秘密会谈。事后，参会的各方发表了共同宣言：建立由斯拉夫三国组成的“独立国家联合体”，这一宣言的产生也意味着苏联真正解体了。

戈尔巴乔夫的权力已被架空，他失去了与叶利钦对抗的资本，再无挽回的能力，在与叶利钦进行了一次会谈之后，不得不同意苏联于1991年年底“退出”历史舞台，苏联的一切相关事项也都随即停止。

12月21日，11个苏联的加盟国首脑发表了《阿拉木图宣言》，苏联彻底解体了。

1991年圣诞夜，叶利钦从戈尔巴乔夫的手里接过了核按钮的控制权，苏联的最后一项权力也被叶利钦收下，他的目标终于彻底实现，他也在真正意义上站到了权力巅峰。

6

二把手的底牌

休克疗法

万事开头难，难在毫无经验，毫无条件。没有人指导你，只能摸着石头过河，错误是不可避免的，但抱定希望的人，总能瞥见曙光。比如叶利钦，他以不放弃的信念，摘得了悬崖之花。

叶利钦实现了解体苏联的目标，其本人也大权在握，目标实现确实让他振奋，但他并没有被喜悦冲昏头脑，他明白还有很多事等着他做。首先，整顿苏联遗留下来的崩塌的经济，是他的第一要务。

瘦死的骆驼比马大，苏联当时的经济接近崩溃，但仍为俄罗斯留下了很厚的家底儿。苏联绝大部分遗产都被俄罗斯继承，比如1200亿美元的外债以及1万亿卢布的内债。同时，很多企业也一并纳入俄罗斯，可大部分都处于半死不活的状态，根本不能为国家创造收益，甚至会拖了经济的后腿。

重振经济，成为叶利钦最头疼的问题，也是俄罗斯当时面临的最重要的问题。

20世纪50年代时，苏联实行了一系列改革政策，在叶利钦眼中，这些改革都太过表面，完全没有改变本质，也正是这种不痛不痒的改革，才催逼着苏联走向破灭。叶利钦必然以此为戒，不愿重蹈覆辙，他要进行更全面的改革。

彼时，俄罗斯著名经济学家、政治家叶戈尔・盖达尔，深知叶利钦希望实行深刻变革之心，故此年仅35岁的他制定了一套经济改革方案，当叶利钦看到盖达尔提交上来的方案时，不由得啧啧称赞。很快，盖达尔的这套方案投入使用，这就是著名的“休克疗法”。

由于盖达尔的出色表现，他被破格任命为俄罗斯总理，这对只有35岁的盖达尔来说，简直是天上掉下了一张大馅饼，且不必提防是否是陷阱。

苏联原本一直都是由政府来控制物价水平，盖达尔认为，物价应该放宽要求，这也就体现出了“休克疗法”的与众不同之处。

1992年1月2日，根据“休克疗法”的原则，80%的生产资料价格以及90%的消费品价格，开始由市场自由调控，政府不再干预。这一“疗法”的实施是立竿见影的，在初期的几个月时间里就取得了良好效果。

制定物价的权力被政府放宽，市场的自主调节更方便人民的生活。与以前相比，购买商品更加方便，可选择的商品种类也更繁多，原先要凭票购物，每次买东西都需排起长长的队伍，此时的长龙般队伍消失了。

不过，政府对“疗法”的理解似乎有些偏差，因为其对物价调控放得太宽了，继而完全忽略了市场调节存在盲目性、滞后性以及自发性等弊端。就在民众还在为改革政策所带来的良好转变自喜之时，过多的商品价格被交予市场调控而导致了失控。就这样，实行改革还不到两个月，物价水平就一路狂飙——1992 年 4 月的物价水平是上一年 12 月的 65 倍，这令广大俄罗斯人民苦不堪言。

其实，盖达尔在制定“休克疗法”的时候，就已经考虑过物价飞涨的问题。他原计划是通过国营商店来影响物价，希望利用国营商店来抑制物价水平。可现实很骨感，远超出了他的设想。

国营商店的店员们为了能赚取更多的利益，私下里倒卖商品，商品被黑市商人收购，这就使得商店数量大减，而商品量不足，即使国营商店有能力平抑物价，可也是心有余而力不足。盖达尔的本意是希望能够控制物价上涨，但却弄巧成拙。面对一片混乱的俄罗斯市场，他深感歉意。其实，这不应是他的错。

原料、燃料也是俄罗斯放开物价的范围，由于黑心商人的恶意哄抬，原料、燃料的物价水平也已到了令人咋舌的地步。生产成本大大提高了，商品的批发价格相应的也被推至高位。同年 6 月，工业商品的批发价格已上涨了 14 倍。如此高昂的价格，让众多买家望而却步，买家购买能力有限，大批的商品无人问津，消费市场一直处于低迷状态。

商品销售不出去，供大于求，商家开始减少商品的生产，抑制供给。市场的供求关系慢慢地进入了一个恶性的循环。

是年，“休克疗法”的第一步宣告失败。

失败乃成功之母，盖达尔不甘于就此偃旗息鼓，他从这次的失败中吸取了教训，很快就有了下一个计划。

“休克疗法”的第一次失败是因为物价开放度过大，于是盖达尔的第二个计划，便是从物价调整方面入手。除了对物价进行改革，还打算从财政、货币两方面实行“双紧政策”。盖达尔原本是希望通过这一次的改革减缓物价上涨的速度，改善市场环境，可事与愿违，他遭遇了人生的滑铁卢，这个计划也以失败告结。

盖达尔第二个计划的失败，也使俄罗斯市场更加混乱。政府控制了贷款，信贷紧缩，这让那些一直处于亏损状态的企业只好向其他企业贷款，但市场的低迷导致他们无力偿还债务，企业间的债务问题日益严重。

资金方面被控制了，商品也大量滞销，企业很难获取利益，为了维持企业的正常运行，只能进一步缩小生产，为求自保，企业也开始大规模裁员。随之而来的是，失业人数急剧上升，社会也越发不安定。为了维持社会和谐，政府只能发放大量救济补贴，这反而使原本经济状况就处于赤字的俄罗斯财政负担更重了。

不肯服输的盖达尔仍不肯作罢，他又实行了第三次计划——大规模实行私有化。

盖达尔分析，前两次之所以失败，主要原因是私有化程度过低，因为国有企业不容易受市场的控制，且国有企业有国家当后盾，不容易出现破产危机。正因为缺少这种危机感，国有企业在市场竞争当中很难拥有竞争积极性。而在当时俄罗斯的市场中，国有企业又占了大多数，这便是问题之症结。

盖达尔鼓励实现私有化，为了加快私有化的进度，他推荐的方法是无偿赠送。这听起来十分荒唐，可却不失为一个快速且行之有效的方法。

当时俄罗斯全国人口共 1.5 亿，而其国有财产的 1/3 是 1.5 万亿卢布，俄罗斯政府决定将这笔财产平均分配给每一个俄罗斯人，就如之前承诺过的一样，国有财产是国民们共有财产，现在就是将人民的财产还给人民的时候。如此折合，每个俄罗斯人都可以分到 1 万卢布，他们将领取到一张 1 万元的私有化证券，可以凭证购买商品。

对民众来说，白给的钱自然是乐意收下，但当他们真正收到这笔钱时，已是 1992 年 10 月的事情了。那时，俄罗斯的通货膨胀相当严重，1 万卢布也没有想象中那么耐用，就当时的情况来看，这些钱最多只能买一双稍好一点的皮鞋。

这么看来，私有化最大的受益者是谁？是那些暴发户以及特权阶级。大批的国有企业被他们收入囊中。对这些人来说，他们最关心的问题不是如何长久地发展这些企业，而是怎么才能在短时期内收取到更大的利益。员工们的薪酬被苛刻压榨，既拿不到钱，又得不到权，企业的生产经营到了举步维艰的地步。员工们都是得过且过的态度，这种状态，企业还想得到发展，实属做梦。

盖达尔不可谓不努力，可他的努力付之东流，他的第三次改革再次失败。1992 年 12 月，盖达尔政府解散。

与盖达尔政府解散一起产生的恶果，是俄罗斯经济在“休克疗法”期间陷入了有史以来最大的危机。在改革期间，俄罗斯的 GDP 水平直线下降，总量只有美国的 1/10，与往年相比足足少了一半，俄罗斯人民的生活再次陷入谷底。

接连错误的决定，让俄罗斯面临着更大的危机，而其命运到底会怎样，这无疑是叶利钦本人及所有俄罗斯民众都关心的问题。就在这时，更严重的事情发生了。

炮打白宫

屋漏偏逢连夜雨，船迟又遇打头风，灾祸接二连三地摧残着俄罗斯，这让叶利钦之前获取的胜利显得十分尴尬。

经济改革的失败，不仅使俄罗斯经济面临重大危机，还让其政治陷入一场混乱之中。

物价上涨、通货膨胀，企业为了维持运行大量裁员，失业率随之上涨。失业者为了生存，便开始抢劫，从而走向犯罪的道路。犯罪率高了，社会也不再和谐，动荡的环境使得人心惶惶。这些都是“休克疗法”失败所带来的不利的连锁反应。

其时，俄罗斯民众的幸福感骤然下降，不安全感愈加浓烈，这难道就是民主社会应该有的社会氛围吗？这就是当初政府承诺的幸福吗？生活的困顿让越来越多的人开始抱怨，愤怒的人群走上街头，向叶利钦以及盖达尔政府示威抗议。

不仅是人民群众对叶利钦怨声连天，就连政府官员也对其有诸多意见。“出来混，迟早是要还的”，叶利钦必须要为此负责。

叶利钦屡屡做出错误决定，导致一些人开始对其予以抨击，一如往昔他抨击戈尔巴乔夫那般。批评叶利钦的人认为，他没有领导俄罗斯走向辉煌的才能，他所倡导的治国方针都是误导俄罗斯发展的，言辞之激烈是丝毫不留情面的。

没有永远的朋友，也没有永远的敌人，当双方利益发生冲突时，朋友也就不再是朋友。反叶利钦的人群中，官职最大的是叶利钦曾经的好友——副总统亚历山大·弗拉基米罗维奇·鲁茨科伊。鲁茨科伊原本是叶利钦的亲密战友，当初两人系政治盟友，在竞选俄罗斯总统时，两人都竞选成功，叶利钦成为总统，鲁茨科伊成为副总统，这样的结果看起来还是皆大欢喜的。可自从苏联解体之后，鲁茨科伊就对叶利钦颇有微词了。

鲁茨科伊认为“休克疗法”完全是误国的行为，所以他坚决反对。两人的矛盾也慢慢升级。之后，在确定俄罗斯政体的时候，鲁茨科伊与叶利钦发生过激烈争论。在鲁茨科伊看来，俄罗斯应该建立议会制共和国，但叶利钦认为总统制共和国更适合俄罗斯的现实情况。两人争论不休，最终决定用投票的方式解决俄罗斯未来的政体问题。

1993 年 3 月，俄罗斯举行公投来决定俄罗斯日后的政体，53% 的人支持叶利钦。

尽管叶利钦赢得了公投，但他知道，已有很多类似鲁茨科伊的人对自己不满。他知道，鲁茨科伊开始脱离他的阵营，成了他强有力的敌人，倘若仍由着他发展，不予以制止，自己很有可能会成为第二个戈尔巴乔夫。叶利钦明白自己要做什么。为了尽快剔除这些不安定因素，不久之后，他就采取行动了。

9 月 21 日，叶利钦发表了一份宣言，称将废除最高苏维埃以及人民代表大会，同时要建立联邦议会，成立新的立法机构。

叶利钦的这份宣言，激怒了最高苏维埃以及人民代表大会，人民代表大会当即通过了一套决议——人民代表大会可以弹劾总统。不仅如此，他们还占领了白宫——俄罗斯议会大厦。最高苏维埃主席鲁斯兰·哈斯布拉托夫，与反对叶利钦的鲁茨科伊站在了同一战线上。

尽管哈斯布拉托夫与鲁茨科伊也得到了部分民众的支持，但仅仅有人民的支持还远远不够。由于不能控制媒体，他们的影响范围也只限于白宫这一地区，且他们也没有得到军方的支持，武装力量匮乏，而叶利钦一旦发起武装攻击，他们是丝毫没有防抗能力的。

叶利钦并不是那种会向挫折低头的人，他身上有一种反败为胜的神奇力量，越是处在危难之中，其能力也就越多地暴露出来。面对鲁茨科伊等人的挑衅，他要予以还击。这次，他跳过了谈判、协商的步骤，直接使用武力解决问题。

10 月 3 日，叶利钦在莫斯科调集了大批军队，并宣布莫斯科正式进入紧急状态。次日，在叶利钦的授意下，军队使用大炮，开始向鲁茨科伊所在的白宫发起了攻击。这就是“炮打白宫事件”，在俄罗斯历史上实属罕见。

由于白宫方面缺少武装力量，对于叶利钦的这次大炮轰击，实在难以招架。一轮轰击之后，原本就缺少的武装守卫已损伤近半。警力大大削弱的白宫，很快就被叶利钦派遣的特种兵部队占领了，鲁茨科伊也被俘虏。

“炮打白宫”事件在俄罗斯历史上是绝无仅有的，它的独特性也给俄罗斯带来了重大影响。这次事件直接结束了总统与议会之间的战斗，令俄罗斯暂时恢复和平。同时也彻底解决了前苏联遗留下来的政治体制，这对俄罗斯来说无疑是件好事，没有了先前的牵绊，一个崭新的俄罗斯更容易阔步向前。此外，此次事件也间接地促使了俄罗斯新宪法的制定。

“炮打白宫”事件发生两个多月后，《俄罗斯联邦宪法》通过了俄罗斯全体人民的公决，自此，俄罗斯正式成为总统制国家。

《俄罗斯联邦宪法》规定，凡年满 35 周岁且在俄罗斯政府任职不少于10年的俄罗斯公民，都可以参与俄罗斯总统的选举。俄罗斯总统的任期为4年，且不可连任超过两届。俄罗斯宪法于1993年年底发布，那时普京还只是列宁格勒市的第一副市长，他也不会预料到自己日后将会根据这部宪法走上总统之路。

后来，关于总统任期的时间于2011年被修改，当时的俄罗斯总统梅德韦杰夫在上任后首次发表国情咨文，并且提出了几条改革的建议，其中一条就是将总统任期由4年延伸至6年，并于2013年实行。这是俄罗斯15年来首次修改宪法，但修改的内容并没有涉及俄罗斯的基本政治制度。

在梅德韦杰夫担任普京总统办公室主任的时候，普京曾建议要延长总统的任职时间，因为4年总统任职时间过短，除去开头一年与最后一年需要准备竞选事项之外，能真正为国家办事的时间只有短短两年，两年的时间根本办不成什么大事。

关于普京当时的提议，俄罗斯杜马（议会下院）也曾讨论过，并且也赞成，但提议者普京最终并没有正式提出这个提案。不过，很多俄罗斯的政治专家都曾经预言，无论下一任总统是谁，都会将延长任期作为改革推动的方向。

有人说，梅德韦杰夫延长总统任期是专门为了普京准备的，但就俄罗斯当时的政治形势而言，无论是对普京还是对俄罗斯来说，这都是一项正确的决议。俄罗斯需要像普京这样的人来提升自己的综合实力。当然，这是后话，彼时的普京还要在其副市长位置专心致志。

是时，在叶利钦与鲁茨科伊对峙之际，普京也时刻关心着事态的发展。当时，作为列宁格勒市长的索布恰克正在国外进行访问。他知道，一旦鲁茨科伊方面占了优势，叶利钦就有可能被迫离职。

叶利钦的离职，对他的官职并无太大影响，可他考虑的并不是这个问题，他担心鲁茨科伊在这场对决中胜出后，俄罗斯的整个政坛都将会发生翻天覆地的变化。作为民主党的叶利钦失败了，民主党派的发展必然遭受重创，而他作为民主党派的一分子，是肯定要受“牵连”的，事不宜迟，他连夜赶回了列宁格勒。

普京了解索布恰克的脾气，也预料到这位上司肯定会赶回列宁格勒，在索布恰克回到列宁格勒之后，为防有反对分子来列宁格勒闹事，普京也加强了列宁格勒的警力，一方面是保证列宁格勒的安全，另一方面是通过自己安排的安全网络时刻了解事件发展进程。

当叶利钦与鲁茨科伊之间的对决达到白热化阶段时，普京仍然坚定地与索布恰克站在一起，不仅没有背叛叶利钦，反而为了俄罗斯今后的发展维护了列宁格勒的安定。

对于索布恰克和普京而言，他们公开宣布支持叶利钦，的确是一次冒险行为。若是赌赢了，对于他们来说，未来的政治道路一片光明；若是叶利钦输了，他们就会成为政变者，不仅仕途就此断送，生命都将受到威胁。可他们仍坚定信念。

为了帮助叶利钦，索布恰克甚至曾秘密派普京在列宁格勒特种部队中抽出一个团去莫斯科支援，该团队阻止了莫斯科政府以及“和平饭店”中的叛乱分子，使得他们没能参与“炮打白宫”事件。最终，索布恰克和普京赌赢了，叶利钦取得了最后的胜利。

普京在两次政变中一直追随着索布恰克，给予他绝对的忠诚，索布恰克也明白普京对他的忠心，因此对普京也越来越信任。

身居高位者多疑心，索布恰克就是如此，他从不轻易相信别人，即便身边人都是经他本人亲自挑选的，他也没有交出完全的信任，小心翼翼，如履薄冰。而在两次巨大的政治事变中，普京对他的不离不弃看在眼里，记在心里，因为只有普京才是他最信任的人。

索布恰克和普京是默契的政治合作者，在私下的生活中也是很好的伙伴，索布恰克一直称呼普京的小名——“沃洛佳”。

索布恰克曾这样评价过普京：“普京从未让我对他的忠诚和正直产生过任何的怀疑，并且在我们共同工作的6年中，普京从不向我伸手要荣誉、地位和奖金。”正是因为普京对他的全心全意，所以索布恰克才愿意一直任用普京，提携普京。

两次严重的政治事件与其说是主角叶利钦的个人独舞，倒不如说是对配角普京的“考验”，因为一旦他有所倾斜，他的人生就不会是现在这样。

最便携的“灰衣主教”

普京好比一匹良马，遇见了自己的恩师索布恰克这位伯乐之后，才成为了万里挑一的千里马。普京确实很有能力，也足够忠诚，但在他工作的环境中，出类拔萃的人多得是，忠诚者更多如牛毛，凭什么只有他一上任就受到索布恰克的赏识？这对于那些比普京更有资历却仍处于下级的人来说，或许不够公平。

能受到索布恰克的赏识，对普京来说是一件天大的好事，只是，索布恰克的青睐也造成了很多人对普京的不满，这种不满多出于嫉妒之心。

普京的才能让其在工作上一路畅通，可在政府的其他成员眼中，普京之所以能完美地完成工作，职位得到晋升，全在于索布恰克这位“靠山”。因此，普京越是认真、尽职、高效地完成工作，就越是会受到他人的冷眼，他的努力被其他人全盘否定。事实上，普京被排挤不是一天两天了。

早在他刚开始为索布恰克工作时，就有人开始为难他了。曾经在一次会议上，一个议员小组直截了当向索布恰克提出意见，建议他开除普京，原因很简单，因为他曾经是一名克格勃的特工。

索布恰克当然知道这是他们无端挑事，自然不会接受这种无理的建议。对于这组议员的意见，索布恰克也公开予以了回复，批驳了他们的意见，同时给出两点原因：

第一，普京已经脱离了克格勃，他不再是一名克格勃的特工。在索布恰克眼中，普京永远都是他的学生，他非常清楚普京的能力，认为普京是最适合这份工作的人选。

第二，普京在克格勃从事的是保卫国家利益、人民安全的工作，这非但不是他羞耻的经历，相反应该是他值得骄傲的资本。

普京非常感谢索布恰克的器重与信任，这都成为他心中强大的后盾。普京从未刻意隐瞒自己曾经在克格勃工作的经历，但也没有四处宣传。他曾参加过由伊戈尔·沙赫丹制作的一个访谈节目，在访谈中，他公开了自己曾经在克格勃工作的事情，正如索布恰克所说，那是一段值得他骄傲的过去。

索布恰克果断拒绝了议员小组开除普京的建议，但这并没有打消其他人希望普京离开的念头。由于建议被拒，这更加重了其他人认为索布恰克偏袒普京的想法，在他们心中，普京的存在绝对不合理！

1990 年秋，列宁格勒市苏维埃议员团在尤里·格拉德科夫与马丽娜·莎莉耶的带领下，开始着手秘密调查普京的私下行动。

原本，他们寄希望这次调查能翻出普京私用权力的证据，以此达到除去普京的目的，可他们的算盘落空了。普京对待工作认真负责，结束工作之后也安分守己，他们没能找到一点把柄，只能自己在一旁捶胸顿足地生闷气。

索布恰克器重普京，有意培养他，普京也没让他失望，全心全意地投入工作中，如此，得到晋升也就是自然而然的了。当索布恰克成功当选列宁格勒市市长时，普京也马上被任命为列林格勒市的市政委主席。1993 年，他又兼任了日常事务委员会主席，在俄罗斯第二大城市担任主要官职的他，那年还不到 40 岁，当真如日中天。

1994 年，普京再一次得到晋升机会，这一次，他担任了列宁格勒市的第一副市长，并且继续担任日常事务委员会主席以及对外联络委员会。很多人不理解索布恰克为什么重用一位前克格勃的特工，曾有一名记者问过他这个问题，他是这样回答的："他不是克格勃，他是我的学生。"

或许，在索布恰克看来，他只是选择了他认为最有能力、最具潜力的人担任最适合的职位罢了，此外无他。他重用普京，是因为普京曾是他的学生，他了解普京的能力，确信普京不会辜负自己的期望。事实也的确如此，普京接手的工作基本上都可以完美地完成。

当还沉浸在盖达尔"休克疗法"惨败中的俄罗斯的经济土崩瓦解之时，对于众多俄罗斯官员而言，找出一条振兴经济之路变得尤为重要，可这却是一条前途未卜之路，因为他们没有任何经验可做参考，不然盖达尔也不会输得那么惨。

整个国家的经济都遭受打击，列宁格勒也不例外。作为当家人的索布恰克，也一样为此焦虑不安。他本人口才出众，又是经济学教授，可真正解决起经济问题，他还是无从下手。于是，理所当然地，他把这个重担又交给了普京，就如以往交付普京其他棘手问题一样。

那一时期的普京，一如索布恰克身边最便携的“万能钥匙”，随手拿起来，似乎可以开启任何大门。当然，索布恰克肯定不会丢掉这个宝贝。

索布恰克将整顿经济这么重要的任务交给普京，足见那时的普京已有了独当一面的能力。这位刚入仕没多久的年轻官员，却受到上级领导如此重视，其他人对此怀有好奇之心也在情在理。

其实在工作中，索布恰克与普京并没有太多交集，两人平时忙着各自的工作，来往甚少，只有索布恰克外出访问时才会带上普京，只有这段时间两人才有更多的接触。不过，这并不影响彼此的亲密关系。

普京在学校掌握的知识锻炼了他的头脑，早年的外语训练让他可以讲一口流利的外语，克格勃的训练则让他拥有了坚韧的性格和体魄，而多年在国外执行任务的经历更让他清楚地了解外国人的处事风格，加之在执行间谍任务的过程当中频繁地接触不同对象，他锻炼出了优秀的交际能力，这些都成为他在政治上游刃有余的助推力，他的人格魅力也在这个过程中逐渐提升着。

索布恰克与普京的分工非常明确，前者负责外交事务，后者负责列宁格勒的一些必须解决的繁琐事项。在索布恰克的眼中，市长并不是直接执行任务的人，思考才是市长最应该做的。尽管如此，作为市长的他还是要亲自去处理一些问题，而通常情况下，普京就成为了索布恰克解决这些问题的主要负责人。

普京当时有一个称号——斯莫尔尼宫的“灰衣主教”，直白点说，他堪称是列宁格勒真正的“掌权者”，只是身在幕后罢了。

这个称呼有褒有贬，也不乏调侃之意，对于人们开的玩笑，普京也并不在意。斯莫尔尼宫是列宁格勒的标志性建筑之一，革命导师列宁曾在这里居住过。

把普京称为“灰衣教主”，其实是实至名归的，他所管理的事务范围十分广泛，除了边防、海关、安全、司法等强力机构之外，社会团体、赌场、旅馆以及大型投资项目的审批、外国机构的办事处，都属于他的管理内容。通常，都是普京出面解决，再将结果反馈给索布恰克。

普京也经常代表政府发言人与媒体记者交流。要想在列宁格勒办事，只能去找普京，只要他同意了，事情基本上也就办成了。

手下势利过大，是领导人最担心的问题之一，可普京日益强大的影响及日趋坚固的群众基础，却并未让索布恰克显露出丝毫顾虑。相反他认为，普京的影响力越深远，其能力越强大，办事能力也随之增强，他便可以更放心地将事务交给他处理了。

“我认为普京有能力，可以做更多的事情”，这就是索布恰克的态度。他给予普京的是绝对的信任。普京也十分珍惜索布恰克对他的信任，一直善用自己的权力，从没做过什么过分的事。

索布恰克有许多政敌，他们都是在竞选中败于他的人。在索布恰克担任市长之后，那些政敌制造了许多关于他的负面新闻，经常有人站出来在媒体上指责他，其中还不乏民主派成员以及民族主义者。

索布恰克在备受争议期间，他的政敌自然也希望能找到普京办事出错的把柄，但他们从未在这方面占便宜，在秉公办事、严格执法的普京身上，实在没有可挖的新闻。

1995 年，圣彼得堡市政府（列宁格勒改名为圣彼得堡）提交了一份预算草案，一件麻烦事又找上了索布恰克。

出于某种原因，草案并未得到很多人赞同，相反，不少市政府议员对此草案持反对态度。而这份预算草案能否通过，又关乎着索布恰克下一次的市长选举，一旦草案不能通过，他的施政将受到极大影响，故此他对草案的关心度不言而喻。当他得知很多议员反对时，不由得惊起一身冷汗。这下该如何是好呢？

对于恩师的烦恼，普京心知肚明，抛开师生的层面，作为下级，他知道自己的职能是替上级分忧解难，于是他揽下了这个大麻烦。

那段时间，他不断地穿梭于各个议员间游说，不停地解释，所耗精力自不必说。幸而，这些努力没白费，在他的努力下，一部分议员的顾虑被消除了，这份预算草案也得以通过。显而易见，普京是个不忘恩负义，又不落井下石之人，若是他刀割索布恰克，或许是轻而易举的，可那样的他，一定不会有今日的成就，可能早就被其他形色的政敌击垮了。

普京这个“灰衣教主”的确足够“便携”，当真是索布恰克的万能钥匙。虽然是圣彼得堡的二把手，可他并没有太多的曝光率，相比较其他官员，他处事十分低调。尽管在圣彼得堡的各种会议上都能看到他的身影，可报纸上却鲜有他的照片，关于其报道更是少之又少，有些记者因此笑称他是“简讯人物”。

这般看来，索布恰克之所以如此放心大胆地提拔普京，除了他所说的信任之外，或许普京低调的处事风格，也是他可以放心放手的最大原因吧。

圣彼得堡的“抢手货”

主导命运的权力在我们每个人自己手中，但有些事情的突变也会左右我们的人生走向。普京的政治生涯就因索布恰克身份的变化而发生巨变。

1996年，索布恰克的任期到了，为了能继续担任圣彼得堡市市长，他决定参加接下来的市长竞选。只是，民众需要的并不是他这样只擅在嘴上做文章的领导者，而是希望他们的市长能实实在在地为他们着想。很显然，民众心中的理想市长不是索布恰克。

遗憾的是，对于自己早已失去民心这件事儿，索布恰克并没有意识到。面对接下来的选举，他仍然盲目地表现出了信心，认为自己仍可以凭借出色的演讲技巧在这次竞选当中胜出。他积极筹备竞选工作，并已做了连任的准备。作为索布恰克的得力助手，普京自然成为了恩师此次竞选的负责人。

其实，索布恰克这次竞选必然会以失败告终，一方面，他在任职期间已树敌太多；另一方面，便是不得民心。普京自然也清楚，恩师要想在这一次竞选中胜出难上加难。尽管如此，他还是尽心竭力。可纵然普京有天大的本事，在情况如此不利之际，也是回天乏术。

眼见索布恰克身处不利形势，其劲敌更是肆无忌惮地诽谤、中伤他。亚历山大・别利亚耶夫——圣彼得堡市市立法会议主席，也是此次市长竞选者之一，他便对索布恰克和普京提出指控，“罪名”是同流合污，收受贿赂，在外国有秘密的银行账户，且在账户中有100多万美元，同时，两人还在法国购置了房产。

面对莫须有的指控，索布恰克和普京自然要予以反击，尤其是还处于竞选阶段，一点点负面消息都会对最终竞选结果产生巨大影响。普京决定用法律的武器来维护自己的名义，他将亚历山大·别利亚耶夫告上了法庭。一旦走上了司法程序，别利亚耶夫就不好再继续诽谤，加之其拿不出证据，最终这场官司自然是普京胜诉。

其后，别利亚耶夫向索布恰克和普京道歉。而他诽谤候选人的事很快便传开了，这对他的竞选是致命的打击。果然，从这场官司之后，别利亚耶夫便逐渐淡出了人们的视野。

普京赢得了胜利，证明了索布恰克和自己的清白，可这似乎也难以改变民众对索布恰克的意见，单凭他没有受贿贪污这点，也很难得到更高支持率。为官者，清廉固然重要，但更重要的是他能否为民众带来切实的福利。

1996年5月，圣彼得堡市市长的竞选结果公布，索布恰克失败了，胜出的是他曾经的副手——弗拉基米尔·雅科夫列夫，下属打败了上司，成为圣彼得堡市新任市长。

新任市长也算知人善任，他知道在索布恰克执政期间，普京才是真正的幕后“操盘手”，是一个不可多得的人才，于是希望能为己所用。可普京拒绝了他的邀请，并留下了那句著名的“狠话”——“宁愿因忠诚被绞死，也比背叛偷生好。”

竞选落败，索布恰克原本打算归隐田居，但悠然的生活注定与他无缘，他的生活发生了巨变。

1997年，俄罗斯总监察院长对索布恰克发出指控，称他在任职期间滥用职权，优先安排自己的亲属。警方加大力度搜寻证据，并对其进行严苛的盘问，抵抗不住强大的心理压力，索布恰克突发心脏病。

但是，他的病态并没有得到俄共的同情，反倒被他们嘲笑。在《苏维埃俄罗斯报》上，俄共讽刺索布恰克是米哈伊尔·布尔加科夫笔下《狗心》的主人公。《狗心》描写的是一个病人，被换上狗的心脏之后发生的荒诞离奇的遭遇。

这是索布恰克竞选失利之后的悲惨遭遇，那么此时的普京呢?

既不愿在新政府里工作，又没有其他地方可去，于是他又开始了学习生涯，在圣彼得堡矿业学院攻读不脱产的经济学课程。在市政府工作期间，普京亲身接触到了经济，同时也意识到经济的重要性，所以再次返回校园时，他尤为珍惜这段时光，也明白了经济对一个城市乃至一个国家的重要性，普京在学习上十分用功，最终顺利通过了毕业答辩。

普京的毕业论文是《在形成市场经济条件下地区矿产原料基地再生产的战略规划》，圣彼得堡矿业学院的院长很欣赏这篇论文。“我认为他是一个水平很高的经济学家”，院长如此评价普京。同时，他从这篇毕业论文中看到了普京在经济学上的极高造诣，虽然普京获得的是经济学候补博士，但他认为，以普京的经济学水平而论，其完全有资格获得博士学位。

对普京来说，学习经济学知识的目的是自我提高，既然不知道未来之路在哪儿，那就先提升自己的能力，为以后打算。

在圣彼得堡工作的 6 年，磨砺了普京的工作能力。原为克格勃工作的普京虽然接受了严苛训练，在生理、心理上都要胜于一般人，但那时的他并不是很了解国内的政治运作，而在市政府工作的时段，正好弥补了这一空白。这些宝贵经验都为他日后辉煌的政治生涯打下了基础。

其实，从市政府辞职之后，普京的生活陷入了迷茫阶段，幸好，迷茫并未持续太长时间，他很快又获得了一个机会。

普京很幸运，总在最难之时遇到贵人，这一次向他施以援助的是当时俄罗斯的第一副总统——鲍尔萨科夫。他认为普京是难得的人才，绝不能浪费。在他的关照之下，普京担任了总统事务管理局的副局长，也从圣彼得堡直接调任到莫斯科。

虽然圣彼得堡是俄罗斯第二大的城市，但它终究只是一个地方城市，与首都莫斯科相比，差了一大截儿。当然，对普京来说，这次调任对他的政治命运有着重大影响。

莫斯科作为俄罗斯的首都，是政治权力的中心，普京从中心地带的外围地区调任至此，也让他有了接近国家政治权力核心的机会。这并不是谁都能得到的机会。

在总统事务管理局工作，就相当于与总统一同工作，这对任何人而言都是无限光荣的事情。而当时的总统正是叶利钦，这是普京第一次与叶利钦共事，但并不是第一次见面。

1994 年秋，普京与叶利钦第一次见面。那天，叶利钦到圣彼得堡视察，索布恰克陪同其前往市郊的狩猎场。普京当日因事耽搁，可迟到的他并未表现出慌张之态，安安静静地跟在队伍中间。

一直沉闷的普京，当时并没有被叶利钦注意到，直到他打猎时展示出英武姿态。身着迷彩服的普京，很专业地拿着猎枪，毕竟是受过克格勃专业训练的，他十分冷静，时刻保持着警惕。叶利钦对普京的专业手法很有兴趣，于是询问身边的随从这个冷静且警惕的人是谁，随从恭敬地向总统汇报，说他是圣彼得堡的第一副市长，弗拉基米尔·普京。

知道了普京的身份和名字，叶利钦也未做更深入了解，脑海中印象不算太深，直到之后发生的一次突发事件才让他真正留意普京。

狩猎一段时间之后，他们准备休息，时间接近中午，随即在林子里支起了桌椅准备吃饭。大家边吃边聊，氛围十分融洽。此时，意外发生了。或许是因为饭菜的香味，一头寻食的野猪闯进了他们的“餐厅”。面对横冲直撞的野猪，所有人都惊呆了，因为紧张，叶利钦的眼镜还掉到了桌子底下，总统的随从们俯身钻到了桌子底下寻找眼镜，其他人因害怕而呆立在那里。

普京接受过专业训练，面对这种突发事件并没有手足无措。而是立刻将手伸向了旁边的猎枪，迅速摆好瞄准姿势，向野猪发起了攻击。最终，他与叶利钦身边的一位侍卫合作杀死了这头惹事的野猪。

普京的冷静、迅速、果断，给叶利钦留下了深刻印象。后来普京担任总统时，叶利钦还特地为他撰写了一篇文章以示鼓励，文章中，他提到了普京当年英勇杀死野猪的事，他说：“莫斯科需要这样的人。”

那时，普京任职于总统办公厅总务局，主要负责管理总统府的房地产，包括克里姆林宫、疗养所、办公楼等，这些房产都价值不菲，雇佣的员工也多达 15 万，面对这么一份困难的工作，普京并没有退缩。

先前在克格勃的工作经历，让他能更好地完成这份工作。同时，他所熟悉的经济学知识也帮了他不少忙。加之一直以来严谨、尽职的工作作风，故此在完成这些工作时显得得心应手。

普京在工作上表现出色，很快就得到了晋升，从总统事务所调任到总统办公厅，担任副主任的职位，同时还兼任监察总局的局长。

在总统事务所的时候，普京虽然与叶利钦共事，但两人见面的机会不多。总统办公厅的工作性质与总统事务所的工作性质有着天壤之别，事务所是管理总统房子之类的不动产，而办公厅是直接为总统服务的机构，也就是说，普京之后将会与叶利钦频繁接触。

在办公厅工作的那段时间里，与普京关系最要好的当属办公厅主任瓦连京·尤马舍夫，而后者与叶利钦的关系更是情同父子，普京与其关系甚好也有利于他接近叶利钦。

机会是留给有准备的人的。普京自身具备的能力便是其能抓住机会的准备。是时，该是他大展拳脚的时刻了。

7

从幕后到台前

初现铁腕之风

走近叶利钦，是普京人生走向辉煌的重要开端。只是，他并非一步登天，在辉煌之前仍需诸多磨砺。

普京在总统办公室工作期间，一直勤勤恳恳，尽职尽责，可仅凭这些就能成为“非常重要的人”吗？显然不能。领导看重的是能为自己排忧解难的员工，虽然领导也喜欢任劳任怨，只顾低头看路的员工，不过若能时不时地抬头看天，便证明其头脑的聪颖，也只有这样的人，才更容易成为领导的心腹，晋升之路也会越发宽广。无疑，普京就是这样一个可成为领导心腹的人——他帮叶利钦解决了一个大麻烦。

那是 1998 年的“钢轨革命”。

当时，俄罗斯每个地方的官员都是由当地选民投票直接选举出来，作为俄罗斯最高权力机构的中央政府失去了官员的任免权。其实，这样做在某一程度上可体现出民主的特性，然而也有其弊端所在。

虽然由选民直接选举产生官员，可令官场更加规范、透明，但由于中央政府失去了任免官员的权力，不少地方官员开始不受管束，这让中央政府十分头疼。

当时，俄罗斯的经济仍是持续赤字，中央财政非常紧张。政府需要投入大量资金来重振经济，所以对地方上的财政拨款很难全部都做到按时供给。由于政府没有了任免权，再加上地方政府很难从中央政府中获得利益，越来越多的地方官员更是不把中央政府放在眼里。几方面因素的组合发酵，导致各地方的分离势力也都开始活跃起来。

逐渐失去对地方控制的中央政府，面对日趋强盛的地方政府，一直在想着行之有效的解决之法。是时，地方政府甚至认为自己完全可以独当一面了，同时考虑到中央政府既没办法撤销他们的官职，又不能及时为他们提供资金，所以他们更加嚣张，觉得无论自己做什么，中央政府都找不出合适的条款给予他们惩罚。

量变引起质变。到了后期，地方政府逐渐开始公然藐视上级权威，不仅不执行上级命令，还理直气壮地公然与中央政府反着干。他们不断挑衅，且还将中央驻联邦主体的代表驱逐出去。原本，地方政府需要向上级缴纳一定的税务，但后来他们拒绝继续上缴。非但不履行自己的义务，甚至越俎代庖，插手国家的外交政策。

在地方分裂势力的挑唆之下，地方政府暗中怂恿人民罢工抗议。如此，西伯利亚、俄罗斯北部地区的煤矿工人纷纷罢工，举行了声势浩大的抗议活动。这股罢工浪潮很快席卷了俄罗斯所有的煤矿地区，几乎所有煤矿工人都加入到这场罢工活动当中，他们高呼着“叶利钦下台”、“偿还工资”、“改变现在的经济政策”。这样喊喊口号并不是他们的宗旨，他们希望让中央政府知道他们的厉害，于是切断了全国主要的铁路、公路的交通线。这场浩大的罢工活动，便是历史上著名的“钢轨革命”。

这场罢工活动，导致俄罗斯的交通几乎处于瘫痪状态，交通不畅也使得商品无法运输，有些地区甚至出现了燃料供应不足的情况。这下，中央政府彻底慌乱了。而中央政府一慌，正中地方政府的下怀，早就对中央政府心怀不满的地方政府开始了更加肆无忌惮的破坏活动——一些地区纷纷采取了紧急措施：斯塔夫罗波尔地区政府发出禁令，禁止任何人将食物运出城外；作为卡尔梅克共和国总统的伊柳姆日诺夫，甚至打算趁乱独立。

情况越来越危急，再不想办法控制局势，任由事件发展、升级，后果将不堪设想。危难关头，叶利钦想起了当初冷静杀死野猪的普京。当初那么危急的关头普京都可以沉着冷静，应对一切，此时他也许能想出万全之策，帮中央政府渡过眼前难关。

刚刚担任总统办公厅第一主任的普京，在首次担任如此重职之时便被叶利钦委以如此艰巨的任务，这对他本人来说，无疑是一次巨大的挑战。若换旁人，难免慌乱阵脚，但普京镇定自若，他知道，情况越是不利，就越需要冷静下来，这样才能更加清晰地分析问题。

普京意识到，“钢轨革命”最应优先解决的问题，是阻止分裂主义活动。这次事件主要是有分裂势力从中作梗，他们的目的很简单，就是让俄罗斯像苏联一样解体。故此，必须要控制这些分裂势力的继续扩展，如不采取有效措施，俄罗斯国内很可能会出现新的、不可预测的巨大动荡。不仅如此，俄罗斯甚至可能如他们所愿被肢解，到时俄罗斯的领土完整以及国家统一都将成为泡影。

想到了这些，问题的严重性也随之暴露出来，普京连夜制订相关计划，在他强硬的手段之下，各地方政府企图趁乱独立的计划被彻底压制了。这是普京第一次展示他的铁腕之风，他的机智果断，成功缓解了俄罗斯的不安局势。不过，普京过于强硬的手段，也很快便遭到强烈的批评。他们说普京是“帝国主义者”，严厉斥责其实行的强硬政策。

普京并未因这些负面声音而放弃，相反，他继续使用强硬的手段来打压那些顽固分子。很快，他下的这剂“猛药”就发挥了作用，那些与中央作对的地方政府，一改当初不合作的姿态，慢慢地向中央政府屈服、靠拢，彼此间的关系也开始趋于缓和。

普京施用强硬的政策，带领着俄罗斯走出了当时的困境，但他也因此得罪了很多地方政府的首脑人物。要知道，这些人不好惹，可能会在背地里捅刀子。可普京并不介意，因为他出色地完成了叶利钦交给他的任务，所以他赢得了总统的信任，比起被其他人憎恨，当下被总统赏识才是最重要的事。

当然，为总统办了大事的普京更知此时绝不能沾沾自喜，暗地里有无数双眼睛盯着他，稍有风吹草动，他就得吃不了兜着走。是时，他依旧保持着一贯的谦虚谨慎。

在总统办公厅任职期间，普京为人处事一直很低调，几乎不接受记者采访，这与他爱上电视上露脸的恩师索布恰克截然不同。他也很少发表文章，并从没有表露过任何政治野心，这也是叶利钦重用他的主要原因。

1998年7月25日，预备役中校普京迎来了再次晋升——被叶利钦提任为俄罗斯联邦安全局局长。其实，原本叶利钦打算授予普京少将军衔，但他拒绝了。因为将一名中校直接提升为将军级别不符合相关规定。有人曾质疑普京，说他担任联邦安全局局长这么高的职位，可还只是预备役中校，过低的军衔实在不合原则。

普京不介意他们的偏见，在他看来，能否胜任局长一职与军衔的高低没有直接关系，想要获得下属乃至更多人的认可，只有全身心投入到工作当中，用优秀的工作业绩去证明才是关键。

俄罗斯联邦安全局的前身，即是普京当初任职的克格勃，而其权力也如同克格勃一样大。

当初，普京在为克格勃工作的16个年头里，克格勃在他心中一直有着极其重要的位置。而今来到俄罗斯联邦安全局大楼，他思绪万千，这里曾是克格勃的总部，也曾是普京的梦想之地，这里安放着普京往昔的青葱岁月，更满载着他美好的回忆。他上任的第一天，说的第一句话就是："我回家了。"是的，他回家了，回到了这个曾经无比熟悉的"家"。

普京是前克格勃特工，但他这次上任，很多人却并不看好。原因很简单，普京离开克格勃已经将近10年时间，这段时间里克格勃也发生了不小的变化，克格勃的工作性质、工作范围较先前有很大不同。除了这方面的巨变，还有另一个不得不考虑的因素——克格勃中老资格的特工们，会听这位新上任的前特工的话吗？

顾虑出现一大堆，可普京用自己的实际行动打消了所有疑惑，他的能力完全可胜任这份工作。回到了自己的"家"，普京更加大范围地进行着改革。他最先着手来做的是裁员，将那些不肯听令的，以及冥顽不灵的老油条们全部开除，为安全局输送新鲜血液。接着，他将繁琐的部门予以调整，缩减了中央机构。考虑到之前的“钢轨革命”，普京扩充了各地方分局，增派人手，以防再度发生类似事件。

普京的一系列改革赢得了俄罗斯人民的赞扬，凭借着出色的政绩，他被晋提升为上校。其实被任命为俄罗斯联邦安全局局长，这对普京来说已是一件值得高兴的事情，因为这代表叶利钦已经把他划归到亲信行列。

从 1996 年到 1998 年，短短两年的时间里，普京共换过 3 个职务，而无论担任什么职位，他都尽职尽责。这位克里姆林宫的“狠角色”，让很多人侧目而视，此时的他也算是正式从幕后走向台前，开始了真正令人赞叹的政治前程。

走出镁光灯的暗影

有些人的付出未必会马上收获成果，他们总是默默无闻地奉献，本本分分地工作，他们隐藏在聚光灯下，栖息于荧屏之后。可他们却无法让人真正漠视，身居暗处的他们，总散发着无法阻挡的耀眼之光，在旁人无所洞察时绽放出不可比拟的气质。

当普京开始成为叶利钦身边的红人，他也就逐渐从幕后站到了台前。他的这一转变，似乎是历史进程使然——叶利钦在政治上遭遇的危机，即是敦促普京转战台前的导火索。

叶利钦早年的政治生涯并不顺利，曾经被戈尔巴乔夫一度贬黜，后来他破釜沉舟，背水一战，幸而又东山再起，并一步步走向政治巅峰。叶利钦执政期间虽然也发生过或大或小的危机事件，但凭借着高超的政治手段总能化险为夷。只是，上得山多终遇虎，叶利钦在其执掌大权的末期，遇到了从政以来最大的危机——国家杜马议员准备弹劾他。

这场弹劾的诱因，是叶利钦将当时担任代总理的维克托·斯捷潘诺维奇·切尔诺梅尔金开除了，他给出的理由是：切尔诺梅尔金没有活力，缺乏上进心，没有创新意识。显然，这仅仅是叶利钦为罢免切尔诺梅尔金随意找出的理由，因此就凭借这种牵强的借口而免去代总理的职务，任谁都不会接受。

当时，很多人都对叶利钦这荒唐之举表示不满，也有人谏言希望他三思而后行，可他心意已决，谁也没法成功说服他。在叶利钦看来，总理不过是一个任由自己摆布的傀儡罢了，一个已经没有用处的傀儡，是完全没必要继续担任总理之位的，他需要新的、更有用的人来填补空缺。

早期的俄罗斯政坛中，总理一职通常是更换最为频繁的一个职位。1991 年 6 月，叶利钦成功当选俄罗斯总统时，他就顺带兼任了俄罗斯总理一职。一年之后，他主动辞去总理职位，盖达尔继承了其衣钵，成为第一位代总理。

可悲的是，盖达尔在担任代总理的期间，实行了让他最后倒台的“休克疗法”，原本这一政策肩负着拯救俄罗斯经济的重担，没想到，反而使得俄罗斯的经济状况濒临崩溃。“休克疗法”的失败，让他代总理一职随之消陨。

风水轮流转的俄罗斯总理之职，在盖达尔之后是切尔诺梅尔金。

1992 年 12 月，切尔诺梅尔金在叶利钦的提携下成为新任俄罗斯总理，且在担任总理之时，他还兼任着安全会议常务委员。1996 年，切尔诺梅尔金再度当选俄罗斯总理，可两年后，叶利钦将他罢免了。

虽被罢免，可切尔诺梅尔金是在叶利钦手下担任总理时间最长的一个人，同时其在任期间并没有做过欠妥之事，可却无端地被叶利钦以可笑的理由开除了，这实在令人费解。叶利钦挑选的开除时间很不凑巧，当时俄罗斯经济状况仍不容乐观，恰是需要人才之际，可他仍然一意孤行，这种任意妄为彻底惹怒了俄罗斯政界人员。

很快，一些联邦主体的首脑人物纷纷发表声明，要求叶利钦离职，在弹劾总统的倡议书上，245 名杜马议员都在上面签了名字。以此为导火索，俄罗斯国内越来越多的人都加入了“倒叶利钦”运动中。这下，叶利钦摊上大事儿了！

当然，弹劾总统并非易事，虽然俄罗斯国家杜马有可弹劾总统的权力，但要想真正弹劾成功，是要满足一些条件的。

首先，国家杜马中要有 1/3 及以上的议员同意弹劾总统，并且提交弹劾的提议。提议再交由国家杜马专门委员会审查，审查通过之后，才能进入下一程序。

其次，要将提议中对总统的各项指控由国家杜马进行确认，有 2/3 以上的议员通过这些指控之后，再交由最高法院，由最高法院归纳总统的各项“罪行”，再做出“结论书”。

再次，将结论书上交到宪法法院，法院先做出相应的程序，再对指控的罪行进行裁定。

最后，由联邦委员会投票，当有 2/3 及以上的议员投赞成票时，总统就将被成功弹劾，反之则弹劾失败。

可见，弹劾的程序相当复杂，而且每一道程序的执行都极具难度，通常情况下，弹劾都会失败。不过，已经有众多议员对叶利钦频繁更换总理的做法表示不满了，恐怕他这次凶多吉少。那么，叶利钦接下来会怎样做?

在一般人看来，弹劾总统这样的大事可能只是那些对叶利钦做法不满之人的恫吓之举，只是吓唬的手段，可这场弹劾风波并没随时间的推移而平息，反而愈演愈烈。

1999 年，弹劾事件再次升级。

国家杜马成立了弹劾委员会，委员会曾举办了多次听证会，在几次听证会中列举了叶利钦为政以来的“五宗罪”。

第一宗罪，联合他人，瓦解苏联；

第二宗罪，保卫俄罗斯联邦议会大楼，炮打白宫；

第三宗罪，不顾车臣境内俄罗斯人安危，发动车臣战争；

第四宗罪，搞垮军工企业及军队，令俄罗斯陷于水火之中；

第五宗罪，惨无人道，对俄罗斯人民实现种族灭绝。

听证会通过了这五项指控，随即提交给了杜马理事会。很快，理事会于 3 月 16 日通过了这些指控，并且表示正式的表决将在 4 月 15 日的杜马全体会议上给出。对叶利钦的这五项指控，任意一项指控成立，他都得从总统职位上退出。这是叶利钦受到的第五次弹劾威胁，尽管前几次都险象环生，但这一次或许难以逢凶化吉了。

除了面临被弹劾的危险，对于叶利钦来说，还有一大威胁势利的存在——叶夫根尼·马克西莫维奇·普里马科夫。两人之间的矛盾由来已久，后者也是叶利钦当时面对的主要对手之一。

普里马科夫主张面向社会的市场经济改革，他认为，市场经济不能任由市场发展，倘若政府不对市场加以引导，市场就很容易失去控制，所以他坚决呼吁国家应该对市场经济进行宏观调控。

他的看法，与主张让市场自行发展的叶利钦的政策背道而驰，可这并不影响其受众。是时，由于叶利钦经济改革失败，越来越多的人开始倾向普里马科夫的观点，觉得其主张完全客观、正确，于是，普里马科夫得到了越来越多的支持。

有了众多人士的支持，普里马科夫的阵营日益壮大，他也越来越有底气。随后，在一系列重大问题的决议上，他开始公然与叶利钦唱反调。在叶利钦面临弹劾危险之时，普里马科夫更是要求他签署一份声明，主要内容是要求他主动放弃部分宪法权利。

彼时，面对重重压力，叶利钦已有些力不从心了，再加上年龄大了，健康状况也大不如前，便有了退隐的打算。只是，就算退位了，应该让谁来继承自己的位置呢？叶利钦开始物色身边的人选——普京，这时跳入他的脑海，他一直看好普京。

对于普京的忠心，叶利钦早就有所耳闻，加之这几年的接触，普京的踏实能干都让他印象深刻，因此，他觉得普京是一个绝对可靠的人，更重要的是，普京没有什么野心，平时也很低调，与其他人接触不多。慢慢地，普京在叶利钦心中的分量越来越重，甚至攀升到无人可以替代的地位。

叶利钦信任普京，也可以从另一件事看出来。

1999年3月27日，叶利钦任命普京为俄罗斯安全会议秘书。这是一个十分重要的职位。俄罗斯安全会议是俄罗斯的决策机构，安全会议的成员由外交部长、内务部长、联邦安全局局长、国防部长这类位高权重的人组成。俄罗斯安全会议的主席由俄罗斯总统担任，安全会议的秘书平时负责的是日常事务。

1996年的总统选举上，叶利钦的主要对手是俄罗斯共产党的领导人——根纳季·安德列耶维奇·久加诺夫。为了能在第二轮中获得比久加诺夫更多的支持率，叶利钦在第一轮投票时，将支持率排在第三位的亚历山大·列别德提任为俄罗斯安全会议秘书，借此赢得了更多的支持率，由此可见安全会议秘书的重要性。

叶利钦愿意让普京担任如此重职，可见其对普京的能力是十分肯定的，也给予普京充分的信任。那时的普京，身兼两个要职——俄罗斯安全会议秘书与联邦安全局局长，双重要职加于一身，其身负的压力可想而知，可他却能驾轻就熟地游走于两个职位之间，且做得有声有色。

在普京担任安全局局长的那段时间里，叶利钦在媒体上曾说自己决定好了一个接班人，尽管他没有指名道姓，但从他对普京的重视程度以及信任程度上看，那时他就有了让普京接手总统一职的打算了。

普京担任俄罗斯安全会议秘书没多久，他又被调任到另一个岗位上。1999年8月9日，叶利钦罢免了当时的总理——谢尔盖·瓦季莫维奇·斯捷帕申，任命普京担任代总理，同时公开对外宣布，普京是自己的接班人。一个星期之后，叶利钦正式任命普京为俄罗斯总理。

亲眼目睹了叶利钦之前频繁更换总理的俄罗斯人民，对他任命普京为总理一事并无太多关注，觉得新上任的普京也会与他的前辈们那样，在叶利钦的三分钟热血下沦为政治斗争的牺牲品。

不过，这一次就连眼睛雪亮的群众都判断失误了。尽管叶利钦任命普京为总理——这个他一直将其视为傀儡的职位，但他并不打算“重操旧业”，他不想放弃普京。而其能对外宣布普京将成为他的下一个继承者，显然不会让他的继承者重蹈之前历任总理的覆辙。

普京一直以来低调处事，这原本是让叶利钦十分欣赏的地方，但这也是把双刃剑。若说作为下属，低调的确是难得的品质，可即将要成为总统的话，低调便是缺点了，叶利钦为此有些苦恼。

叶利钦要栽培普京，但他没有足够的曝光率，届时竞选总统时，选民若都不认识他，还怎么会支持他呢？考虑到个中利害关系，叶利钦打算让身为总理的普京在任职期间更多地在媒体上露面，以此增加曝光率。

普京在这一方面似乎有着与生俱来的“弹性”。身为下属时，竭力掩饰自己的锋芒，不显山不露水，而此时要动真格的了，他亦没有辜负叶利钦的一片苦心。那段时期，普京在媒体上的频繁亮相，越来越多的民众开始认识并且接受了这位年轻的总理。

据悉，普京担任总理仅仅一个月，他的支持率就从原来的1%上涨到7%，且这一比例呈上涨的趋势。这对于普京接下来竞选总统而言，自然是好事一件。

国乱思良将，家贫思贤妻。在非常时刻，自然有非常之人走非常之路。普京的登台亮相，势有舍我其谁之态，且看一代英雄普京如何力挽狂澜，振兴俄罗斯！

从低调到曝光

地低成海，人低成王，低调处事，谦虚而不张扬。内敛的低调与高曝光本是相反的两方面，但从为政者的角度来看，不可一味低调，尤其是对准备竞选的普京来说，低调不利。

在叶利钦的安排之下，普京从原来的低调行事，开始向频繁曝光挺进，这种形态与普京以往的工作作风大相径庭，但他明白，高曝光率是必要的。叶利钦在任命普京为总理时，他的任期也只剩下一年多时间。他本人年事已高，身体状况每况愈下，加之经常酗酒，健康状况不容乐观，他需要快速为普京铺路。

最初，叶利钦心中的接班人人选并非普京，而是女儿季亚琴科与尤马舍夫，可两人都不让他省心，他们接连犯错，已失去了群众基础，很难在总统竞选中胜出。叶利钦也明白他们的能力完全无法领导一个国家。相比之下，普京的人品以及工作能力是有目共睹的，故此叶利钦打定主意，为普京的总统之路蓄力。

叶利钦从总统宝座上退下来之后，就在同巴勒斯坦解放组织主席阿拉法特的会谈上提到当初筛选接班人的事情。他说，当时他参考的候选人总共有 20 人之多，但最终将目标锁定在普京身上。他认为，普京身上那种沉稳的气质，以及临危不乱的品格，足以带领俄罗斯走出困境，走向辉煌，而当下的俄罗斯正需要像他这样的人才。叶利钦相信普京会为俄罗斯人民着想，会从人民的切身利益出发去看待问题，对于普京在总统竞选中胜出，他本人信心十足。

当初叶利钦第一次见到普京的时候，虽然印象不深，可也曾留意。一开始，他跟普京一起聊天，在聊天的过程中，叶利钦看出了普京的机智和做事有主见，他本人十分欣赏。为了了解这位谈吐不凡的年轻人，他开始在普京工作的周边寻访。一会儿去工厂转转，一会儿又去库房看看，在与工人们交流中得知，普京是一个待人亲切的领导人，几乎所有人对普京的评价都是正面的，可见普京确实有能力管理好这些地区。

剔除上述原因，叶利钦选择普京继承自己的衣钵，也是出于一点“私心”。他所希望的是，即便自己退出政治舞台，也可以安度晚年，绝不能让其他人威胁到自己以及家人的生命安全，因而期待下一任总统能继续施行他所钟情的改革计划，同时，他不希望自己执政期间的功绩被后人抹杀。为了这些，他也必须要找一个值得信赖的人，唯有此，他所担忧的事情才不会在他卸任之后发生。假如他所选择的继承人过河拆桥，那么他的一切付出都将毫无价值，到时候恐怕后悔也来不及了。

寻找总统接班人不是小事，不可鲁莽冲动行事，需三思而行。叶利钦能选择普京，是经过审慎比对和谨慎考虑的。叶利钦在确定普京成为自己的接班人后，特地找来普京谈话，他告诉了普京自己的想法，希望普京能代替他成为俄罗斯总统，为俄罗斯创造一个辉煌的未来。可是，普京有自己的想法，知道自己适合做什么，他觉得领导一个国家这份担子太重，居然拒绝了叶利钦的要求。

权力越大，责任也就越大，成为总统，未来之路必定荆棘密布，普京选择拒绝也在情理之中。

叶利钦对此很苦恼，在首次被普京拒绝之后没多久，他再次找普京谈话，话题依旧，而普京这次也没给叶利钦任何欣喜，再度拒绝了，但答应叶利钦他会再考虑一下这件事。

经过两个星期的考虑，普京主动向叶利钦谈起了这个问题，这一次，他终于同意成为叶利钦的继承人。

如果说索布恰克是带领普京进入政坛的恩师，那么叶利钦就是他走向政治巅峰的领路人。普京在政治上一路迁升，虽然与其本身的能力密不可分，但更重要的还是他的绝佳“运气”。

叶利钦为政8年，他身边工作的人员都如走马灯一样，已是换了一批又一批。其执政期间，俄罗斯总理被换过7个，安全局局长、总统办公室主任也被换过7个，内阁部长、安全会议秘书分别换过6个，换得次数最多的是财政部长，居然多达10个。担任过安全局局长、安全会议秘书、政府总理的普京，其实也注定无法在某一个位置干很长时间，即便如此，他仍是叶利钦时期唯一一个不被撤职的政府总理，这与当时的社会环境有关。

是时，叶利钦考虑过涅姆佐夫、斯捷帕申、切尔诺梅尔金等人成为自己的接班人，但最终因这样或那样的原因放弃了，此时的普京就成了叶利钦最后时间里唯一一根救命稻草。不过，即便成为叶利钦钦点的继承人，普京也没有十足的把握能在最后关头当上总统，他需要做出一番事业来巩固自己的群众基础，为自己赢得更多的支持率。这个当务之急只有普京自己可以解决，也必须由他来解决。

说普京幸运，真是一点也不错，因为机会很快就来了。

普京成为政府总理没多久，车臣战争爆发了，这对他来说，自然是一次难得的展示拳脚的机会，同样地，这也是一次不折不扣的考验，一旦处理不好，他这个总理可能就当不安稳了。

普京立即前往前线。他这次的任务比较繁重，除了要与中间力量对抗之外，还要熄灭达吉斯坦的战火。这是他去往前线的首要任务，为了能得到更多的支持率以及威望，他还必须在最快的时间内将这几项任务完成。

能否树立威望？普京将这个赌注全部压在了车臣战争之上，他下定决心，必须控制住车臣的局势。

前方战事吃紧，假如有领导人出面，士气一定大涨，这对战事的走向都将起到绝对性的影响，所以普京决定，要去战士们战斗的第一线予以慰问。可惜，天公不作美，当时天气状况十分恶劣，飞机无法飞到车臣，机长建议立即返航，普京在回到基地之后，开始寻找其他方法去往车臣。

当时，受制于天气原因，原本在车臣格罗兹尼机场准备接机的人都以为普京不会再来了，正准备回去时，却发现不远处来了一架战斗机。这是敌人还是援军？就在所有人都屏息凝神之际，出乎所有人的意料，从这架战斗机上走下来的竟然是国家总理！头戴飞行帽，身穿飞行服，普京自己驾驶着飞机赶来，而同行的只有一个人。

车臣的俄罗斯士兵们都为这位勇敢的总理感到自豪，而普京的到来也使得士兵的士气达到一个新高潮。战士们奋勇杀敌，很快就稳住了战事。普京也出色地完成了他担任总理以来的第一项工作，这不仅令其在人民心中树立了威信，也为他接下来的总统竞选打下了坚实基础。

普京并没有因为这一次的成功而放松警惕，从车臣回到莫斯科后，他立即开始对政府进行改组。改组的目的即是排除异党，发展自己的亲信。

斯捷帕申是政府的重要成员，曾先后任俄联邦反间谍总局第一副局长、俄联邦政府行政局主任、法律部部长和内务部部长，他也曾是叶利钦的继承人候选者之一。普京考虑到稳定政府内部等因素，暂时保留了斯捷帕申政府，其内部的主要职位都没有动。

普京很聪明，他目前还处于起步阶段，倘若解散了斯捷帕申政府，将会过早地树立敌人，这对自己今后的发展将非常不利，而从长远上看，斯捷帕申政府的内外政策尚且有其存在的价值。

刚上任就遇战事，还没站稳脚跟就忙着整顿政府内部，普京在那段时间里确实承受着巨大压力，好在他以往的经历锻炼出了他的强大内心，让其能在如此巨大的压力之下依旧冷静沉着，这是难能可贵的。

顶着压力前进的普京，付出的辛苦没有白费，很快就收获了累累硕果。据悉，他上任短短几个月的时间里，他的支持率已经攀升到了 50%。叶利钦喜上眉梢，知道自己没有找错人，普京也十分开心，因为他没有辜负叶利钦的期望。

一切看上去是那么平和、自然、顺理成章，而接下来等待普京的会是什么呢？

封王前奏

这是一段振奋人心的序曲，引出来的是一段可歌可泣的宏伟篇章，所有的征兆都预示着普京即将踏上光鲜政治路的红毯。

经过克格勃的训练，完成了经济学专家的教导，接受了现实的磨砺，普京早就蜕变成为一个“政坛明星”。凭借着深厚的知识储备以及沉稳的处事风格，他在担任总理期间做出的成绩也得到了越来越多民众的支持。普京自己为此感到高兴，而更开心的是将他选为继承人的叶利钦。

兵贵神速。为了尽早让普京代替自己担任总统，以免夜长梦多，叶利钦颁布了一条法令，将下一届国家杜马选举日定为 1999 年 12 月 19 日，这部法令的颁布同时也意味着这轮竞选大赛拉开了帷幕。

叶利钦执政期间，他的一些改革政策令国家杜马非常不满意，因而杜马常常与之唱反调也就在情理之中了。反叶利钦的最大党派——俄罗斯联邦共产党，是国家杜马的主要成员，国家杜马共设有450个席位，其中157个席位由俄罗斯联邦共产党占有，其所占比例已超过了总席位的1/3。而国家杜马内部成员的组织结构，也注定了其将会与叶利钦以及政府产生矛盾，两边的关系日益恶化，难以缓和。

国家杜马对于叶利钦频繁更换总理的行为颇有意见，所以叶利钦提名的总理，杜马议会多半选择拒绝或者不合作的态度。只是，受制于权力等因素，国家杜马又不敢过于放肆，因为俄罗斯相关法律规定，总统具有解散国家杜马的权力，他们也知道，一旦惹毛了叶利钦，解散将是他们面临的必然结局，有了这方面顾虑，杜马议会总是反抗一下以示不平，接着再偃旗息鼓，摆出妥协之态。他们的目的，就是想让叶利钦了解其态度。

总统可以解散国家杜马，这让国家杜马与叶利钦及政府之间的对抗明显处于劣势，人家手握生杀大权，他们只有挨宰的份儿。于是，为了消减总统的权力，有些议员曾提议修改宪法，重新制定有关总统权力的事项，他们的心思很明显，就是借此削弱叶利钦的权力延伸，至少让他不能随便解散国家机构。

早在1999年5月，杜马弹劾委员会就向国家杜马提交了弹劾叶利钦的申请，但并没有通过。随即，议员们想出来以重新修改宪法的方式限制总统解除总理权力的办法。

同年8月22日，国家杜马就此举行了投票，可结果又以失败告终。这些都是左派分子制订的计划，接连的失败让他们大受打击，威信度也随之降低。虽然俄共党内大多数都属于左派，但接连的两次失败，也说明了在国家杜马内，大多数党派其实并不支持俄共制定的相关政策及有关议案，大多数党派都希望息事宁人，不愿意将原本紧张的局势再搞复杂。

时光流逝，转眼间距离新一届国家杜马的选举日期也越来越近，每个人都紧张且努力地为选举那天做准备。叶利钦认定普京是他的接班人，所以自然希望他能在这一次国家杜马的选举当中胜出，只有这样，他才有机会如叶利钦所愿当上总统。

在国家杜马选举日当天，叶利钦在电视中发表讲话，他说，他希望俄罗斯政府代总理普京能在 2000 年 6 月份举行的总统选举大会上成功当选俄罗斯新一任总统。此外，他在这次电视讲话中肯定了普京的工作能力，称其是能保证革命继续发展的人，认为他必然会在 21 世纪带领俄罗斯腾飞，他对普京充满信心。叶利钦的目的，是寄希望于煽动民众支持普京的热情，这也算是提前拉票了。

这是叶利钦首次在公众面前举荐良才，而他在电视中如此赞扬普京的能力，且给予如此厚望，民众也不知不觉开始关注起这位总统力推的人才了。正因得到了叶利钦的鼎力相助，在短短的几个月时间里，原本默默无名的普京，一下子就变成全国炙手可热的政坛明星。在叶利钦的强烈推荐下，普京无疑成为了总统竞争的有力选手。

想在竞争激烈的政坛站稳脚跟，从古至今都是件不容易的事，但普京已经有了一个很牢靠且敦实的后盾，同时他本人又一枝独秀，故此在赢得杜马选举上，综合各方面因素来估算，普京十之八九可登上高位了。

国家杜马与俄罗斯联邦委员会共同组成了俄罗斯最大的权力机构——俄罗斯联邦议会。其中，俄罗斯联邦委员会是由俄罗斯

89个派别分别派出两名代表组成的，共有178个席位。委员会的这些席位是有限的，给每一个派别都分配两个名额，也就是说，在委员会当中，每个派别的权力几乎均衡，派别中的人数优势并不能体现出来。

与之相比，国家杜马就成了各个派别的争抢之地。国家杜马中共设有450个席位，其中225个席位留给每个选区产生的一名议员，剩余的225个席位便是由各个党派团体竞争而得。留给各党派竞争的席位，占国家杜马总席位的一半，再加上每个地区的议员当中有各党派的成员，因此只要在各党派团体竞争当中取胜了，就等同于直接搞定了国家杜马。

国家杜马的选举结果，对俄罗斯而言具有重大影响。国家杜马内部的组成结构，不仅能改变整个俄罗斯今后的重大决策的基本方向，对国家政局也都会产生极大，甚至能直接左右总统选举的结果，位置十分重要。

假如执政的领导人没有得到国家杜马主要党派的支持，那么其所制定的政策都将很难实施。个中关系以及细节之重，普京自然心知肚明，故此这次国家杜马的选举，对他日后的总统竞选的影响非同小可，只要他还想当总统，就肯定要在杜马选举这一战中获胜。

不过，最初的形式对普京似乎不利，因为在杜马选举开始之前，他正忙于处理车臣战争，除此之外，还要防止恐怖分子趁乱攻击俄罗斯，实在无暇准备杜马选举的相关事项。直到杜马选举开始之后，他才算抽身，慢慢将工作重心转移到选举上。

杜马选举的最初阶段，冲出了两匹黑马，一个是久加诺夫代表的俄罗斯共产党，另一个就是莫斯科市长卢日科夫为代表的

“祖国”竞选联盟。竞选刚刚开始，这两个派别的支持率遥遥领先，将其他党派远远甩在了后面。

1999 年 8 月 4 日，普里马科夫成立了“祖国—全俄罗斯”竞选联盟，并带领着“祖国—全俄罗斯”杀进了杜马选举中去。

是年 5 月，叶利钦曾罢免了普里马科夫的总理职位，但被罢免之后的普里马科夫并未就此陷入政治低谷，仕途反倒更加平坦了。归结其原因，其实很简单，叶利钦频繁更换总理，诸多民众产生了负面意见，十分同情被其罢免的普里马科夫，也就是这个主要原因，才让普里马科夫的支持率与担任总理时相比不降反升。

尽管被罢免了总理之职，普里马科夫仍担任着外交部部长及外情报局局长两项重职，那时的他不仅手握重权，而且支持率一路攀升，毋庸置疑，在那个个人魅力服务于党派的非常时期，各大党派对其极尽拉拢之能事，谁都晓得，风头正劲的普里马科夫加入其中任何一个党派，那个党派都将成为这次杜马竞选中的另一匹黑马。

普里马科夫当然知道自己此时的价值，城府极深的他并不急着加入任何党派，尽管他们为争抢他加盟都开出了十分丰厚的条件。他细心地观察着，暂且按兵不动。

很快，已是古稀之年的普里马科夫终于找到了一个他认为最具价值的位置，那就是“祖国—全俄罗斯”，随即，他以该党派竞选联盟领袖的身份高调地重返政坛。

有了普里马科夫加入，“祖国—全俄罗斯”竞选联盟的知名度也随之提升了不少。而普里马科夫重返政坛，也让当时的竞选形式有了变化。

他加入的“祖国—全俄罗斯”竞选联盟因他的存在，支持率从原来的15%一下增长到27%，同时取代了一直领先的俄罗斯共产党，成为当时支持率最高的竞选联盟。普里马科夫的重返，不仅是在竞选联盟上获得了很高的支持率，他本人的支持率也一度飙升，跃居俄罗斯政治家排行榜第一的位置。

是时，支持率排行前三的分别是普里马科夫为首的“祖国—全俄罗斯”竞选联盟、久加诺夫领导的俄罗斯共产党和卢日科夫带领的“祖国”竞选联盟。虽然这三个竞选联盟各自都是竞争关系，但他们也存在一个共同点，他们都属于反叶利钦派的。换言之，一旦这三个竞选联盟中任何一个赢得了杜马选举，也就意味着，最后的总统宝座肯定不是普京。

摆在普京面前的路很清楚，他需要一对三，一个人战胜三个声势浩大的组织，这是极其困难的。普京不同于叶利钦，他避直接而选择迂回战术。他知道，正面进攻的难度太大，而且肯定不会成功，只有从侧面突袭，逐个削弱方是正确之法。显而易见，普京果真有他的一套方略，这种个性也促使他在俄罗斯总统的宝座上坐得更久、更稳。

普京的打法其实很简单，但也很重要且容易被忽视，当那些党派都想着如何拉拢巨头提升支持率时，他想到的是，若能保护好国家的统一及社会的安定，那么人民的支持也就随之而来了，这种支持才是根本性的。

车臣战争与杜马选举恰逢同时，也就是说，普京处理好了棘手的战事，就有了能够与普里马科夫他们对抗的力量。现在我们知道，普京完美地做好了这件事，可其中过程却很艰辛。

处理好车臣问题，其实也仅仅是普京战胜他们的第一步，要想真正打败他们，赢得杜马竞选，他还需缓和政府与反对党们的关系。

普京坚韧，叶利钦刚硬，普京对待对手不似叶利钦那般咄咄逼人，他反而会先安抚对手，而后在对手真正放下防备的时候，再出奇招一举拿下。因此，在对待以俄罗斯共产党为首的反对党派时，普京表现得十分大度。在媒体上以及与反对党领导人对话时，普京时刻保持着寻求和解、合作的态度，且还会对外夸奖反对党派领导人的一些举措，此举令世人都为普京的宽容表示钦佩。

当然，安抚仅是缓兵之计，要想在这场党派混战中取胜，最关键的还是组建一支属于自己的竞争联盟，所以在关注车臣情况的同时，普京也积极筹备竞争联盟。

1999 年 10 月 3 日，在普京的积极组织下，由绍伊古——紧急情况部部长领导的“团结联盟”竞争联盟正式成立，这是普京自己的阵营。

与此同时，普京又出色地解决了车臣问题，他的优异成绩获得了广大俄罗斯人民的一致好评，这又为他赢得了一大批支持者。普京还在电视采访中声明，他将支持“团结联盟”，这自然为“团结联盟”赢得了不少支持率。

有了媒体的支持，有了政府的援助，有了资金的供应，加之普京正确的竞争方法的指导，“团结联盟”在 1999 年 12 月 19 日的国家杜马选举日中取得了优异的成绩。仅仅成立两个月的“团结联盟”，凭借着 23. 32% 的得票率，略低排行第一的俄罗斯共产党，再加上有 10 个选区的候选人成功入选，这样一来，普京阵营在国家杜马中一共获得了 74 个席位，成为第二大议会党团。

普京阵营的胜利，也标志着原本以俄罗斯共产党为首的反对党派对国家杜马的控制结束了，同时也表明叶利钦政府权力的巩固，自此，压在叶利钦心头的巨石算是落了地。而对普京而言，他离总统之位仅一步之遥。

前路已铺好，接下来PK的是真正的实力，那么，普京接下来将如何杀出重围，勇夺总统之位呢？

“大方”的老叶

一件事的结束，即是另一件事的开始，一切都是终点，一切又都是起点。

国家杜马的选举已结束，竞选时剑拔弩张的紧张气氛也逐渐缓和了下来。俄罗斯的冬天，向来是冰天雪地般寒冷难耐，但这一年的冬天似乎比往年要暖和。刚刚结束了一场激烈的竞选，热血沸腾的民众在平缓心情之后，即将迎来新年。临近岁末，俄罗斯各处都是张灯结彩，人们欢笑着准备迎接这个千禧年。

对叶利钦而言，这一年较往年的意义更大。不仅因这是一个千禧年，更重要的是，他身上的担子轻了，所要担忧之事也解决了。绍伊古领导的“团结联盟”竞选联盟，在国家杜马竞选当中获得如此好的成绩，无疑让他的计划能更好地实施。国家杜马中有了如此庞大的亲政府的议会党团，这也会让政府以后的工作更顺风顺水。

车臣战事已经平定，国内局势也日益稳定；杜马选举成功获胜，普京的支持率也一路飙升。这些都是普京担任总理以来，在短短几个月时间里做出的成就，不得不说，他确实是一个不可多得的人才，叶利钦对自己当初的决定十分满意，也更为自己能寻找到这么一位合格的继承人感到庆幸。

这时，叶利钦又开始考虑隐退的事情了，不过究竟何时退居幕后，他还没有做最后的决定。已经选出了一位优秀的继承者，看似万事大吉了，但隐退的时机绝不能等闲视之，其中一样很有玄机。

政治局势就如同瞬息万变的股市一般，这一刻，你可能受人敬仰，有万千支持者，但下一刻你可能就成为被人唾弃、进攻讨伐的对象。人非圣贤，孰能无过。就算是一向小心谨慎的普京，也一样会有纰漏。不过，犯错也讲究时期，普京若是在接下来的关键时刻犯错，那么他此前所做的一切努力，一直苦心经营的成果都将付诸一炬。

行百里者半于九十，越是最后关头，越是不能有丝毫放松。最好的办法，就是在普京还处在巅峰、拥有大批支持者的时候，尽早为他准备好就任总统的一切准备，将其早日推向总统宝座。关于这一点，叶利钦比普京更着急。

尽管普京现在已有了天时、地利、人和三方面优势条件，基本可高枕无忧了，可叶利钦仍然不放心，他决定再为普京做一件事，这件事不仅让普京大吃一惊，就连叶利钦的对手们也颇感意外。

为了能让普京在他最辉煌的时候接任总统之位，叶利钦不仅提前放弃了自己的总统职位，甚至还施用了他作为总统时的最后权力——提前进行总统竞选，他如此煞费苦心，自然是想在普京竞选方面推波助澜。毋庸置疑，正因为有了叶利钦的倾力相助，普京才能更迅速地将一只脚踏进了俄罗斯最高的权力中心地带。

当时的俄罗斯，每过新年都有这样一个习俗，即在新年钟声敲响前的几分钟里，俄罗斯的总统将会在电视中发表新年贺词，以此为广大民众带去新年祝福。但这一次，叶利钦在电视中出现的时间与往常不同，而他的特别举动也颇为让人注意。那么，一向都有惊人举动的叶利钦，这次又将有怎样夺人眼球的大动作？

1999 年 12 月 31 日，刚过午饭时间，原本正是大家午后的惬意时光，但俄罗斯国家电视台的屏幕上出现了俄罗斯的总统——叶利钦。或许人们都已经忘了，这位站在演讲台上的老人今年已经 68 岁了，因为身体状况不佳，他面色有些苍白，且依旧保持着一贯的严肃表情。

叶利钦出现的时间与以往不同，但是电视中，依旧是发表新年贺词的场景：演讲台的后面悬挂着俄罗斯的国旗，白蓝红的三色底的中间是一只金光闪闪的“俄罗斯之鹰”；而演讲台的另一侧，则安置着一棵装饰华丽的新年树。

一切与往年那么相似，一切又与往年那么不同。叶利钦的这一举动着实让人摸不着头脑。

一开场，叶利钦就说出了举国震惊的话：“亲爱的全国同胞，今天是我最后一次向大家恭贺新年。不仅如此，今天也是我最后一次以俄罗斯总统的身份跟大家讲话。”叶利钦的表情很严肃，绝不是开玩笑。他接着说：“经过深思熟虑后，我已经做出决定，就在今天，本世纪的最后一天我要引退了。”

“轰隆！”叶利钦的一番话犹如一颗炸弹被引爆一般，虽然我们无法看到当时的场景，可完全能想象出俄罗斯民众对此所能做出的反应。

在宣布完自己离职的消息之后，叶利钦转到了自己当时要说的另一番更重要的话，即从他离职之日起，直到 3 个月之后的总统竞选，这一期间由政府总理普京出任代总统一职，俄罗斯的政治要事将由普京全权代理。

叶利钦的讲话对俄罗斯乃至对世界来说，的确如同一颗重磅炸弹。很多人都无法理解他的做法，他本人在事后也曾这样说："克里姆林宫的人并不是一下子都接受我的选择，总统办公厅的人说我'你简直是疯了'。"除了身边人的不解，有些外人甚至认为叶利钦之所以这么做，是因年事已高而做出的糊涂事。

叶利钦没有疯，也不是老糊涂，他有充足的理由。他解释说，这么做的主要原因是为了让俄罗斯人民有一个认识普京的机会。普京之前一直低调处事，尽管事事尽责，但并没有过多曝光，民众很难了解到他究竟做过什么。但是现在的情况截然不同了，叶利钦将他退任后的3个月空白期完全交给普京，一方面是让他尽快熟悉总统事务，为他接下来真正担任总统做准备；另一方面，普京担任总统之后，他所做的一切事务都将被民众所了解，这样一来，民众便可以更直接地体会到普京担任总统的风格。

有人说，叶利钦之所以提前退出政坛，主要的原因还是因其每况愈下的身体，但叶利钦本人很快否认了这一说法。他的理由还是一如既往坚持的那个——给新人机会。

他称，接下来的新世纪应该属于年轻人，接替他的也应该是能做得更多、做得更好的新一代人。他在很多重要和公开场合给予普京很高的评价，说普京很有能力，是一个能做好总统职位的强人。综合这些原因，他的退隐是迟早的事情，那么为何不早些呢？叶利钦用实际行动堵住了争议之口。

叶利钦很"大方"，让出了3个月的总统任期给普京练手，不管他的私心有多重，一个值得赞颂的事实是：他为俄罗斯选择了一位好总统。

新世纪，新普京

叶利钦执政8年，在这8年中，有关其退位的传言不绝于耳。每当他陷入困境之际，他的敌手就会四处散布谣言，称这一次他将无力招架，即将退位；每当他身体不适而被送入医院治疗时，好事者就会说他已经不行了，很快将从总统之位上掉下来……尽管流言不止，但每一次叶利钦都会在人们开始觉得这传言或许会成真时，再次出现在公众视野，使流言不攻自破。可千禧年的这次“大事件”，没有对手的中伤，是他亲自宣布退位，这次是真的了。

叶利钦说，俄罗斯永远都回不到过去，只会永远向前进。他认为，俄罗斯的未来不应该再交给他了，应该让更有活力、更有智慧的新一代人去带领俄罗斯走向辉煌。叶利钦的时代已经结束。

对于叶利钦退位的这一举措，俄罗斯的政界大咖们纷纷发表了自己的看法。

紧急情况部部长、“团结联盟”竞选联盟的主要负责人绍伊古，对于这次事件是这么看的。他说，叶利钦退位这个做法是非常有勇气的，叶利钦此举表现出了一位伟大革命家的优秀风范。同时他也表示支持叶利钦的做法，并且“过去、现在、将来都将支持普京”。

外交部部长伊万诺夫也对叶利钦的做法表示支持，财务部部长西亚诺夫称，叶利钦的辞职对俄罗斯经济将会产生积极的影响。就连一直都与叶利钦及政府有矛盾的俄罗斯国家杜马主席谢列兹尼奥夫，也认为叶利钦的做法是明智之举。

1999年12月31日，就在叶利钦宣布辞职之后，俄罗斯的股市有了好转之征兆，这表明，叶利钦的这个做法的确是正确的。

叶利钦的辞职是出人意料的，“受益人”普京居然在事先也未被告知。在叶利钦宣布完自己辞职的消息之后，他找来普京，与他进行了一次深刻的对话。普京，这个个子不高，但是目光坚毅的人，将是俄罗斯未来的希望。

普京清楚自己担任代总统之后责任之重大，他鼓起最大的勇气，将自己调整到了最佳状态来迎接这次挑战，他再一次将实干精神带到了工作当中。曾有记者问过他是否想过卸任之后的事情，普京这个代总统似乎都没有记者想得长远，因为他当下只希望把工作做好，至于未来的事情，谁又能说得清楚呢？把握当下，或许就是对未来最大的负责。

那时的普京，在克里姆林宫里还只算是新人，许多政界大臣自然不会完全信服他，因此对普京来说，如何与他们建立良好关系，是一件顶重要的事情。为解决这一难题，他逐个与他们会谈。

他首先约见的是俄罗斯国防部部长伊戈尔·德米特里耶维奇·谢尔盖耶夫，之后又约见了内务部部长鲁沙伊洛、俄罗斯联邦安全局局长帕特鲁舍夫·尼古拉·波拉丹诺维奇、紧急情况部部长谢尔盖·库茹盖托维奇·绍伊古等。普京与他们一同商讨了俄罗斯当前的紧急问题以及俄罗斯未来的发展方向。

在了解了各大政界大咖们的想法之后，普京又召开了安全扩大会议，讨论叶利钦辞职之后俄罗斯的发展方向。普京在这次会议上表示，叶利钦执政期间制定的外交政策不变，将会被继续实施，同时继续将俄罗斯打造成多极世界是不变的主基调，在平等、友好、和平、互利以及互相理解的基础上与其他国家建立外交关系。

此外，他还特别强调，在保证军事实力的前提下，俄罗斯将继续进行武装改革，以此提高国家的军事力量。改革的重点将放在军队武器的改良上，与此同时还要对军队的内部结构进行调整，完善并优化军人的社会福利。

武装力量是保卫一个国家安全的重要措施，但当时俄罗斯在武装力量上却存在着重大问题，一旦不能彻底解决这些问题，那么俄罗斯的武装力量就形同虚设，根本起不到保护俄罗斯的作用。故此，俄罗斯的军事改革也将重点解决这些问题。

在结束这场安全扩大会议之后，普京已累得上气不接下气，转而又急匆匆地赶到政府大厦，召开政府紧急会议。在这个会议上，普京为提前的总统大选做出了一些安排。他说，俄罗斯总统大选被提前，就意味着原来为大选准备的工作眼下必须压缩，这就要求政府的每一名工作人员都要全身心地加入到紧张的工作当中。同时他认为，总统大选势必会增加政府的经济负担，他希望所有人都做好心理准备，为维护俄罗斯政府的正常运行而拼尽全力。他指出，政府当下的工作重心只有一个，那就是保证经济的增长，让人民的生活更加富足。

从叶利钦在电视上宣布辞职之后，一直到当天午夜 12 点前，普京一刻都没有休息过，他紧张地安排着政府接下来的工作。他始终将稳定问题放在第一位，认为国家稳定是经济发展、社会和谐的基础，国家的强盛也建立在稳定这一基础上。

结束所有工作后，已快将近午夜了，按照俄罗斯的惯例，虽然身为代总统，可普京也要在午夜钟声敲响前在电视上发表贺词。

身心俱疲的普京，仅给自己几分钟的休息时间，稍作调整后马上打起了精神。

普京在电视上发表的新年贺词，核心点其实是围绕着叶利钦的。若不是他的主动退位，普京也不可能有“先声夺人”的机会。当然，叶利钦提供机会的目的，是让普京带领俄罗斯人民走向富足，故此人民始终要被摆在第一位。普京在其贺词中即表明了自己的态度，声明自己一定会尽全力带领俄罗斯走向光明的未来。

就在普京发表新年贺词的时候，克里姆林宫救世主钟楼上敲响了新世纪的钟声，伴随钟声而来的是崭新的世纪，同时也是俄罗斯全新的历史。

新世纪，新总统，对于苦难的俄罗斯来说，无疑是一个好兆头。挥散过去的阴霾，俄罗斯迈着矫健的步伐，朝着历史的新篇章奔去。

8

20年，以旧换新

我的身体，我的“血”

所谓一朝天子一朝臣。新君主上任的第一件事情，恐怕就是人事调整了。前朝老臣即便功绩多伟大，但终究是忠于前朝，为了巩固新君主的政权，朝中人事必须有一番变动。古往今来，同此一理。

普京被任命为代总统的第一天，他做的第一件事就是对克里姆林宫进行一系列调整。首先，他必须在身边安排可信的人，一来可以放心将工作委派给他们，减轻自己的工作负担；二来，在面对重大问题时，可以与他们一同协商。当时，入主克里姆林宫的普京首先将自己的两个好友调到身边，一个是现在担任俄罗斯总统能源燃料战略发展和生态安全委员会执行秘书长伊戈尔·伊万诺维奇·谢钦，另一个就是现任的俄罗斯总理德米特里·阿纳托利耶维奇·梅德韦杰夫。

最初，谢钦与梅德韦杰夫被普京调到总统办公厅担任副主任，当时的总统办公厅主任仍然由沃洛申担任。普京继续任用沃洛申是有理由的，不仅因他工作能力出色，更重要的是，他任职多年，有丰富的工作经验以及人脉关系，继续任用他还可以让其带着谢钦与梅德韦杰夫熟悉工作，同时亦能稳定局势，防止因对他的人事调动引起不必要的骚动。

几天之后，普京将原总统办公厅副主任瓦列里·谢缅琴科、弗拉基米尔·舍夫琴科（兼任总统礼宾官）调任为代总统顾问。与此同时，普京还解除了德米特里·亚库什金（兼任总统新闻秘书）与弗拉基米尔·马卡洛夫的总统办公厅副主任的职务。

才担任代总统没几天，普京已经换掉了大批“老血”，同时新鲜血液也正往克里姆林宫输入。这就是普京的“换血计划”。由于人事调动，很多职位都空缺着，但他很快就找到了合适的人来填补这些空缺。

曾在总统办公厅负责与媒体打交道的伊戈尔·舍戈列夫，因熟悉大批媒体工作者而被普京任命为俄罗斯新闻局局长；曾担任俄罗斯外交部新闻司司长的弗拉基米尔·拉赫马宁，被普京任命为俄罗斯总统礼宾官；阿列克谢·格罗莫夫则被任命为俄罗斯总统秘书。

普京这次的“换血计划”当中，有一个人不得不提，他就是总统事务管理局局长——帕维尔·博罗金。

在叶利钦执政期间，帕维尔·博罗金一直都是掌管财政大权的大人物，受到叶利钦的重用，但他的名声并不好。当初装修克里姆林宫时，博罗金就是负责人，在装修期间，有人指控他收贿，且确有其事。然而，博罗金的权力太大了，叶利钦也不好一下子就将他收拾掉。

博罗金是俄罗斯政治高层贪污受贿的典型例子，凭借自己位高权重任意收贿，严重污染了当时的政治环境。

遗憾的是，这么一个劣迹斑斑的人，普京也不能马上罢免他的职务。原因很复杂，其中最为主要的，即是博罗金牵扯的利益关系太庞大，若当即将他拉下马，恐怕会引起那些与他相关的利益者们的不满，从而扰乱俄罗斯的政治、经济环境，那样便得不偿失了。当然，这匹害群之马必须要铲除，普京深思熟虑，想到了一个一石二鸟的办法——他免去了帕维尔·博罗金总统事务管理局局长的职务，任命他为俄白联盟国务秘书。

说普京这个做法高明，是一石二鸟之计，自是有原因的。

他免去博罗金的局长之职，就等于将其调离了克里姆林宫，这样一来，这个危险人物就能远离俄罗斯的政治中心，同时也可切断博罗金与前政府要员们的联系。此外，任命他为俄白联盟国务秘书这么一个有名无实的职位，不仅架空了他的权力，也遏制了他继续收受贿赂，更能安抚其他人，避免过早地树立敌人。此计足见普京的高明之处。

在对自己身边的人进行调整的同时，普京也没有忘记重新整顿政府内部的人事。

其时，普京做的第一件事就是重新调整俄罗斯的副总理人设。虽然当时俄罗斯设有多个副总理，但每个副总理都有自己的想法，可谓各怀鬼胎，互相之间很难配合，这极大地影响了工作效率。

为了提高工作效率，减少政府的不必要开支，普京决定将俄罗斯政府第一副总理尼古拉·阿克肖年科及维克托·赫里斯坚科降职，调任尼古拉·阿克肖年科去交通部担任部长，而后者则被降任为普通副总理。

处理完“前朝老臣”，提拔心腹的计划被提上日程。首先，普京将财政部部长米哈伊尔·卡西亚诺夫调到自己身边，任命他为俄罗斯政府第一副总理，同时保留他原来的职务。接着，他任命“团结联盟”竞选联盟的领导人绍伊古为俄罗斯政府副总理，同时还让他继续兼任俄罗斯紧急情况部部长。普京的这一决定，为他接下来的总统大选的胜利打下了基础。

普京如此大刀阔斧地改革政府，是有其原因的。

首先，他明白继续沿用叶利钦时期的政策以及人员并不可行，那样永远都无法带领俄罗斯走向光明的未来，为了振兴俄罗斯，必须要对政府进行改革。

其次，普京改革的目的还有一个，那就是赢得人民的支持。叶利钦执政末期，已经有很多人对他的执政政策及方式感到不满，普京现在只是代总统，要想成为真正的总统，就必须要赢得接下来的总统大选，这就要求他在担任代总统的期间做出些政绩，让民众开开眼。而若继续走叶利钦的道路，恐怕非但不能赢得更多民众的支持，甚至会适得其反，让原本苦心争取的支持率下挫。考虑到这些，普京觉得必须将叶利钦留下来的老班底全部换掉，以此证明自己与叶利钦不同。更关键的是，普京本人与叶利钦的手法不同，自然也会选用不同的人才了。

让普京大规模选用新人的另一个原因，即是替他分担压力。

虽然普京现在手握大权，但他还只是代总统，在扮演一个优秀的总统的同时，还要为接下来的总统大选做准备。不过，繁忙的公务让他分身乏术，故此他在换掉那些“老人”的同时，积极选用那些有能力、有才干的年轻人来为自己分担压力就成了理所当然之举。

普京在执行他的“换血计划”时，并不是一步到位的，而是循序渐进，这很容易理解。毕竟“老人”都有其盘根错节的人脉关系，此外若不顾及到叶利钦的家族势力，也太不厚道了。

当然，“换血”是必行之举，谁让现在的俄罗斯等同于普京的“身体”呢？血液，还是用自己的好！

三张王牌

普京明白，自己今天的成就与叶利钦家族的帮助密不可分，自己不能一下子就将叶利钦留下来的老臣们全部撤出克里姆林宫，这样不仅自己的良心上过不去，还可能影响与叶利钦家族之间的关系。可见，普京绝非忘恩负义之人。

竞选之前，普京在车臣战争上立下了功劳，这也让他赢得了一些声誉，但单凭这些远不能保证能赢得总统大选，所以他想到，在慢慢更换叶利钦留下来的老班底的同时，还必须要赢得其他党派的支持，尤其是若能缓和政府与反叶利钦党派之间的关系，就更会为自己的竞选之路扫除障碍了。

普京是站在长远的角度看待人事调动的问题的。他深知，自己要的是一个能稳定发展的政府，而不是临时的、过渡性的机构，他在人事调动中尽量安排自己人在关键位子上，这不仅能改善政府的近期工作效率，还能让政府更长久地运行下去。普京调上来的人都是业界翘楚，个个实力不凡，可他们大多都属于不愿意抛头露面的人。

时间转瞬，随着总统竞选日期的不断临近，普京的压力也随之增大，他的工作重心也开始完全转向总统竞选。

在俄罗斯，要想竞选总统，首先必须要有选举集团、联盟或者人数不少于 100 人的公民倡议小组推荐。候选人在获得竞选资格之后，要征集 100 万选民的支持签名，但由于这一次的总统竞选时间比较紧，所以中央选举委员会将选民人数减至 50 万。不仅如此，候选人还要向中央选举委员会提交自己及家庭成员在选举前两年的财政状况。

2000 年 1 月 12 日，在莫斯科的总统饭店里，普京开始了他的竞选之路。

当天，共有两百多位俄罗斯社会名流聚于此，有科学家，艺术家，体育明星，各地长官、议员等等，随即众人正式组成公民倡议小组，并且推举普京为总统候选人。这个公民倡议小组共有 197 名成员，满足俄罗斯的总统选举法规定的要求。

不久之后，普京向中央选举委员会提交了自己以及家人这两年的财务状况和资金来源，并且通过了中央选举委员会的审查。普京的竞选班子早就开始在俄罗斯各地为其征集选民的支持签名，不到 1 个月，便有 57 万张支持签名，同时也通过了中央选举委员会的核查。至此，俄罗斯总统选举法中规定的事项，普京全部准备完毕。

在得知普京即将参与总统竞选的消息之后，其母校圣彼得堡国立大学（原列宁格勒国立大学）对外宣布，将支持普京参与总统竞选。

2 月 15 日，中央选举委员会正式通过了普京成为俄罗斯联邦总统竞选候选人的决议，这就表明，普京正式获得参加总统竞选的资格。

在总统竞选开始前，唯一能与普京抗衡的，恐怕只有普里马科夫。人们都在静心等待普京与普里马科夫的这场龙虎斗，不想情况有变，普里马科夫在 2 月 4 日发表声明，他将退出这次选举。截止到 2 月 21 日，候选人登记结束，获得总统竞选资格的共有 11 人。

其实，普里马科夫选择退出总统竞选是有先兆的。

当初杜马选举之后，普里马科夫的支持率就开始滑向下降的趋势，在总统候选人中，其支持率仅排在第三位。原本，他可以选择在总统竞选前东山再起，但却偏偏碰到叶利钦出如此险招，不仅提前退任，还将竞选的日期提前，这让他毫无时间准备，措手不及。更糟糕的是，本支持普里马科夫的中坚力量联盟，却在如此重要的关头弃他而去，纷纷跑去支持普京，失去了大量支持者的普里马科夫，自知自己在这场竞选中毫无胜算，与其苦苦挣扎，倒不如识相地自己退出。

没有了这个强有力的竞争者，剩下的 10 位对手对普京其实并无太大威胁力，更何况普京的手中还握着三张王牌，这更令其胜券在握！

那么，这三张王牌是什么？

第一张王牌，权力。普京成为代总统之后，仍然兼任着政府总理的职务，身兼这两个重要职务的普京，自然成为俄罗斯权力最大的人。本来总统选举就是一场权力的比拼，无论怎样普京都注定成为这一场竞选的赢家。

普京在解决车臣问题的时候，与军方接触颇多，在军费上十分关照军方，军方领导人也很感谢普京，同时对其在解决车臣问题上的强硬态度亦是格外欣赏。如此看来，两方算是曾经一致对外的战友了，因而军方对普京绝对全力支持。有了政府、军方两方面的保证，普京的成功似乎水到渠成。

第二张王牌，国家杜马。“团结联盟”站在普京的阵营中，故此有了杜马第二大议会党团的支持，普京自然不用害怕会孤立无援。普京成为这场竞选中的有力选手，不少议会党团都投入到他的阵营，比如“全俄罗斯”、“我们的家园—俄罗斯”，它们的加入也增大了普京的胜算。

第三张王牌，媒体。叶利钦执政时期，克里姆林宫得到了很多寡头们的支持，其退位之后，这些寡头们纷纷加入到普京的阵营当中，利用他们手中控制的财团及媒体帮普京竞选。除此之外，一些主要的媒体还都在政府的控制当中，电视台、广播都成为普京宣传的有利工具。

在某一层面讲，上述三张王牌其实已决定了总统之位到底花落谁家，可未到最后一刻，普京也绝不掉以轻心，他要努力到最后那一刻。

硬件条件齐备后，普京觉得必须有一个可以为他出谋划策的“诸葛亮”，为他制定合理的政治大纲，为他赢得更多的支持。很快，他就开始挑选人选，扩建自己的智囊团。

几番对比衡量之后，年轻有为的第一副总理米哈伊尔·卡西严诺夫、扮演“军师”角色的丘拜斯、曾在克格勃一同工作的同事谢尔盖·伊万诺夫、圣彼得堡的律师格尔曼·格雷夫，他们都一一成为普京智囊团中的主要人物，而他们每个人在各自领域中都算得上是精英中的精英。有了他们的帮助，普京的优势更明显了。决战时刻，就在普京万事俱备后拉开帷幕！

辉煌之夜

普京积极备战竞选之事的紧要关头，突然传来了噩耗——恩师索布恰克去世了。那是 2000 年 2 月 20 日，距最后的选举仅剩一个多月的时间。

索布恰克在得知普京成为代总统时，真心为他高兴。自己这位得意门生能有这样的成就，他内心所涌现出的自豪感一点不比普京少。普京宣布要参加总统竞选之际，索布恰克便四处演说，尽自己最大的努力为普京拉票。

索布恰克由于年事已高，身体已大不如前，但他仍然尽心竭力地为自己的爱徒拉票。最终，他因压力过大、身心疲惫而心脏病突发，在斯韦特洛戈尔斯克市的一家宾馆里悄无声息地离开了人世。

索布恰克的离开，对普京无疑是一个重大打击。索布恰克之于普京，不仅是老师，更是亲人、朋友、家人、合作伙伴。是时，普京特地从莫斯科赶到圣彼得堡参加恩师的遗体告别会。当时的情况对普京来说凶险万分，因为其在解决车臣问题之后，车臣的那些叛乱武装分子甚至发出了追杀令，像参加政治家葬礼这种曝光度极高的活动，对普京十分不利。然而，在恩师逝世的悲痛面前，普京似乎已忘记了这些危险的存在。

当时，普京身边的人都劝他不要参加这次葬礼，毕竟距离总统大选仅一个月之久，万一出现岔子便前功尽弃了，但普京心意已决，执意要送恩师最后一程。

这是一个安全受到最大威胁的葬礼，同时也是一个安全维护最高的葬礼。在葬礼举行的当天，整个圣彼得堡市都被部队封锁了起来，所有的飞机、火车全部停止运行。街上站满了阿尔法部队的特种兵，可疑分子全都被抓了起来。抱着恩师照片的普京满面悲痛，泪如雨下。

索布恰克离世之后，普京担任起了照顾他家人的责任。他就像索布恰克的家人一般，每年索布恰克的忌日都亲自回圣彼得堡为恩师扫墓。他也将索布恰克的家人当成自己的家人，会关心他们的生活，甚至还会帮索布恰克的小孙子整理领带，这个一向冷酷严肃的铁血男儿，在索布恰克的孙子面前，也会露出最温柔的笑容。

普京的伤痛欲绝有目共睹，可对这个硬汉来说，伤心的眼泪不应一直流下去，他眼下最重要的任务是竞选俄罗斯总统。在送走自己的恩师之后，普京带着悲痛的心回到了莫斯科，继续筹备总统竞选事宜。

很快，普京发表了《致俄罗斯选民的公开信》。在这封公开信中，他简单地叙述了自己的纲领，但他所提到的全部都是俄罗斯人民普遍关注的事件。关心群众关心的问题，解决群众关注的问题，普京的这份公开信使得自己的支持率再次提高。当时，普京的支持率为 50%，而他的竞争对手中最高的也仅有 19%。

人们将期望都放在了普京的身上，希望他能带领俄罗斯重新攀至大国地位。就在选举前夕，又有几十个相当有影响力的社会组织以及政党纷纷发表声明，称他们将支持普京成为总统。是时，形势呈现出一边倒，普京成为总统已是注定之事。

2000 年 3 月 26 日，俄罗斯的总统竞选正式举行，竞选的结果一如所有人预料的那样，普京以 53% 的得票率成功当选为俄罗斯的新一任总统。

5 月 7 日，普京在克里姆林宫宣誓就职。这是普京第二次进行总统的就职仪式，而这次就职仪式，是俄罗斯历史上规模最大、程序最完整的一次。

1991 年叶利钦担任俄罗斯总统时，他的就职仪式是在人民代表代大会上进行的，之后也没有进行其他的特别仪式。1996 年他继任俄罗斯总统，原本计划要举行总统的就职仪式，但由于其身体欠佳，最终此就职仪式也是一再简化。

普京第一次举行就职仪式，只是以代总统的身份参加，而这一次他以总统身份参加，这才是真正意义上的总统就职仪式。

仪式举行那天，克里姆林宫配备了最优秀的武警官兵，严格把守，维护克里姆林宫的安全，防止恐怖分子趁机捣乱。当天，只有手持请柬的人才能进入克里姆林宫。出席的共有 1500 多人，除前苏联总统戈尔巴乔夫、国家杜马成员、联邦委员会成员这些政界、社会上层名流之外，还有两个特别的人，一个是普京的柔道教练，另一个是普京的中学老师。

11 点 40 分，几名克里姆林宫的仪仗队员从打开的克里姆林宫的大门口走了进来，护送着俄罗斯宪法以及“祖国一级勋章”走进了安德烈大厅。

12 点整，普京来到了安德烈大厅。首先，俄罗斯中央选举委员会主席宣布了关于普京当选为俄罗斯总统的决定。之后，俄罗斯联邦宪法法院院长——巴格莱邀请普京进行宣誓。

根据俄罗斯相关法律规定，在总统宣誓结束之后，上一任的国家元首需亲手将“祖国一级勋章”交给继承人。因此，在普京宣誓结束之后，叶利钦将“祖国一级勋章”交给了普京。随后，他发表了讲话，表达了自己对普京今后工作的寄托，希望普京能将俄罗斯建设成为全新的国家，希望普京能让所有俄罗斯人民都过上幸福美满的生活。

在叶利钦讲话结束之后，普京发表了自己的就职演说。他以坚定的口吻告诉所有人，他一定会将俄罗斯建设成为繁荣富强、自由文明的国家。普京讲话结束之后，安德烈大厅奏响了俄罗斯的国歌，伴随着雄伟的国歌声，克里姆林宫的上方升起了总统旗帜，接着就是鸣礼炮。30 声礼炮之后，室内仪式就此结束。

结束了室内仪式，普京沿着安德烈大厅走出了克里姆林宫，来到了广场检阅仪仗队。总统卫队士兵身着沙皇时期的军装，威风凛凛地站在两旁，参加就职仪式的 1500 位来宾此时都站在红毯的两侧，普京激动且严肃地穿过这条庄严的通道，向来宾们点头致意。

检阅仪仗队的时候，叶利钦激动地流下了眼泪，这一刻他终于放心了，他知道自己找的这位继承者不会让他失望，他相信普京，也期待着普京将俄罗斯建立成繁荣富强、自由文明的国家。从这一刻起，普京成为了俄罗斯的总统，俄罗斯的未来握在了他的手中。

9

烂摊子：普氏疗法

"破烂"俄罗斯

能力越大，责任越大。位高权重者更应该考虑如何善用自己的权力，考虑怎样去改善人民的生活，这对掌握俄罗斯最高权力的普京来说更是如此。

在普京心中有一个英雄，他就是俄罗斯帝国最杰出的的皇帝——彼得大帝。据说，普京当年在圣彼得堡工作时，当时政府规定每个办公室中都可以挂两幅画像，从原先强制性挂列宁与基洛夫画像到后来自己挑选，大多数人都选择挂当时的总统叶利钦的画像，只有普京一人挂起了彼得大帝的画像。

是时，当上总统的普京更是把彼得大帝当成自己今后工作当中模仿的对象。他希望自己能像彼得大帝那样，将俄罗斯建设成为强大富饶的国家，他也有信心可以重振俄罗斯的威名。

从整个国家环境看，俄罗斯具有非常优厚的条件。俄罗斯是一个幅员广阔、横跨欧亚大陆的超级大国，国土面积大于美国，科技水平与军事实力也与美国不相上下，两国之间唯一的差距就在经济水平上。但这并不是难以跨越的差距，普京相信凭借俄罗斯优厚的基础，一定会重现当初苏联的辉煌，成为与美国并驾齐驱的超级强国。

普京向全体俄罗斯人民许诺，要将俄罗斯建设成为超级大国，俄罗斯人民也将全部期望寄托在这位新任总统的身上。其实，在普京成为代总统之前，他就为如何改变俄罗斯现状发表过一篇文章——《千年之交的俄罗斯》。

在文章中他写道，想要让俄罗斯恢复以往的地位，首先也是最重要的一点即是要改变俄罗斯软弱的政策，尽管政府为改革提出了不少建议，但空谈是解决不了问题的，必须要付出实际行动，一个国家的强盛兴衰，与这个国家内部的发展情况息息相关。

普京在文章中还强调，想要改变俄罗斯的国际地位，必须先要改变俄罗斯当前不景气的经济状况。他清楚，俄罗斯国际的地位之所以日益降低，主要的原因就是经济衰退。走一条振兴经济之路是此时和未来的俄罗斯都必须坚守的原则。

同时，普京还认为应加强俄罗斯军队建设，提高俄罗斯的军事水平，毕竟一个强大的军队才能保证一个国家的安定。对于一个国家内部而言，发扬民主政治才是强国之道。

在叶利钦执政期间，俄罗斯才刚刚从苏联分离出来，苏联的解体对俄罗斯来说是一个巨大打击。人民的生活水平急剧下滑，社会中充满着不安定的因素，人民的安全也受到了威胁。同时，俄罗斯的国际地位也一落千丈。作为俄罗斯的首位总统，叶利钦并没有将俄罗斯带出苏联解体的阴影，反而使其一度陷入颓势的泥潭之中。当时的美国总统克林顿曾经公开表示，俄罗斯已经不再是以前那个可与美国并驾齐驱的超级大国了，它现在只不过是一个区域内的小小国家而已。

叶利钦已经无能为力，他将这遍体鳞伤的俄罗斯交给普京的时候也犹豫了，因为他知道想要拯救俄罗斯并不是一件容易的事，更清楚普京担任这个总统的压力有多大。在他将总统之位交给普京时，他曾语重心长地告诉普京，一定要照顾好俄罗斯。

照顾好俄罗斯，话虽简单，但真正做到又谈何容易？叶利钦自己也知道，经济大衰退、贪污腐败严重、资本家横行，这些问题是俄罗斯经济发展的桎梏，只有一一解决了，才能真正解救俄罗斯。然而，这项任务的艰巨也是可想而知的。

普京也知道，俄罗斯正处于有史以来最困难的时期，不仅失去了世界一流大国的地位，甚至还面临着沦为二三流国家的危险。要想重整旗鼓，必须付出巨大努力，而振兴俄罗斯的重任只能由俄罗斯人自己完成，不能依靠其他人。

俄罗斯除了面临国内的不利环境的影响之外，还面临着国际上的威胁，但归根究底还是综合国力赢弱的问题。普京清楚地意识到，振兴经济，提高俄罗斯的综合国力，是走出困境的唯一办法，此外无他。

苏联解体之后，叶利钦理应扮演一个引导俄罗斯走出阴霾的领路人角色，但他并没有担起这个重任。他虽然可称为俄罗斯历史上的开国元勋，但似乎并无扭转乾坤之力。

20 世纪 90 年代，俄罗斯国内生产总值与上一年相比下降了 50%，相当于美国的 1/10。这个原本系世界第二大经济大国的俄罗斯，全球经济总量的排名仅是第 16 位，甚至排在印度、巴西等后面。

俄罗斯人民的生活水平也大不如从前。俄罗斯社会两极分化严重，贫富差距越来越大，最高收入群占总人数的 10% 左右，最低收入群也占总人数的 10% 左右，但两者的收入相差却高达 14 倍！由于经济衰退，很多人的收入已很难满足基本的日常需要。自 1992 年开始，俄罗斯的人口开始出现负增长现象。老人、小孩及其他体质较弱的人，在这个困难时期很难存活下去，死亡率远高于出生率。

除了这些关于民生的问题，普京最头疼的还是俄罗斯当时的政治局势。

叶利钦执政时期大力推行私有化，这导致很多地方的土财主们都纷纷乘机扩大自己的势力，在将很多大型企业收入囊中之后，他们居然又打起了政府的主意，企图将政府也私有化，这的确是“私有化”的无节制表现。

叶利钦执政期间，并没有合理规划政府内部结构，致使很多家族在政府内部生根发芽。

环境复杂，问题繁多，解决难度大。面对如此满目疮痍的俄罗斯，普京并没有退缩，身为俄罗斯新任总统的他，必须扛起重建俄罗斯的重任，义无反顾地冲在最前方。

千疮百孔的俄罗斯，此时看来似乎没得救了，“破罐子破摔”似乎更合适。不过，人有优缺点，国家也不例外。俄罗斯地位下挫，危机重重，可它毕竟继承了前苏联大部分资源，它的实力及影响力仍不容小窥，这也是当时俄罗斯选举受到世界各国关注的原因之一。

普京担任总统后，世界各国媒体都在猜测他属于哪一个派别。有人说他是“民族主义者”，有人说他是“民主派”，也有人说他是“反共分子”，更有人说他是“专制主义者”，遗憾的是，无论哪一个标签都不能完整地概括他。

普京既不是左派，也不属于右派，且不是完全的保守主义者，也不是真正意义上的现实主义者。其实，他并没有那些学者们分析的那么复杂，如果真要给普京划分为一个派别，恐怕“务实派”才是最适合的。对普京来说，不管采用什么政策，不管走哪条道路，只要能解决俄罗斯眼下的问题，其他问题都无关痛痒。

分析问题是解决问题的有效途径，也是最佳途径，面对俄罗斯如此错综复杂的问题，普京细上加细。

俄罗斯经济衰退，其实这一结果早在俄罗斯独立之后就已埋下了种子。

苏联解体，俄罗斯独立之后，叶利钦采取的一系列不合适的经济改革政策，加快了俄罗斯经济的衰退。当初，苏联的经济主要是依靠工业及农业发展起来的，但在当时的俄罗斯，工业、农业都已大不如前，在叶利钦执政的几年里，俄罗斯工业生产总量下降了46%，农业生产总量下降了40%，原本依靠工业与农业发展的经济，此时彻底陷入了困境，甚至是绝境。

经济的衰退，导致俄罗斯国家收入远远达不到预算收入的水平，而达不到预算收入，又仍然按照预算支出，必然会导致入不敷出的情况出现，可悲的是，这样的情况年年如此。长期的预算赤字导致俄罗斯很难依靠自己的力量存活下去，为了继续正常运行，借外债在所难免。

那一时期，高额的外债使其不堪重负，而其偿还能力又未随着时间的推移提升，这便直接导致了经济危机的发生，即便外债不是主因，也是主因之一。面对这样的窘境，政府自然要插手其中，为了缓解经济危机，其采取了一系列抢救措施，可不痛不痒的政策在庞大的外债面前也无能为力，回天乏术。

更火上浇油的是，叶利钦在执政期间采用了盖达尔的“休克疗法”，政府开放物价，全凭自由度不可控制的市场去调控，这种完全小看了市场经济所存在的问题的放任之法导致了极端的恶果，俄罗斯发生了十分严重的通货膨胀。

据悉，1992 年，也就是“休克疗法”实施的那一年，当时俄罗斯的通货膨胀率高达 2500%，尽管之后政府对价格进行了干预，使得通货膨胀率略有下降，但依然很高。从 1992 年到 1999 年这 7 年间，俄罗斯的商品价格共上涨了 6168 倍。

通货膨胀的另一大弊端是货币贬值。由于俄罗斯经济衰退迅速，通货膨胀率高，外汇储备几乎为零，这一系列原因导致俄罗斯货币卢布的汇率急速下跌，甚至到了千禧年——2000 年，俄罗斯人民人均月收入还只有 30 美元，而这只是平均收入，至于那些低收入人群，或许连如此可怜巴巴的收入水平都达不到。可想而知，俄罗斯人民的生活状况有多么糟糕。

当时的俄罗斯也有发展较好的重工业，比如燃料、国防等，只是这些行业需要的劳动力远小于俄罗斯闲散的劳动力，大量工人没有工作，社会处于非常不稳定的状态。相较于发展良好的重工业，俄罗斯的轻工业发展力度却相当不足。也就是说，俄罗斯的经济结构非常不平衡。如果说经济体制的改善需要经过十几年的时间，那么经济结构的改造则需要几十年甚至更长的时间去完成。

叶利钦的“休克疗法”等于初步建立了俄罗斯的市场经济结构，但因前苏联的计划经济根深蒂固，还没有去除干净，而新的市场经济建立得又不够完善，故此才会出现衔接断裂的情形，有经济专家称，俄罗斯正处于“经济转轨阶段”。

这种转轨，理论上来说是好的，意味着经济结构的大变身，是符合俄罗斯发展进程的，只是其所转换的这条“轨道”还不是成熟的市场经济，还有很多体制需要完善。经济上的问题错综复杂，假使政策上稍有差池，那么俄罗斯的经济很有可能引发新的经济危机，甚至可能使得经济陷入瘫痪状态。

面对俄罗斯这样的“烂摊子”，谁都会头疼，但如果因解决起来困难就放弃解决，那么问题永远都不会被攻克，正因为俄罗斯现阶段的“烂”状况，所以更需要有人出头去管它。

普京，就如俄罗斯眼前这片阴霾之中的一道光，他指引俄罗斯一步步走出困境，走向光明！

“普大夫”的六味药

中国的传统中医在医治病患上讲究望闻问切，这是为了了解病人的真实病情，在了解了实际情况后，大夫才能对症下药，做到药到病除。治理国家也一样是这个道理。

若将国家的经济状况比喻成一个人，那么以俄罗斯的经济状况来看，他宛若一个病入膏肓的重症患者，而作为俄罗斯的最高领导人，普京则如一位大夫，要想治好这位几近不治的病人，他首先要做的，就是彻底地了解这位病人的病情。

从本质上说，叶利钦采用的“休克疗法”，是造成俄罗斯经济急速恶化的直接原因，当然，责任并不完全在此，因为这次经济改革仍有换汤不换药的味道，毕竟它是建立在苏联原有的计划经济基础上的，畸形的经济结构对这改革确实有很大影响。

若不考虑叶利钦实行的经济改革中的错误，造成俄罗斯经济衰退的另一个原因便是俄罗斯市场并不重视与人民生活密切相关的轻工业的生产。

还有一点，当时的俄罗斯规定商户之间不允许竞争，这样一来，市场中的良性竞争权利被剥夺了，也就导致俄罗斯的社会生产能力严重地停滞不前，生产水平跟不上，商品的性能也就无法被日益增长的用户需求所满足，这也就直接造成俄罗斯的商品在国际市场上缺少竞争力，在几个原因的共同作用下，俄罗斯的经济想不衰退都难。

幸好，这些症结被普京一一找到，接下来，就轮到“普大夫”对症下药了。

“普大夫”开的第一味药，是走适合自己的经济模式。

对当时的俄罗斯来说，最关键的就是寻找到一条最适合自己的经济模式，回头再走苏联的计划经济体制，显然无法拯救俄罗斯，而之前模仿西方的激进经济改革，也很难在短时间内使俄罗斯的经济起死回生。就像普京说的那样，只有将俄罗斯的实际情况与市场经济以及民主政治相结合，才有可能寻找到一条最适合俄罗斯走的经济之路。

“普大夫”开的第二味药，是建立有序的市场经济模式。

有序的经济模式必须要建立在实际国情之上。在叶利钦时期，他所憧憬的自由市场经济并不符合俄罗斯的实际情况，理想是丰满的，可现实却很骨感。按照叶利钦的想法，本应该建立的自由市场却被无良商贩破坏了。而他的失败也进一步证明，将经济完全交给市场是行不通的。

在《千年之交的俄罗斯》这篇文章中，普京就为建立有序的市场经济模式提过自己的意见。他认为，经济不能完全交给市场，政府这只“有形的手”必须要对市场进行宏观调控。为此，普京制定了几条政策——保护所有权、保护竞争平等、保证经营自由、实行社会政策、建立统一的经济空间。

“普大夫”开的第三味药，是完善现有的经济微观基础。

叶利钦执政时期，大力支持私有化的进程，但私有化的程度过大，导致了经济的低迷以及政治的混乱。有了前车之鉴，普京明白了，既然私有化对经济造成如此不利的影响，那么就不要再继续进行私有化了，于是有人建议他再次国有化。

然而，限制私有化不意味着一定实行国有化，普京并没有采纳这个建议。他肯定私有化的弊端，可私有化也有其存在的价值，仅看到私有化的短处而贸然重新国有化，显然不够科学，也过于盲目。

在普京看来，私有化确实引起了一系列问题，可值得一提的是，私有化使俄罗斯初步建立了市场经济的框架，为俄罗斯的市场经济奠定了基础，这一点必须承认。普京认为，俄罗斯不能再改变现已存在的经济模式，擅自更改的话可能会引起新问题，甚至会付出比实行私有制还要大的代价，从而使经济彻底崩溃。

现阶段，俄罗斯的经济正处于脆弱阶段，经不起大规模的整改，只能在原有的基础上逐渐完善。私有化的很多弊端，其实都可以通过后天政策去弥补。故此，普京在实行了一系列整改的措施之后，使得私有企业、国有企业的生产效率大大提高了，对企业的内部整改也使得市场逐渐规范化。是时，私有化弊端所引起的漏洞正被一点点地修复。

“普大夫”开的第四味药，是建立有效的财政金融体系。

俄罗斯在转变经济体制的同时，国家的财政体制也随之发生了变化，财政体制的改变，也使预算体制及税收体制发生了改变。

“简化税种，降低税率，扩大税基”，这是普京为应对国家财政体制所出现的问题而实行的措施。其实，这个观点是由切尔诺梅尔金担任政府总理的时候提出的，或许他当初不会想到，他的这个建议真正实施起来却是在普京担任总统之时。

俄罗斯财政存在着两个很重大的问题，一个是俄罗斯过重的企业税收，另一个是政府政策实施困难。当时，俄罗斯的税收很重，企业要上交的税收将近占企业利润的70%，税收过重，人民的生活水平自然不会提高。而造成政府政策落实困难的主要原因则是国家预算接连赤字，资金不到位，即便政府有一个好政策，也很难实施起来。

正是意识到了这个问题的严重性，普京才决定实行“简化税种，降低税率，扩大税基”的政策。很快，政府出台了新的《税法典》，这部新法律很快投入使用，一如普京说的那样——“简化税种”。

此前，俄罗斯共有两百多种税种，经过调整缩减，税种变成28种。不仅税种减少了，税率也相应降低了。增值税从原来的20%调整为15%，企业利润税也下降了5个百分点。个人收入税也从原来的累计税改成了固定的13%。

普京实施的这项新政策很快就有了成效，税率降低了，税收状况也大大改善，偷税漏税的现象得到了缓解，政府的预算甚至出现了盈余。这的确让俄罗斯阴霾的天空出现了一丝亮光。

“普大夫”开的第五味药，是发展对外贸易，同世界经济接轨。

由于俄罗斯之前的经济状况十分糟糕，政府的预算经常赤字，为了使国家正常运行，在迫不得已之下借贷了大量外债。面对数额庞大的外债，普京也有点头疼了，这件事实在太棘手。

当然，纵使叶利钦政府留下了天文数字般的外债，可这并不意味着要放弃吸引外资来俄罗斯的做法。大额外债让普京不得不减少俄罗斯经济上对外国的依赖，但减少不是放弃，他甚至提出了要与外资一同建设俄罗斯新经济的大胆建议。

引进外资，不仅可让俄罗斯有发展经济的后续力，同时也提供了大量就业机会，还能为俄罗斯带来了大量外国先进的科学技术以及管理理念，这些恰恰是俄罗斯真正缺少的东西。不过，有人担心引进外资会使俄罗斯的国内资本偏离主导地位，其实这个担心是完全没有必要的。因为引进的外资只占俄罗斯国民经济总投资的1/10，国内资本依旧是俄罗斯市场的主导力量。

普京指出，过去的外资引进存在缺陷，之前引进的外资大多都用于重工业，而要想振兴俄罗斯的经济，所引进的外资当中必须增加直接投资的比重，并且增加对非能源部门的投资比重，尤其要关注高新技术产业，加重对其投资。

为了振兴俄罗斯的经济，普京就对外经贸政策提出了几点基本方针。他说，要积极支持俄罗斯企业对外贸易，坚决抵制国际上不公平的抵制俄罗斯的行为，以加入世界贸易组织为当前的主要目标，要尽快实现与世界经济的一体化。

不仅如此，他还针对这几点基本方针又制定了一系列政策，例如，实行进口替代和出口替代政策，调整进出口商品的结构；发展军工综合体，扩大军火出口；营建国际运输走廊，发展国际铁路运输；加强与独联体国家的经贸合作；对外关系贯彻国家利益优先的原则；使外流资金返回俄罗斯等。

“普大夫”开的第六味药，是关注社会问题。

普京曾经说过要造福人民，要让人民过上好日子。他确实把这句话当成接下来的奋斗目标，普京改变了以往的收入分配方式，实行以按要素分配与按劳分配有机结合的分配原则，提高了人民的收入水平。他十分关心俄罗斯人民的生活水平，推出了一系列福利政策。人民的生活有了保障，国家也逐渐趋于安定。

“普大夫”开的这几味药确实行之有效，甚至立竿见影，俄罗斯的经济状况在药力的作用下逐渐好转了。

从普京执掌大权开始，俄罗斯的经济就出现了增长的势头，这些数据最能说明问题——从 2000 年到 2004 年，俄罗斯的 GDP 增长比例分别是 8.3%、5.4%、4.3%、7.3%、7.1%。要知道，每一年的增长比率都以上一年作为基础，这就表明俄罗斯经济增长点始终保持上扬的态势。

俄罗斯经济状况有了重大转变，这对俄罗斯人民来讲的确是一件天大的好事，经济的增长也直接影响了俄罗斯人民的生活水平。普京执政的几年中，民众的生活随着 GDP 的逐渐增长而水涨船高，政府不仅补发了之前一直拖欠的工资、退休金、军人津贴，还在原来的基础上提高了 40% 以上。

看来，普京的确是一位名副其实的“救国良医”。

磨刀霍霍向寡头

无能的人在面对危机时选择委曲求全，聪明的人则会独善其身，而一代豪杰呢？作为俄罗斯这艘航母的领航人，普京不能委曲求全，更不能独善其身，只能像英雄一样去战斗，去救人民于危难。

俄罗斯刚刚成立初期，叶利钦大力推行私有化，原有的公有化结构被迅速瓦解。如此大规模、快速、彻底地转换国家的社会结构，这所带来的负面影响可想而知。就在叶利钦大力推行私有化的短短的几个月里，少数的寡头家族迅速地壮大起来，他们以让人难以想象的速度，从一个地方财主瞬间成为了富可敌国的土豪，财权皆得的寡头们气焰十分嚣张。

那些在短时间里迅速致富的暴发户们，每到假期常常选择出国游玩。欧洲的豪华别墅里有他们慵懒的身影，法国巴黎街头有他们散漫的脚步，国外的奢侈场所是他们常出入的地带。即便是偶尔打打球，球场的四周都会安排上武装的警卫，他们任意地挥霍自己搜刮来的资本。而这些资本中的一大部分，其实都是国家财产。

有人曾经给出这样一组数据，在俄罗斯，这些土财主们的人数还不到1500人，只占俄罗斯总人口的十万分之一，可他们却占有俄罗斯一半以上的财产。85%的俄罗斯人只能支配俄罗斯总资产的7%，其中25%的俄罗斯人甚至连基本的生活都无法保障。

“朱门酒肉臭，路有冻死骨。”千百年前，中国的诗圣杜甫就曾描述过贫富差距如此悬殊的社会情境，用这两句话形容当时的俄罗斯再合适不过了。贫富差距巨大是造成俄罗斯社会不安定的主要原因之一。寡头们的奢侈生活让普京痛恨，而穷苦人民的凄苦也让他揪心。构建一个平等的社会，成了普京心中最重要的事情之一。

要想构建一个平等的世界，就要扫平那些阻碍因素，清除寡头无疑是首要任务。

普京曾说，可以让他们赚钱，但不能让他们搅和政治。让普京下定决心将那些寡头们扫除干净的主要原因，便是寡头们日益增长的欲望。当金钱已经满足不了寡头们的贪婪之后，他们就开始染指了权政。

其实，寡头家族参与政治的现实在俄罗斯已存在了很长一段时间。俄罗斯刚成立时，法律的建设还存在着很多不足，正是这些法律漏洞让一众黑心商人觅得了可乘之机。他们利用一些不合理的手段迅速地壮大了起来，壮大之后，他们开始借助贿赂、赞助等方式接近政治高层，无所不用其极，严重地扰乱了俄罗斯政坛。

别列佐夫斯基是当时的寡头之一，当时俄罗斯的民间曾有这样一种说法，“别列佐夫斯基在俄罗斯政府和总统办公厅开了职业介绍所”，意思很直白，想要在政府担任重要职位，就必须要经过别列佐夫斯基的同意。虽然这只是民间的一种说法，但也足以看出寡头握有的权力之大，操纵范围之广。

普京与叶利钦不同，他明白这些寡头们的居心，也清楚继续让他们为所欲为的后果有多严重。因此在参加总统竞选的时候，他就刻意地与寡头们保持距离。

吃人嘴短，拿人手短。正因普京与寡头们有意疏远，所以之后在清除毒瘤时才能不遗余力，彻底斩草除根。

有钱能使鬼推磨。在寡头们的心中，没有钱办不到的事情，至于是谁当总统，他们一点都不在意。他们还打算在这位新总统执政时期再大捞特捞一笔，甚至还打起了普京的主意，妄想进一步地控制政府，控制普京。

显然，他们的想法太单纯了，普京毕竟不是叶利钦，他也不会像叶利钦那样与寡头们合作，并且维护寡头们的利益。上任之后，普京立刻与寡头们划清了界限。

普京清楚，俄罗斯财政的窘况与寡头们的“不作为”有一定关联。更重要的是，寡头们只为私利，无有造福之心，这是普京绝不能容忍的，在他领导下的俄罗斯，只允许人民当家作主，至于寡头，必须要将其“宰割”。

给寡头“剃头”

普京担任总统之后不久，便将俄罗斯最具影响力的土豪们召集在一起，他此举的目的，是希望与他们做一个交易。

普京以不去追究土豪们获得金钱的途径为条件，希望他们能不再干涉国家政治、扰乱政权。这一点并不过分，毕竟寡头们最认的还是金钱，因此普京的这桩买卖做得很成功，也很有成效，一些寡头接受了普京的提议，默默地赚钱，退出了政坛。

当然，接受交易的并不是所有人，仍有部分寡头拒绝了，因赚钱已经不是他们的目的了，他们要的是权力。普京知道他们在打什么小算盘，面对他们的挑衅，普京决定迎击。只是，还未等总统出击，寡头们就沉不住气了，第一个向普京挑衅的就是鲍里斯·阿布拉莫维奇·别列佐夫斯基。

别列佐夫斯基家底雄厚，加上又是国家杜马成员，经常出入克里姆林宫，因此自认为还有些人脉。在普京竞选总统时，他曾利用手下的媒体为其拉票，故而更觉普京能当选总统，他实在功不可没。有了这一层关系，他便料想普京不敢动他。同时，普京出任总统时间不长，他就更不把普京放在眼里了。

当时，为了提高政府的工作效率，普京决定在政府内部实行垂直领导，下级部门直接由上级同类型的部门指挥，这样做可以大大地缩减下级部门的工作时间，工作效率自然就提高了。

丝毫不将普京放在眼里的别列佐夫斯基却不这样认为，他决定给普京一点颜色看看。他写了一份公开信给普京，信中谴责普京这样的做法是在分裂俄罗斯，他还四处发表言论，宣传普京是分裂俄罗斯的分裂党。不仅如此，他还成立了反对派，正式向普京宣战。

正因别列佐夫斯基的挑衅，才让普京下定决心要铲除这些寡头们。寡头们的嚣张气焰多留一日，俄罗斯就多一分危险。铲除寡头，不是未来式，而是现在进行式。

2000 年 11 月的一天，别列佐夫斯基接到了俄罗斯总检察院的传讯，他被指控利用瑞士的两家银行洗钱，将俄罗斯航空公司在国外的几亿美元全都占为己有。

别列佐夫斯基与叶利钦私交甚好，而俄罗斯航空公司的老板是叶利钦的女婿奥古寥夫。普京知道，要是继续深究下去，势必会牵连到叶利钦及其家人，这是他最不愿意看到的。

在打击别列佐夫斯基的时候，普京特地约见了叶利钦，向他征询意见。叶利钦认为普京打击寡头的做法是正确的，他愿意支持普京。得到叶利钦的支持，普京便放开了手脚。

接到检察院传讯的别列佐夫斯基当时正在国外，面对传讯，他丝毫未有任何紧张感，凭借自己在俄罗斯的人脉关系以及政治影响力，居然公然拒绝检察院的传讯。不仅如此，他还向媒体透露，他利用俄罗斯洗的黑钱，全部都用在组建“团结联盟”竞选联盟以及普京竞选俄罗斯总统之上。别列佐夫斯基倒打一耙，以为这样就可以为普京增加负面新闻，迫使他放弃继续与自己较量。

普京岂是那种会向恶势力低头的软弱角色？面对别列佐夫斯基的污蔑，他继续向其施加压力。别列佐夫斯基一直躲在国外不肯回国，可这并不意味着他就能逃掉法律的制裁。没过多久，联邦司法部门依法将别列佐夫斯基在俄罗斯的所有家产全部冻结，他被赶出了俄罗斯。

彼时，别列佐夫斯基在俄罗斯已经没有了立身之地，面对洗钱、贪污、金融诈骗等多项罪名，他只好移民英国，向英国政府寻求政治庇护。

流亡在外的别列佐夫斯基生活过得并不如意，债务缠身的他只得变卖家产，眼见自己的财富逐渐流逝，他心痛不已。2013 年 3 月 23 日，这位前俄罗斯金融大亨死在了他伦敦附近的寓所内。

清理寡头的第一枪已经打响了，面对那些执迷不悟的寡头们，普京自然会毫不留情地予以惩罚。

当普京接二连三地打垮了几个寡头之后，其他寡头纷纷表示服从，再也不敢惹是生非，比如弗拉基米尔·波塔宁。

作为俄罗斯矿业巨头、媒体大王波塔宁自然也是普京打击的对象，他当时之所以没有像别列佐夫斯基那样悲惨的下场，是因为他几番思索之后决定弃暗投明，选择站在普京的阵营当中。

当时，在俄罗斯另一位媒体巨头——弗拉基米尔·古辛斯基被逮捕之后，俄罗斯检察院对波塔宁拥有的诺里尔斯克镍矿冶公司的合理私有化提出了质疑。经估计，诺里尔斯克镍矿冶公司价值3.1亿美元，但波塔宁却仅仅用1.7亿美元的价格将该公司收入囊中，其中存在1.4亿美元的差价。此外，波塔宁曾担任过政府副总理，曾有人举报说他利用自己的职务之便，非法收购诺里尔斯克镍矿冶公司。当时看来，形势对波塔宁十分不利。

波塔宁知道普京打击寡头的力度非常大，他害怕自己也会被打击。其后，他一面向外争辩自己并没有非法收购，一面命人将那1.4亿美元的差价补上。可即便如此，他仍然害怕普京会继续打击他，为了表明自己的合作态度，他积极响应普京"对社会多做贡献"的号召，成立了慈善基金会。波塔宁还曾经在媒体上委婉地表示支持普京打击寡头的行动。毫无疑问，这才是明智之举。

普京打击寡头的行动，本是要肃清俄罗斯政坛，不让国有的变为私有，可他的做法却受到多方的谴责。由于与叶利钦家族交好的别列佐夫斯基、霍多尔科夫被起诉拘捕，这大大影响了叶利钦家族的势力，也使叶利钦家族对普京的做法颇为不满。虽说叶利钦本人支持他的做法，可这毕竟涉及家族的利益，不是叶利钦一人可承担的。好在普京顶住了压力，且借机彻底扫除克里姆林宫内叶利钦的亲信以及其余的寡头势力，这也让其亲信们有了更多安插的位置。显而易见，这不单单是一场为寡头剃头的战争，更是一场普京夺取更多权力的战争。

对寡头们飞扬跋扈的气焰早已怨声四起的俄罗斯人民，更多地站在了普京身边，他惩治寡头的行动实在是一件大快人心的好事。普京不仅消除了一个心头大患，还因此获得了更多人民的支持，他的政权也因此得以巩固。

普京这次惩治行动，拔出了一大批寡头势力，这即是惩治寡头的另一个好处——使得中央对地方的控制力度得到了加强。在地方政府中，25%的官员都与寡头们有着这样或者那样的联系，这也是之前地方不受中央控制的另一个原因。

给寡头剃完头的普京，重整旗鼓，带领着俄罗斯以崭新的面貌向未来进发。

10

糟心的日子咬紧牙关

“库尔斯克”的沉没

普京自上任以来，尽管一路坎坷多不平静，但都不算大风大浪，然而，就在他上任几个月之后，一次他从政生涯中最为严重的事故发生了，这就是“库尔斯克”沉没事件。

“库尔斯克”号是俄罗斯海军奥斯卡级巡航导弹核潜艇。潜艇长 154 米，宽 18.2 米，吃水 9 米，排水量达 1.39 万吨，由俄罗斯“红宝石”设计局设计、北德文斯克造船厂制造，需两个核反应堆提供动力，可续航 120 天，最大潜水深度为 300 米。

在水面，它的航行速度在 19 节以上；在水下，它的航行速度可达 28 节。这艘由俄罗斯顶级武器设计局设计，并由世界上最大的潜艇生产商生产的潜艇，被称为世界武器最强、吨位最大的巡航导弹核潜艇，“库尔斯克”号可以说是俄罗斯海军的王牌潜艇。

“库尔斯克”号是俄罗斯当时最新的战略核潜艇之一，尽管是战略核潜艇，但其也配备了相当有威慑力的武器装置。“红宝石”设计局为“库尔斯克”号设计了“花岗岩”的导弹发射装置，同时为它配备了24枚新型的超音速反舰巡航导弹。“库尔斯克”号的主要任务就是攻击外来的航空母舰，正因如此，它被俄罗斯的媒体称为“航空母舰终结者”。

一个好的潜艇，当然要为它准备最好的指挥官，根纳季·利亚钦是当时“库尔斯克”号的船长。45岁的利亚钦上校是一位有着丰富指挥经验的潜艇指挥家，同时他也是对潜艇十分有研究的潜艇专家。由于他每次都能出色地完成任务，所以俄罗斯军方曾多次对他予以嘉奖。

1994年5月，“库尔斯克”号初次下水，于次年1月正式在俄罗斯北方舰队服役。1999年10月，“库尔斯克”号出色地完成了在大西洋上的任务，俄罗斯海军司令库奥多夫就曾经高度夸奖了“库尔斯克”号潜艇上的船员们，赞誉他们是俄罗斯海军最为优秀的部队，是俄罗斯海军潜艇部队的精华。

可是，就是这么一个精英部队，却在2000年8月12日发生了意外。

那天，俄罗斯海军正在巴伦支海进行军事演习，大概在下午3点左右，参与演习的“库尔斯克”号突然不见了，指挥舰搜索不到“库尔斯克”号的信号，与其失去了联系。当时，军方并没有对此予以特别的关注，他们认为这艘装备精良的“航空母舰终结者”或许只是出现了小小的意外。

当他们对“库尔斯克”号突然消失真正予以关注时，已是当天夜里了。是时，还在巴伦支海这片海域继续进行军事演习的船只、潜艇上的船员们突然听见轰轰的爆炸声，可并没有船只潜艇发射导弹，也没有船只潜艇受到攻击，那么爆炸声是从哪儿来的呢？

有人猜测，这可能是从消失的“库尔斯克”号上传来的。起初船员们都认为这是“库尔斯克”号在发射鱼雷导弹，但爆炸声接连不断，众人也越听越不对劲儿，因那声音听上去似乎不是发射导弹的声音，而是船体爆炸的声音！

“库尔斯克”号作为俄罗斯海军最新型的战略核潜艇之一，也是世界上最大的核潜艇之一，它的地位不仅在俄罗斯，乃至在世界上也是数一数二的，这么一艘重要的核潜艇却发生爆炸，任何人听了都会大吃一惊。

“库尔斯克”号在水下发生意外，当时在指挥舰上的官员们都万分焦急，潜艇出事的消息很快被传入了克里姆林宫。

“库尔斯克”号的沉没，对于俄罗斯来说是一件沉痛的事，也是对时任总统的普京的一次考验，这件事必须妥善处理，稍有不慎就会对他接下来的执政产生极为不利的影响。

8 月 13 日中午，指挥舰依然没能与“库尔斯克”号取得联系，这可急坏了当时在场的所有人。事态已经发展到十分严重的阶段了，“库尔斯克”号隶属的俄罗斯北海舰队的司令——维亚切斯拉夫·波波夫也意识到事件的严重性，他立即向俄罗斯海军总司令部发了一份电报，向总司令部汇报了这件事情，之后立刻带着众多搜寻船只亲自前去搜索。

8 月 14 日，他们仍然没有搜寻到“库尔斯克”号的身影。当天，俄罗斯海军总司令——弗拉基米尔·伊万诺维奇·库罗耶多夫，向正在度假的普京报告了这件事故的经过和当前的搜救情况。普京原本轻松度假的心情一下子变得沉重起来。他向库罗耶多夫仔细询问了事件发展的情况，并且告诉库罗耶多夫一定要抢救“库尔斯克”号上的船员，所有人要不遗余力地投入到搜救工作当中。

彼时，距离“库尔斯克”号失联已经过去3天的时间了，早已过了搜救的黄金48小时，事情的严重程度也再度被提高。“库尔斯克”号仍然不见踪影，潜艇上的船员们生死未卜，他们的家人悲痛欲绝，已经做好了最坏的打算。即便如此，他们还是没有放弃，一直在祈祷“库尔斯克”号上的人能平安无事，希望这一切都只是一场虚惊。

8月15日，巴伦支海上已经有将近30艘事故救援船以及水面战舰，还有大量潜艇也参与到了这次搜救行动当中。人们都在焦急地寻找着，“库尔斯克”号到底在哪儿？

一些参与“库尔斯克”号设计制造的专家学者们纷纷从大陆赶到这里，他们是最了解“库尔斯克”号的人，或许通过他们可以更精确地找到潜艇的位置。所有人都在努力着，都希望能尽快找到潜艇，抢救船上的人员。

水下救援人员做着救援前的最后准备，俄罗斯北海舰队司令维亚切斯拉夫·波波夫亲自指挥搜救工作。就在搜救工作紧张进行后不久，原本晴朗的天气瞬间乌云密布，狂风肆虐，暴雨如注，平静的海面也波澜四起。一层层席卷而来的滔天巨浪让船只失去了平衡，许多救援船的锚索都被拍断了，船身也随着波浪摇摇晃晃。

海面上波涛汹涌，但海面下仍然风平浪静，恶劣天气对在水下工作的“普里兹”号影响并不大。只是，“普里兹”号需要跟发生事故的潜艇的紧急舱口对接，因此天气原因还是让这项工作进展得很慢。

在天气晴朗，海面平静且海底水流不大的情况下，潜艇能保持好自身的稳定性，在这一前提卜才能顺利进行接下来的工作。而此时环境恶劣且海面波动大，船身很难保持平衡，在不断颠簸当中，原本简单的对接任务，此时也变得十分困难了。几次尝试性对接，最终都以失败告终。

所有人都很关心“库尔斯克”号的营救工作，总统普京自然更为关心，尽管他还处在休假状态，但他仍然不忘看副总理克列巴诺夫提交上来的关于营救工作的报告。

8 月 16 日，天气环境依旧严峻，“普里兹”号仍然无法与发生事故的救生舱口对接。俄罗斯方面又派出了“别斯特尔”号一同参与营救行动。“普里兹”号与“别斯特尔”号尝试了很多种方法，但在恶劣的环境中皆以失败告终。

时间就是生命，每拖一秒钟，“库尔斯克”号上的船员们的生命就多一分危险。事实上，众人都知道他们生还的希望很渺茫，但大家都不愿意放弃，都在等待着一个奇迹的出现。

在俄罗斯军方进行紧张地搜救活动时，俄罗斯媒体也对这一件事进行了大量报道，一时间各大报纸的头条新闻都是关于“库尔斯克”号的营救工作。对于那些别有用心的人来说，“库尔斯克”号沉没事件无疑是一个打击俄罗斯政府及普京的绝好机会，转瞬间，对俄罗斯政府及总统普京的指责与谣言扑面而来。

《共青团真理报》上说：“没有任何营救工作。”《今日报》说：“第六天才开始积极地进行救援行动。”甚至有人谣传说，是

“‘彼得大帝’号发射超级导弹将潜艇击沉的。”西方媒体也看准了时机，加入到这场指责声中。

外界关注救援行动进展的心情是可以理解的，来自救援现场的报道也是无可指责的，但俄罗斯媒体以及西方媒体的虚假报道和胡乱的指责，其实并不是在批评政府及政府官员，而是对救援行动的亵渎，这种幸灾乐祸的心态极其不道德。

流言肆虐，丝毫不影响真正的事实，媒体的非议并没有左右救援行动的走向，遇难亲属的期盼、其他民众的关心，这都是奋斗在救援前线的工作人员始终坚持不放弃的动力。

悲伤之日

任何真相被多次扭曲后，都会被掩埋在谣言之下，但迟早会水落石出。一如导致“库尔斯克”号沉没的真正原因是燃料的泄漏。

2000 年 8 月 12 日，“库尔斯克”号与其他潜艇船只一同在巴伦支海上进行军事演习。当时“库尔斯克”号上的船员正准备发射鱼雷，但这枚鱼雷上出现了一个小裂痕，当时没有人发现这个漏洞，故此，鱼雷中的易燃物质——过氧化氢就通过裂痕漏了出来，这枚鱼雷在炮筒中发生了爆炸。

鱼雷在爆炸的瞬间产生了巨大能量，这使得潜艇隔舱内的温度一下飙升到 2000℃到 3000℃，而如此高温，也引起了潜艇内其余鱼雷发生二次爆炸。

每一枚鱼雷中含有大约 1000 升过氧化氢，过氧化氢非常容易氧化，而在它氧化的过程中会释放出大量热量。过氧化氢属于易燃物质，当温度升高时，很容易发生反应。这么多鱼雷堆放在一起，自然十分危险。其实，像“库尔斯克”号这样因燃料泄漏而沉没的事件已不是首例了，但为什么没有引起俄罗斯军方的注意呢？

之前俄罗斯经济长期处于崩溃边缘，国家实在拿不出太多资金投入到海军武装之上。没有足够的财力支持，一些辅助练习就没办法进行，海军在物质与技术上都很难得到保障。正因为如此，才会有像“库尔斯克”号一样的悲剧发生。

流言肆虐之时，“库尔斯克”号的救助工作还在紧张地进行当中。已经过了3天了，相关专家对“库尔斯克”号的救援工作做了最坏的打算，毕竟这么多天过去了，那些在水下的船员们就算水性再好，也不可能存活这么长时间，很多专家猜测，他们大概都遇难了，即便有可能存活，这样的机会也微乎其微。

救援形势不容乐观，世界各国对“库尔斯克”号沉没事件都予以了极大的关注。巴伦支海附近的国家都已经整装待发，随时准备赶往救援现场。

普京明白，救援不是俄罗斯一国的事，现在最重要的是尽快解救困在“库尔斯克”号上的士兵们，他果断地决定，向挪威、英国寻求帮助。这两个外援其实也早就做好了准备，立即赶往救援前线。与此同时，俄罗斯又派官员去比利时的首都布鲁塞尔，与当地的专家一同商量对策，探讨救援的技术问题。

救出“库尔斯克”号上船员的念头在普京心中占据着重要位置，他期望着仍有生还者出现。他命令海军总司令库罗耶多夫以及副总理克列巴诺夫赶往救援前线，让他们亲自参与救援行动。尽管希望渺茫，但只要仍有一丝希望，就不应放弃。

经过两天时间，挪威、英国的救援人员终于在8月17日抵达巴伦支海。而此时，距离“库尔斯克”号沉没已过了5天时间。俄罗斯北方舰队总参谋长向外界宣布了一条坏消息：‘库尔斯克’号中大部分的密封舱都已经渗水了，‘库尔斯克’号上的船员们恐怕都已经遇难了。尽管大家似乎已猜到了事情的结果，但当有人把真相说出来之后，众人的心一下就跌进了万丈深渊。人们都在祈祷着奇迹出现，可这样的奇迹实在太难发生。

普京曾对所有参与救援的人说：我们努力抢救‘库尔斯克’号上的被困船员，不到最后一刻决不放弃。或许，正是普京的这份信念，才让众人相信奇迹会出现。

8月20日，挪威救援队的水下探测机终于找到了“库尔斯克”号。从水下探测机上配备的摄像头传来的资料来看，“库尔斯克”号的逃生舱已经严重损坏了。英国派出LR5救生潜艇，希望能与“库尔斯克”号对接上，但“库尔斯克”号破损太严重，救生潜艇也无计可施。

在“库尔斯克”号破损严重的前提下，机器无法发挥作用，没有办法，挪威救援队只能派出深海潜水员先去手动打开“库尔斯克”号的舱门。临危受命，深海潜水员们经过不懈努力，终于在21日上午9点打开了“库尔斯克”号的舱门。打开舱门的那一瞬间，所有的期盼全都化为泡影。展现在救援人员眼前的是所有人都不愿意看到的情景，海水已经注满了“库尔斯克”号，潜艇上的118名船员无一生还。

救援的任务是抢救被困在“库尔斯克”号内的船员，现在船上所有船员全部遇难，那么再继续进行救援行动也就没有太大意义了。挪威救援队的负责人找到俄罗斯北方舰队司令波波夫，与其商量，表示是否要停止救援行动。俄罗斯方面不这样认为，尽管人已经不在了，但他们不能继续留在那里，他们应该被葬在自己的祖国。如此，俄罗斯方面请求挪威救援队继续协助打捞船员尸体的工作。

独联体国家元首峰会在“库尔斯克”号遇难之后不久如期召开，但普京满心都是“库尔斯克”号的救援问题，他匆匆结束了会议，连夜赶回莫斯科，召见了参与救援行动人员，听取了他们的工作汇报。

普京知道自己并不擅长救援工作的指挥，所以未曾对此指手画脚，但他一直都关注着救援工作的进展。直到救援工作结束，他才开始亲自处理“库尔斯克”号的相关工作。

救援工作已经告一段落，接下来就是安抚遇难人员的家属了，普京全程参与了善后工作。

8 月22 日，普京早早地来到了“库尔斯克”号船长根纳季·利亚钦的家中。作为俄罗斯的高级军官，利亚钦的家却并不华丽，反而略显简陋。

当普京一来到利亚钦的家中时，悲痛之情满溢于胸，他握着利亚钦的妻子——利亚钦娜的手，眼中满是泪水，他说俄罗斯不会忘记她的丈夫，根纳季·利亚钦是俄罗斯的英雄，而英雄的名字是不会被遗忘的，连同他的家人也一样，只要有困难，政府必然全力以赴。

高高在上的总统，此时正亲切地安慰自己，叶利钦娜此时颇受感动，依然沉浸在丧夫之痛中的她，在总统的安慰下，稍稍平复了悲丧情绪，心中满是因丈夫而生出的自豪感。

而后，普京带着叶利钦娜在几名警卫的护送下来到了俄罗斯的“军官之家”。原本只能容纳 65 人的军人之家，此时却有将近

1000人在这里等候，他们都是这次因“库尔斯克”号遇难的船员的家属，因知道普京总统将会来这里，所以他们都来了。

普京丝毫没有总统的架子，一改往常严肃之状，亲切温和，耐心地回答所有人的提问，即便是已经回答过好几遍的问题，他依旧耐心作答。

毋庸置疑，此时聚在“军官之家”中的都是可怜人，他们都失去了自己最亲近的人，大厅中弥漫着悲伤的气息，有人低声抽泣，有人嚎啕大哭，眼泪是这里最不缺少的东西。普京也像他们一样，如巨石压心一般，但他明白自己此行的目的是来安慰他们的，所以他一直都在控制自己，压抑自己的悲痛，而他眼中的泪水，也已说明了他当时的悲痛之情。

彼时，普京不是以一个高高在上的国家元首的身份与这些遇难家属交谈，是以一个普通俄罗斯民众的身份来这里安慰他们，希望一颗颗受伤的心暂获慰藉。

这次会面并没有在电视中转播，普京不希望这一场充满人情味的见面被人误以为是一场作秀，他清楚自己的任务是安抚遇难家属的情绪，不是将他们的悲痛当成提升自己政治影响力的工具。所有遇难家属都从普京的行动中看到了他的诚意，也感受到了他的悲痛，没人再继续抱怨政府的失误。

普京在这次见面会上称，所有牺牲的舰员都是俄罗斯的英雄，所有俄罗斯人都应该以他们为荣，他同时向遇难家属表示歉意，并向他们保证，国家将会妥善处理好事后工作，并且将在最大程度上满足所有遇难家属提出来的合理请求。他批评了一些俄罗斯媒体在“库尔斯克”号事件上的虚假报道，认为所有不实的报道都是对遇难舰员的侮辱。

这场见面会持续了 3 个小时，这是谁都没有料想到的。见面会上没有出现媒体工作者期望出现的粗鲁言行的情形，而是普京及所有遇难家属们的真情流露，没有一点虚假，没有一点做作。

普京的出现，在一定程度上平复了遇难家属们悲痛的情绪，且起到了很好的效果。次日，关于遇难家属情绪缓和的事情登上了各大新闻版的头条。《消息报》、《今日报》等等纷纷对此发表盛赞普京的言论，说他是一名出色的心理治疗师，对其在此次事件中的表现挑起大拇指。

突发事件是考验一位领导者称职与否的关键，普京在此次事件中的举动不容置喙，他真诚、负责、敢于承担，俄罗斯有这样的人领航，实为幸事。

别斯兰事件

“库尔斯克”号的沉没，无疑是普京执政生涯中的一次重大事件，而在其从政以来，还有一个事不得不提，那一样是一件考验普京的大事——别斯兰人质事件。

“我在这里出生、长大，我热爱这片土地，可你们为何在我的床头摆上蜡烛，让蜡滴在我的嘴唇上凝聚，我多么想读书啊，请不要对我扣动扳机!!”这是题在别斯兰第一学校体育馆断壁上的诗句。从这首《别斯兰，鲜花也为你哭泣》中可以真切地体会到人们心中的悲痛。

在别斯兰人质事件中，共有 1200 多人被劫持，他们大多都是未成年的学生，还有学校的老师、学生的家长。这次事件中共有 958 人受伤，其中 639 人还是未成年的学生，123 人因此落下了残疾，26 名学生在这次事件中失去了自己的双亲，成了孤儿。

车臣非法武装以及受指示的雇佣兵，在这次事件中对少年儿童大开杀戒，此次别斯兰人质劫持事件也开了向社会最弱势群体残杀的先例，这是世界历史中无法抹去的黑暗。别斯兰人质事件堪称人类历史上最残暴、劫持人数最多、影响最为恶劣的人质劫持事件之一。那么，这一切是怎么发生的呢？

2004 年 9 月 1 日，这天，俄罗斯北奥赛梯共和国别斯兰市第一中学刚刚开学，就在全体师生及学生家长参加学校举办的开学典礼时，一伙不速之客闯进了学校。当时，参加开学典礼的 1200 多人，包括师生及家长都被这些不法分子劫持了。学校的体育馆里早就被劫匪安装了炸弹，体育馆周围也一样危机重重。

这次恐怖袭击是事先精心预谋的。

别斯兰第一中学为了迎接新生，在开学前两个月对学校进行了一次维修，这帮恐怖分子趁着这次维修，将大批爆炸物以及武器混进了建筑材料之中，而这批建筑材料又被送进了第一中学。

恐怖分子还伪装成建筑工人，将这批做过手脚的建筑材料偷偷藏在了学校体育馆的地下室。一切准备就绪，就等学校开学。于是，他们在开学典礼上，趁着大批学生聚集之际开始了劫持行动。

这批恐怖分子是普京当年打击的车臣非法武装分子，他们与普京之间的恩怨不是三言两语就能说完的，他们对普京当年在车臣的所作所为记忆犹新。因此说，这也算是恐怖分子对普京的报复。

人质在这帮穷凶极恶的恐怖分子手中，情况自然万分危急，他们甚至会因要实施对普京的报复而随时杀掉人质。

车臣非法武装分子选择在这一时间劫持人质是有原因的，一方面，这时是学校开学的日子，学生较为集中，较容易劫持，而被劫持的人越多，对政府的威胁也就越大。另一方面，当时普京正在度假，选择在这一时间劫持人质，正好可令其措手不及。

俄罗斯政府在第一时间将这次恐怖袭击事件报告给了正在黑海度假的普京。一听到这个消息，普京马上结束休假，急忙坐飞机赶回莫斯科。他对此心知肚明，知道这是车臣非法武装力量对自己的报复行动，也明白这次人质的处境很危险。

8 月 24 日，俄罗斯两架民航客机遭受恐怖袭击，几乎同时爆炸；8 月 31 日，俄罗斯街头发生了自杀式的恐怖爆炸；而这一次，恐怖分子将目标锁定在了无辜的学生身上。

9 月 1 日 11 点 30 分，恐怖分子扔出纸条，首次提出了自己的条件，他们要求俄罗斯将驻扎在车臣的武装力量全部撤出，并且释放在 6 月被抓捕的同伴。不仅如此，他们还要求印古什总统贾济科夫·穆拉特·马戈缅多维奇、北奥赛梯的总统扎索霍夫及 71 岁的俄罗斯儿科医生列昂尼德·罗沙利教授一同来到别斯兰。

当接到俄罗斯国际文传电讯社的电话时，罗沙利才清楚一幕惨剧正在别斯兰上演，可他毫无畏惧，虽然与这些穷凶极恶的恐怖分子接触十分危险，可仍然执意前往。事实上，罗沙利早在 2002 年 10 月时便与恐怖分子打过交道，当时莫斯科轴承厂文化宫也发生了劫持人质事件，罗沙利在场，正是源自他的勇敢、机智，才使得恐怖分子接受了外界的物资供给，同时同意释放 8 名儿童，甚至于，他还曾与另一名约旦医生治疗了一名恐怖分子的腕伤。或许，正因罗沙利对任何人都无微不至，恐怖分子才会要求他前去别斯兰。

恐怖分子将未成年的学生当成人质来要求政府满足自己的政治目的，是极不人道的行为，这引起了世界各国人民的关注，在此非常时刻，所有人的目光都聚焦于俄罗斯总统普京身上，看这位铁腕总统将会如何处理这次事件。

普京了解事态的严重程度，他做的第一件事情就是命令北奥赛梯的警察加强警备，并派遣了很多兵力以维持当时的秩序。为了防止恐怖分子在其他城市继续进行恐怖袭击，各大城市都增加了警力，所有城市的交通工具都被严格地检查，所有进出人员都会被严格盘问。

正午时分，北奥赛梯的总统来到了现场，以扎索霍夫为首的解决人质指挥部联系上了恐怖分子。在双方谈判过程中，约50名儿童趁机从学校逃出。

当日下午1点钟，普京飞抵莫斯科，一下飞机，他就召集了相关领导人开了一次紧急会议，一同协商应对方案。

别斯兰方面也在寻找解决办法。下午两点左右，北奥赛梯的检察长巴塔戈夫及教法解说官瓦尔加托夫打算进入学校与恐怖分子协商，但遭到了恐怖分子的拒绝。下午3点半，恐怖分子释放了15名儿童，一刻钟之后，他们又释放了一名妇女，并让她将一盘录像带和一张纸条带给一直驻守在外面的警察，纸条上写着威胁性的语句，说如果他们有一名同伴被打死，他们将杀死50名儿童作为报复；如有一名同伴受伤，将杀死20名儿童作为报复。

人质劫持事件，是任何一个国家领导者不愿看到的，对当时的普京来说，可谓“屋漏偏逢连夜雨”，“库尔斯克”号事件刚刚平息不久，善后工作仍在继续，却又横生枝节，发生严重的人质劫持事件，硬汉普京会怎样应对呢？

危机抉择

别斯兰恐怖分子劫持人质事件的性质，不单单是恐怖活动，更是对大国的挑衅，是对人民发出的挑战。这场或多或少牵连着普京的事件到底要如何收尾，也能验证普京在面对危机之事时的应变能力。是时，所有人似乎都在等待普京的意思——他要怎么做？

9 月 1 日晚近 7 点钟，普京就别斯兰人质事件向联合国安理会提议召开会议，一同协商解决方案。10 点 50 分，解救人质行动指挥部开通了热线，旨在让受困人员的家属可第一时间了解现场情况，了解亲人安危。在如此紧张情况下，一天过去了，别斯兰第一中学的危险局势仍没有得到缓解。

9 月 2 日凌晨 1 点，罗沙利医生通过电话联系了恐怖分子。在电话中，他一直都在劝导恐怖分子，但这次“电话谈判”在凌晨 3 点时被恐怖分子挂断了。直到 9 月 2 日中午 12 点，谈判人员才通过电话再次联系到了恐怖分子。驻北奥赛梯的俄罗斯联邦安全局官员宣布，将不会采用武力去营救人质。后在印古什总统马戈缅多维奇的劝导之下，恐怖分子释放了 26 名妇女儿童。

9 月 3 日凌晨两点，谈判人员与恐怖分子谈判破裂，他们再次切断了谈判电话。不仅如此，他们还发射了数枚火箭弹示威，在这次示威中，一名警察受伤。6 个小时之后，谈判人员再次与恐怖分子取得了联系。为了保证人质的安全，行动指挥部决定要加强与恐怖分子的联系，以便为人质提供食物及水。

12 点 45 分，行动指挥部与恐怖分子经由磋商，后者同意前者进入学校为死去的人质收尸。紧急情况部的人员，于下午 1 点零5分进入学校向外运送尸体。在此关键时刻，恐怖分子内部发生了冲突，致使学校多处发生爆炸，有些人质打算趁乱逃出学校，这变相激怒了穷凶极恶的恐怖分子，他们举枪向所有准备逃跑的人发起了攻击。在这场混乱中，关押人质的体育场顶棚坍塌下来，很多人被砸伤、砸死。

俄罗斯军方根据现场情况判断，人质的处境十分危险，尽早解决恐怖分子系首要任务。是时，摆在普京面前有两个选择，一个是向恐怖分子发起武装进攻，但在与武装分子火拼的时候可能会误伤到人质，这样反而会扩大人员伤亡的数量；另一个是继续与武装分子僵持、周旋，寻找非武力解决的办法，可这显然需花费更多时间，此时让人质在恐怖分子的手中多待一秒，情况就会更向难以收拾的阶段靠拢。

但是现在不是犹豫不决的时候，普京经过审慎思考，当机立断，决定采取第一种方法——武力解决。

战斗很快打响了，俄罗斯特种部队立即展开行动。这注定是一场惨烈的对战，面对处于有利位置的恐怖分子，俄罗斯特种部队显得相当被动。普京向特种部队下达了紧急行动命令——必须尽快救出人质!

俄军派出了两辆坦克撞翻了学校的围墙，突破口出现了！数十名特种兵从这个突破口冲进学校，一场殊死搏斗就此展开。

一时间，枪鸣声、爆炸声，夹杂着孩子的哭声、尖叫声此起彼伏，场面十分混乱，体育馆也起火了，房子也倒塌了。尽管俄军动用了重型武器，但一直处于弱势的他们依旧占不到一点优势。俄军炸开了体育馆的围墙，在士兵的掩护下，许多人质逃了出来，伤员也被一个个抬了出来送往医院抢救。

终于，经过一个小时的血战，俄军初步控制住了局势，而整场战斗共持续了将近12个小时。虽然有很多恐怖分子被击毙，可仍有不少趁乱逃跑。这次恐怖事件背后的主谋——车臣非法武装力量的头目库拉耶夫，当时趁乱躲在了一辆卡车下面，打算寻机逃跑，但在逃窜的时候被愤怒的民众发现。俄军拦着暴怒的俄罗斯人民才没让库拉耶夫被打死，几经周折，库拉耶夫被送交到政府的手中，等待他的是后半辈子的牢狱生活。

除了库拉耶夫之外，还有其他31名参与这次恐怖事件的武装分子都得到了他们应得的下场。有的被暴怒的民众发现，被群殴致死；有的在与特种部队枪战的时候，被特种兵打死；有的则是自己引爆了身上的炸弹被炸死。

在俄军基本控制住北奥赛梯别斯兰第一学校的局势时，普京亲自到受伤民众所在的医院慰问、探望，他向众人表示，当初俄军并没有打算用武力去解救人质，之所以下令发动攻击，实属无奈之举。的确如此，若普京不当面解释，怕是会让人误认为他不管人质死活，只求搞定恐怖分子。

事后，普京发表讲话，称赞了俄军在危机关头的英勇表现。他还下令封锁格鲁吉亚、北奥赛梯与车臣的边境，严厉打击漏网的恐怖分子。此次恐怖活动以俄军胜利告终。这次恐怖事件中，很多未成年人被害，这对这个素以坚强著称的民族而言，绝对是一个沉痛的打击，这块伤疤实在太大、太痛了。

在这次恐怖事件中，伤亡人数达数百人，俄罗斯民间对普京表示出了最不加掩饰的不满。那些批评者认为，这次事件伤亡惨重，主要的原因在于政府没有认真与恐怖分子谈判，他们认为政府可以有更好的方法去解决这个问题，完全有能力将伤亡人数减低。然而，我们不妨回过头来再次看看这个问题，当时俄军若不采取强攻之策，恐怖分子会善罢甘休吗？或许，在一味地妥协下，伤亡人数会更多。

这次恐怖事件是恐怖势力对俄罗斯的挑衅，俄罗斯一旦选择服软，那么接下来俄罗斯可能将会面临一次又一次类似事件。不能向恶势力低头，不能向恶势力服软，普京深知这个道理，所以才无奈选择强攻救人。

在别斯兰人质事件发生一年之后，俄罗斯联邦安全会议例会开始之前，普京提议，为别斯兰人质事件中所有遇难同胞默哀一分钟。整整一年，别斯兰都没有从这场灾难的阴影中走出来；整整一年，别斯兰没有举办过一场婚礼，所有人都难以忘却悲痛，整座城市也变得死气沉沉。

在别斯兰人质事件之后的新闻发布会上，曾有西方媒体问普京是否会与车臣非法武装谈判的问题，普京义愤填膺地回答，“不会！”并反问道：“你们怎么不和拉登谈谈？为什么不把他请到布鲁塞尔或者白宫去谈判，问问他想要什么，然后给他想要的，让他安静地离开？”

是的，没有人愿意去跟一个道德沦丧的恶魔谈判，这完全是无用的，一群残杀儿童的恶魔又怎么会接受谈判。

普京明白，俄罗斯面对的不仅仅是个别的恐怖势力，而是国际恐怖势力的威胁。当俄罗斯在恶势力面前表现出软弱的时候，独立分子就会鼓动民众从俄罗斯分离出去，更有甚者会为这帮独立分子提供支持，所以俄罗斯不能服软。

对于软弱的人来说，中伤与打击是他们退缩的理由，但对于意志坚定的人来说，任何恶势力都不能让他们低头。普京就是这样一个人，对待恐怖势力，就如他对自己说的那样：“我要给他们最凶狠的打击！”

干掉普京！

别斯兰人质劫持事件，其实仅是恐怖分子通过制造恐怖来威胁普京的手段，而接下来发生的一切才是恐怖分子对普京的直接伤害。

美国《外交政策》杂志在2006年3月6日发表了一篇文章，题目是——《世界暗杀目标排行榜》，上榜的都是世界各国极具影响力的人。树大招风，能力越大就越容易被杀手盯上。普京在这个排行榜中获得了第二名的“好成绩”，而排名第一的是阿富汗总统卡尔扎伊。

普京之所以被如此“记恨”，主要是因为他上任以来，对俄罗斯政治、经济进行了一番彻底的“洗牌”。普京是站在统治者的角度，为了让国家更好发展才如此大刀阔斧地进行改革，但他的良苦用心并没有得到所有人的认可，他实行的改革对某些人而言是深恶痛绝的，因为他的改革严重损害了他们的利益。正因如此，普京才会被他们记恨，他们才会想到去暗杀普京。毕竟，普京是他们谋取利益之路上的绊脚石，只有除掉他才能保证他们的利益。

将普京视为最大仇人的人或组织中，车臣的非法武装力量当属第一位。普京担任总统之后，就采取了一系列强硬手段去打击车臣的恐怖势力，车臣非法武装的力量日趋薄弱。非法武装的余党们自然对普京恨之入骨，早就有杀之而后快的念头。

被普京打压得势力单薄的车臣非法武装，在得到国际上反普京组织的援助之后，又有了对抗普京的能力。除了策划出针对俄罗斯普通民众的恐怖袭击之外，他们还准备暗杀普京。根据俄罗斯媒体的相关报道称，至今已知的针对普京的暗杀事件不下 8 起。能发掘的就有这么多，更不用说那些失败且还没有意识到的暗杀次数。

早在普京担任代总统时，车臣恐怖势力就开始计划暗杀普京了。

普京担任代总统不到两个月的时间，恩师索布恰克去世。他决定参加恩师的葬礼，亲自送恩师最后一程。普京悲痛的心情可以理解，但作为俄罗斯代总统的他，此时身份不寻常，言行举止都关乎着国家命运。当时车臣战事正趋于平缓，可车臣非法武装势力一直在找报仇的机会。普京参加索布恰克的葬礼，将自己暴露在外，这无异于自投罗网，故此很多人劝他三思而行。

事实的确如此，车臣非法武装势力的头目巴萨耶夫认为，普京参加葬礼是暗杀他的一个千载难逢的好机会。于是，他在网络上发布了一条追杀令，声称要是有人能将普京杀死，他将支付那个人 250 万美元作为报酬。重赏之下，必有勇夫，巴萨耶夫的这条消息一放出去，立即有很多杀手出动，不仅如此，巴萨耶夫还派出了大批车臣杀手参与这次暗杀行动，力求万无一失。

圣彼得堡可谓是危机四伏，街头的每一个行人都有可能是杀手，一切都安排就绪，就等普京送上门来。

然而，巴萨耶夫的算盘打错了，他发布的追杀令被俄罗斯情报部门获取，其暗杀行动也被俄方发现，因此，纵然普京参加葬礼的行程不变，他也不会“轻装上阵”，军方为他配备了更高级的防备措施。

索布恰克出殡那天，圣彼得堡的大街小巷都可见荷枪实弹的警察。每一个形迹可疑的路人都会被警察拦下进行一番严格的盘问，每一辆车都要停下接受检查，举行葬礼的大厅也被警察检查了一遍又一遍，确保绝对安全后才让普京参加葬礼。而参加葬礼的每一个媒体一样要接受严格检查，就连他们手中的摄像机也得拆开检查一番才行。

除此之外，俄罗斯军方还派遣了特种部队来保护普京的安全。就这样，在一大帮保镖的保护下，普京参加了恩师的葬礼。

显然，恐怖分子的这次暗杀计划最终没有成功，也不可能成功，这与俄罗斯军方为普京提供的严密保护密不可分。

普京遭到的第二次暗杀事件，是在 2000 年 8 月 18 日，那时普京刚登上总统宝座不久。当时，他正准备前去乌克兰的雅尔塔参加独联体国家援手的非正式峰会。乌克兰国家安全局局长曾回忆起当时的情景，他说乌克兰方面截获了一条情报，根据情报的内容，他们了解到有人将要趁普京参加这次峰会的时候对他实行暗杀活动。

根据相关线索，乌克兰军方扣押了几名可疑分子，他们有的来自车臣，有的来自中东地区。乌克兰军方对他们实行了严格的审查，最终确认了他们就是参与暗杀的成员，随即将他们驱除出境，这才保证了普京在乌克兰参加会议期间的安全。

俄方称，乌克兰并没有给予有力的情报，所以俄罗斯方面认为这次功劳属于自己。但无论事实如何，可以肯定的是，普京在乌克兰参与会议期间确实有“被暗杀”的可能，只是这种可能没有发生。不过，这次乌克兰暗杀事件并未就此结束，就在普京结束乌克兰会议返回俄罗斯的途中，又一个危险正在向他靠近。

9月11日晚10点，普京自乌克兰返回俄罗斯，在经过莫斯科库图佐夫大街时，一辆俄制轿车一路尾随普京的车队。后来，这辆轿车竟然完全不理会警察发出的停车信号，直接冲进了普京的车队，车队中的一辆奔驰车被撞翻，车上的人也都受了伤。多亏普京的保镖在危难关头舍身驱车，才将那辆轿车撞出了车队。警方立即逮捕了车上的两名肇事者，尽管事后警方并没有过多地透露肇事者的信息，但有媒体认为，这两名肇事者可能与暗杀普京事件有关。

普京遭遇的第三次暗杀万分危险，恐怖分子的计划险些成功。杀手原本打算趁普京访问阿塞拜疆期间实行暗杀计划，并且做了充分的准备。而在普京访问阿塞拜疆的前10天，阿塞拜疆的安全部门发现有一大批炸弹被悄悄地运到国内，这引起了政府的注意。早在普京访问阿塞拜疆前的3个月，阿方面获取了一条情报，称有人将会在普京访问期间暗杀他，当时阿塞拜疆的情报人员就对此展开了调查。

原本，大批炸弹被运往国内就已是一件十分可疑的事情了，再加上即将来访问的普京，很容易就让人联想到之前获取的暗杀情报。阿塞拜疆警方立即出动，没收了这批炸弹，经过一番调查，他们很快抓获了犯罪嫌疑人。

这个预谋暗杀普京的嫌疑犯叫罗斯塔姆，是伊拉克人。他是一名恐怖分子，曾经在阿富汗恐怖基地训练过，同时与车臣的非法武装势力有着密切而直接的联系。他很早就潜伏在阿塞拜疆等待时机。在确定普京将要访问阿塞拜疆时，他非常激动，毕竟普京是车臣非法武装势力的头号公敌，假如暗杀成功，必定是大功一件。可百密一疏的是，求功心切的罗斯塔姆不小心走漏了风声，正是由于他的大意才使得这次暗杀计划泡汤了。

普京遭遇的第四次暗杀事件竟带点喜剧成分，因为杀手是一个精神病人。

2002 年 2 月 6 日，一辆汽车闯进了克里姆林宫。从车上下来的是一个年近 40 岁、身材高大的男人。克里姆林宫的护卫兵立即将他围了起来。“我名叫伊万·扎伊采夫，我是俄罗斯人，现在带我去见普京。”这名男子突然对护卫兵这样说道。他那荒诞的话并没有让护卫兵放下戒心，很快，他就被护卫兵制服，并被押送到最近的警察局接受审问。

扎伊采夫在接受审问时非常不配合，还屡屡爆出惊人的话语，警方怀疑他精神有问题，便将他送到精神病医院进行检查。果不其然，这名男子真的是一名精神病患者。他是精神病医院的常客，因为当警察将他带进医院时，就有医生认出了他。

其实，这并不是扎伊采夫第一次强行冲入克里姆林宫，早在一年之前他就这么干过。

经过检查，医生确定他患有精神方面的疾病。据医生说，扎伊采夫之所以精神方面出了问题，主要与他哥哥有关。他的哥哥被人砍掉了脑袋，哥哥的死对他打击很大，让他产生了巨大的心理阴影，因此才导致他精神方面出了问题。警方在搜寻证据的时候发现了扎伊采夫的日记，他的日记中有这么一句话：“我要砍掉普京的脑袋。”

不过，扎伊采夫哥哥的死并不是普京造成的，那么扎伊采夫为什么对普京如此动怒，如此痛恨普京呢？

在心理医生的开导之下，扎伊采夫说出了原因。他说，普京曾经在德国当过间谍，这让普京沾染上了法西斯的气息。扎伊采夫认为，俄罗斯有那么多亲纳粹组织，罪魁祸首就是普京，是普京让俄罗斯充满纳粹主义。就是因为这个原因，他才要去杀普京。

危机进行时

普京从叶利钦手中接过俄罗斯当权者的指挥棒，也接过了荣耀、责任与危险，说起革新政坛、经济，似乎已是他上任时要唱的重头戏了，可与时刻要面临的危险相比，实在是小巫见大巫。

第四次精神病人的暗杀事件告一段落后，普京仍不能掉以轻心，因为恐怖分子的暗杀又拉开了幕布。

普京遭遇的第五次暗杀是在公路上。

普京的家在莫斯科的郊外，他每天都要到克里姆林宫处理事务。每天下班，他都会经过鲁布莱沃—乌斯潘斯科耶高速公路。恐怖分子经过长时间的跟踪，基本掌握了普京的出行时间，而后开始在这段公路上做起了手脚。

他们将4000克高能炸药装到了一根管子里，将其藏到一个排水涵洞内。只要普京的车队一出现，他们就会启动爆炸装置。不得不说，俄罗斯的情报机构神通广大，因此此次计划的相关信息又被截获了。当天普京并没有像往常一样从这条公路回家，而是绕道而行。鲁布莱沃—乌斯潘斯科耶高速公路被安全部门封锁，经过几个小时的排查，终于将炸弹排除。

普京的第六次遇险也是在公路上。这次排除危险纯属偶然。

2003年6月23日，普京要经过普斯科夫市与圣彼得堡市之间的一条公路。当地的一名警察在巡逻的过程中偶然地发现了一枚自制炸弹。这枚炸弹被藏在一座桥下面，放在一个袋子里。

这名警察知道，普京将会从此处经过，要是在他经过时这枚炸弹爆炸，后果将不堪设想。意识到情况紧急，他立即拨通了警察总部的电话寻求支援。赶来的排弹专家很快解除了危险，一场危机就此化解。

第七次暗杀发生在普京访问英国期间。这次来自恐怖分子的暗杀之所以没能得逞，完全归功于一个人——前俄罗斯特工利特维年科。

曾与利特维年科在俄罗斯联邦安全局一起工作的波尼金，带着一个叫阿缪欣的人一同来到英国看望利特维年科。波尼金向利特维年科介绍了俄罗斯当前的局势，但他对普京的执政方式以及执政手段都十分不满，他甚至声明必须要把普京扳倒。他说，他可以请在俄罗斯联邦安全局工作的同事帮忙弄到普京的出行计划以及行车路线，居然提议与车臣非法武装势力合作，将这条消息透露给他们，由他们出面干掉普京。同时，他希望利特维年科能与他们合作。

另一方面，刚刚获得英国政府“政治避难”允许的俄罗斯寡头别列佐夫斯基，也被人邀请参与暗杀普京的事件当中，他还成了财力提供者。

当时，别列佐夫斯基与利特维年科见了面，一同商量了这件事。尽管二人对普京都有意见，但对于此事的真实性难以把握，担心是俄罗斯方面搞的圈套，目的是让他们参与此事然后再将他们抓捕，这样一来，他们就没办法继续获得“政治庇护”。于是，为求自保，为了能继续待在英国，他们选择将这件事密报给英国警方。

利特维年科提供的这条情报引起了英国方面的高度重视，英国警方立即逮捕了那两名嫌疑人——波尼金、阿缪欣，对他们的审问持续了5天，5天的精神压力让两人几近崩溃，最终，他们对策划暗杀普京的事实供认不讳。

第八次暗杀发生在2004年9月18日。那天，俄罗斯安全人员与警方在巡逻时，于通往克里姆林宫的主要干道上发现了两辆装着炸弹、地雷的车子，随后立即疏散了周围群众，并且联系了拆弹专家。

爆炸装置很快被拆弹专家拆除了，警方随后抓到了犯罪嫌疑人。这位来自圣彼得堡的嫌疑人供认，有人给了他1000美元让他这么干。当警方还想继续审问这名嫌疑人以便找出幕后真凶时，却不料此人因常年吸毒，在一次审问中心脏病突发死掉了。

恐怖分子屡屡未能得手，其失败的原因也是多方面的，而最重要的原因，或许与俄罗斯情报工作以及安全保卫工作密不可分。

普京是特工出身，对安全尤为重视，正因有曾经的间谍经历，他才能更好地保护自己。自上任以后，他便加强了自我安全的保卫工作，且不断提升保卫工作的安全系数。

通常，当普京决定要访问某地时，俄罗斯的安全专家会提前一个半月对那个地方的安全进行一番调查，犯罪率、宗教情况、敌对势力等都是他们需要考虑的问题，甚至当地的生态环境以及地震状况都被纳入其中。在访问前的一个月，俄罗斯情报人员也会去当地实地考察一番，亲自观察当地的安全形势，还会与当地的安全部门一同扫除不安全因素。

访问期间，普京下榻的酒店、访问地点及沿途相关器械，都会被俄罗斯安全局人员严格检查，确保安全无误。安全人员还会携带相关器材到这些地方检查空气质量、食品质量，还会设置无线信号干扰专制，屏蔽一切无线电波，防止有人企图遥控引爆爆炸装置。

客观因素肃清后，主观因素也不能马虎。普京身边总是跟着训练有素的保安，随着暗杀事件发生率上升，其身边的保镖也从原来的15人增至150人。对于保镖，普京有很严格的要求，首先要求他们身手不凡，身强体壮，人高马大，年龄上不超过35岁，且要有一张普通的脸，要成为毫不引人注意的“隐形人”。只有通过一系列严苛训练的人，才有机会成为普京的保镖。

每次出行，普京都有四层保镖保护。

第一层，是紧跟在普京身边的贴身保镖，他们紧随普京左右，随身携带着各种武器，手指永远放在扳机上，高度警备，防止一切危险发生，且都做好以身替总统挡子弹的准备。

他们的手中拿着类似公文包的东西，那可不是普通的公文包，而是一种折叠式防弹板，只要危险发生，轻轻抖动“公文包”，其会在顷刻之间变成一道铜墙铁壁，保护普京的安全。

第二层，是隐藏在人群中的便衣保镖，他们的任务就是发现群众中的可疑分子，在不被发觉的前提下接近可疑分子，再不露声色地去除危险因素。

第三层，是隐藏在人群中的保镖，他们的任务是阻挡人流，挡住人们的视线，防止危险分子接近。

第四层，是安排在远处的狙击手。通常，他们都待在屋顶，在高处俯视着下方，随时消灭危险人物。

普京乘坐的车队也一样有着极高的安全系数。车队由5~7辆汽车组成，其中3辆为防弹车，长得一模一样，普京便在其中一辆防弹车上，另外两辆上则坐着荷枪实弹的保镖。当快抵达目的地时，两辆车上的保镖会立即跳出车，围在普京所在的防弹车边，跟着小跑一段路。车停稳后，其中一名保镖会为普京打开车门，同时立即将自己挡在普京身前，之后其他几名保镖便会聚过来，将普京团团围住。为了防止车队中有埋伏，保镖们还配备自动反坦克火箭筒等重型武器。

正是因有层层铜墙铁壁般的保护，普京才能在一次次暗杀中幸免于难，才可继续领航俄罗斯与恶势力斗争。

在那样一段灰暗的岁月里，普京以刚强意志渡过次次难关，咬紧牙关突破重重障碍，至今，他仍是俄罗斯人民心中的英雄，仍以自己的冷峻、刚韧笑傲政坛。

11
反恐在行动

难缠的车臣

成也萧何，败也萧何，用这句话来形容车臣在普京政治生涯中的地位再合适不过。这是一个当初成就普京总统之位的地方，也是一个引发暗杀普京风波的地方。在普京的执政生涯中，车臣的确是一个让他操心之处。

关于普京与车臣之间的关系，还要从车臣最初的历史说起。

18 世纪末期，俄罗斯沙皇入侵车臣，沙皇的强势进攻很快就让车臣臣服。19 世纪初期，俄罗斯沙皇成功征服车臣，从那以后，车臣就成为俄罗斯的一部分。

车臣共和国位于俄罗斯联邦的南部地区，由俄罗斯南部联邦管理。其地处大高加索山脉北侧，东部靠近达吉斯坦，西部临近印古什共和国与北奥赛梯共和国，南部与格鲁吉亚接近，北部是斯塔夫罗波尔。车臣内不仅有俄罗斯的石油管道以及铁路轨道，同时也与南高加索的3个共和国连接着石油管道与铁路轨道。由于车臣得天独厚的地理优势，其还被人们赋予“连接外高加索的生命线”的美誉。

即便车臣拥有如此重要的战略意义，但在以前，它并未得到领导人的足够重视，相反，它还被不公平地对待。

在斯大林执政时期，他对车臣实行过高压民族政策。当苏联还没有解体时，在卫国战争中，一个叫伊德里索夫的人英勇杀敌，创下了杀死349名敌人的光辉纪录。这么一位战斗英雄理应得到奖励，但他却被撤消了军籍，非但如此，他还被流放至哈萨克斯坦。伊德里索夫所有的功绩只被一句“你是车臣人”全数盖过。

斯大林并不待见车臣人，所以在斯大林时期，车臣人很受歧视，处处被打压。第二次世界大战期间，部分车臣人民与德军合作，企图在二战期间独立。斯大林以此为由，将车臣38.7万人全部驱逐到中亚哈萨克和西伯利亚的边境地区，不仅车臣人民被强行迁出家园，车臣还被取消了自治共和国的地位。

斯大林之前针对车臣实行的歧视政策已让车臣人民很不满了，而这一次强行迁移，无疑让愤懑与怨恨的种子扎根于车臣人民心中，这颗种子也成为日后车臣问题的根源。

直到1957年赫鲁晓夫担任苏联总统时，车臣人民的处境方才有所回旋，重新回到世代居住的高加索。然而，症结已在，想要解开便不是容易的事情了，车臣人民也未因此对苏联政府消减心中的不满。

凡事有因有果。1991 年苏联解体，这让一些早就策划独立的分裂势力开始活跃起来，车臣境内的“伊斯兰民族分离主义势力”也在这一时期谋求独立。

同年 10 月，杜达耶夫担任车臣共和国的首任总统，这位在阿富汗战争当中立下汗马功劳的退役英雄一上任，就宣布了一条惊人的消息：车臣将脱离俄罗斯联邦，成立独立的主权国家。

消息公布之后，杜达耶夫就开始在车臣境内组装属于自己的武装力量。他们开始疯狂抢夺苏联驻车臣军队的武器，在很短的时间里，车臣的武装力量得到了迅猛的发展。这只装备精良的武装分子开始与反对车臣独立的俄罗斯政府形成武装对峙的局势。

不过，杜达耶夫的独立宣言并没有得到所有车臣人民的同意，一部分车臣人民支持加入俄罗斯联邦，一部分车臣人民支持杜达耶夫的独立政策。由于车臣国内的两种意见的不可协调，车臣一分为二。支持车臣合并的印古什地区，于 1992 年加入了俄罗斯联邦的怀抱，而选择独立的人继续保持与俄罗斯政府对峙的状态。

次年，除加入俄罗斯联邦的印古什之外的其他地区再一次发表独立宣言。对当时身处车臣的俄罗斯人民来说，处境相当危险，故此越来越多的俄罗斯人从车臣离开。

1994 年 12 月，对于车臣独立势力已经忍无可忍的叶利钦，决定兵分三路讨伐车臣的分裂势力。“车臣战争”就此拉开了序幕。

当时，车臣内仍有部分俄罗斯人没有及时撤出，叶利钦此时发动进攻，引起了俄罗斯内部不少反对的声音，反战浪潮一波波涌来。叶利钦进攻车臣前并没有做好充足的准备，俄军士气低落。没能得到人民支持，战前准备也没做好，看起来这仗是打不起来了。然而诸多不利因素并没有难倒这支强悍的军队，在重型武器的攻击掩护之下，12 月 29 日，俄军在格罗兹尼登陆了，讨伐正式开始。

在车臣战争开始的初期，车臣的武装藏匿在居民房内反抗俄军的进攻，俄军火箭炮、战斗机的接连轰炸，对车臣的武装部队来说威力并不大，反而使很多无辜的平民遭到战火的殃及。

12 月 31 日，俄军地面部队开始攻击格罗兹尼。车臣武装力量顽强抵抗，最终仍被俄军攻破，可俄军却在这一次战斗中丧生了 1000 多名战士，多少有点得不偿失的味道。

俄军攻破格罗兹尼，其实并没有威慑到车臣的武装力量，他们反而采取了更加顽固的抵抗态度，他们凭借自己熟悉地形的优势打起了游击战。经过一个多星期的战斗，俄军终于在 1995 年 1 月 19 日成功攻下了格罗兹尼。

在格罗兹尼战斗中失利的车臣叛军，一路向南撤退，面对俄军的迅猛攻击，他们仍誓死抵抗，继而变换招数，将与俄军正面交锋的策略转移到使用恐怖袭击以及绑架民众上，以此造成压力，迫使俄军撤退。

1995 年，在达吉斯坦发生了震惊世界的布琼诺夫斯克人质事件。

是年 6 月 14 日，车臣叛军的首领巴萨耶夫，带领车臣叛军藏匿在两辆重型载重汽车中，偷偷潜入距离车臣不远的斯塔夫罗波尔边疆区的布琼诺夫斯克市，向该市发起了恐怖袭击。布琼诺夫斯克市的市政府大楼及内务部大楼的俄军立即反抗，两军激烈的交锋之时，车臣武装部队占领了布琼诺夫斯克市的医院，医院内的所有医务人员及病患全部都被劫持。

巴萨耶夫以人质安全为条件，向俄罗斯政府提出了要求，第一，俄罗斯政府承认车臣独立，并将俄军从车臣撤出；第二，停止对车臣的敌对行动；第三，和平谈判，但参与谈判的必须是俄罗斯的总统叶利钦或俄罗斯总理切尔诺梅尔金。

当时，巴萨耶夫发现在人质中有6名警察，遂残忍地将他们杀害，并以此威胁俄罗斯政府，如果俄军敢继续进攻，他们会继续屠杀人质。

车臣的武装力量竟然能在神不知鬼不觉的情况下偷偷潜入俄罗斯境内，并发起恐怖袭击，这件事让整个俄罗斯都为之震惊。斯塔夫罗波尔边疆区的行政长官库兹涅佐夫、国防部长格拉乔夫、国家安全局局长斯捷帕申等，都为自己的失职而提交了辞职信。

6月17日，俄罗斯特种部队发起强攻，经过一番激烈的交战，俄军攻占了医院底层，100多名人质被救出，但仍有部分人质在两军交战时不幸死亡，还有部分人质被车臣武装部队杀害了。

俄罗斯方面意识到，要想拯救医院内的所有人质十分困难，在巨大的伤亡情况下，俄罗斯政府的态度也开始转变。最终，俄罗斯总理切尔诺梅尔金同意与车臣叛军的首领巴萨耶夫电话谈判。

6月18日，切尔诺米尔金与巴萨耶夫达成协议，俄罗斯政府将满足他所提出的要求。

6月19日，120名俄罗斯人自愿担当车臣叛军撤离时的防弹衣，保证他们在撤离时不会被俄军伤害。当车臣叛军离开俄军包围之后，这120名人质在车臣的一个小村子里被释放，而这帮叛军随即逃离了现场。在此次布琼诺夫斯克人质事件当中，共有130人死亡，其中有105人是人质，其余25人是俄罗斯警察。

对于此次布琼诺夫斯克人质事件，俄罗斯政府所采取的处理方式相当失败，正因其在这次事件中做出的让步才让车臣的恐怖势力尝到了甜头，继而才引发了之后的基兹利亚尔人质事件、别斯兰人质事件等恐怖事件。退让，只会让敌人变本加厉。

迫于国内压力和大选临近，俄罗斯总统与车臣在1996年8月31日签署了《哈萨维尤尔特和平协议》，俄军也在是年年底撤出了车臣。

至此，从1994年年底俄军发起进攻，到1996年年底俄军撤出车臣，第一次车臣战争终于结束了。

对于一个超级军事大国而言，俄罗斯在这次车臣战争中的表现着实令人不敢恭维。在第一次车臣战争中，俄军有2837人死亡，受伤士兵达1.3万多人，337名士兵在这场战争当中失踪，432名士兵被车臣武装部队俘虏。俄军不仅伤亡惨重，战斗设备也损耗严重。

俄罗斯政府在这次车臣问题的处理上没有达到预期的效果，并留下了巨大安全隐患，这也为之后的恐怖袭击埋下了祸根。当时普京还在圣彼得堡当副市长，以他当时的级别还没办法处理这种国家大事。当然，很快就该轮到他烦恼了。

击垮恶势力

只要人还有欲望，战争就永远不会结束。这一点在车臣问题上表现得尤为明显。

《哈萨维尤尔特和平协定》的签署，宣告了第一次车臣战争的结束，协定也确实给俄罗斯以及车臣带来了难能可贵的和平，但这份安定并没有持续太长时间。

1997 年 1 月 27 日，车臣举行总统换届选举，从杜达耶夫手中接过车臣总统之位的是马斯哈多夫上校。马斯哈多夫曾参加杜达耶夫领导的车臣独立武装斗争，在第一次车臣战争中担任部队总参谋长。他曾是俄罗斯炮兵军官，拥有相当丰富的军事经验，凭借经验，在短短几个月的时间里，他就将车臣松散的、没有接受专业训练的民间组织的军队锻炼成了一支能与俄罗斯军队抗衡的战斗队伍。

1994 年爆发的第一次车臣战争中，马斯哈多夫训练的这支民间队伍给了俄罗斯军队不小的打击。在车臣首府格罗兹尼爆发的总统首府保卫战中，马斯哈多夫担任指挥长一职，他在军事上的出色表现，让他成为车臣武装中的“二把手”，深得杜达耶夫的信任，因此他才能成为杜达耶夫的接班人，继任总统之位。

而马斯哈多夫在政治上表现出了比杜达耶夫更多的才能。吸取了第一次车臣战争中的教训，他不仅继续扩充车臣的武装力量，还拉拢其他国家为车臣独立提供支持。

强烈支持车臣独立的车臣总理巴萨耶夫，并不满足车臣当前的独立状况，他要给车臣谋求更全面的独立政权。1999 年 7 月 4 日，在车臣总理巴萨耶夫的带领下，两百多名车臣独立武装分子偷偷潜入达吉斯坦，偷袭了当地的俄罗斯内务部队哨所。这次恐怖袭击，是赤裸裸地向俄罗斯宣战。

这次恐怖袭击其实是之前布琼诺夫斯克人质事件处理不当的后遗症。巴萨耶夫在发动这次恐怖袭击之前，并未意识到这么做的恶果，在他发动这次恐怖袭击时，普京已担任俄罗斯政府总理，以他的性格来判断，他自然不会像之前的切尔诺梅尔金那样选择妥协。面对恐怖事件，普京坚持以武力来解决。

之前的布琼诺夫斯克人质事件发生时，普京还只是圣彼得堡的副市长，即便当时他有解决的办法，无奈官职较低，无权过问这种国家大事。而这一次，身为俄罗斯的总理，普京主动请命，称不管车臣匪徒们藏在何处，俄军一定会将他们消灭干净！

当时的总统叶利钦深知普京的为人，知道他一定有办法妥善解决此事，于是毫不犹豫地将这次任务全权交于他负责。

车臣的恐怖袭击必须要尽快解决，这不仅关乎俄罗斯人民的人身安全，对普京的政治生涯也有着重要影响。普京也清楚地认识了这一点，若不能很好地解决此事，其政治生命或许便到此为止了。

是时，俄罗斯政坛非常不稳定，倘若这次恐怖事件不能顺利解决，那么已经动荡不安的俄罗斯政局势必会受到重创，很可能还会引起新的问题，而当时的俄罗斯政局实在经不起新的打击。

得到叶利钦的任命，普京立即召集相关部门的领导人开了一个紧急会议，在会议上，大家就这次恐怖事件展开了激烈讨论。会议之后，普京召开了新闻发布会，表示政府已经制定了一套可行方案，他通过媒体向全俄罗斯人民保证，政府一定会妥善解决好这次恐怖事件。

1998 年 8 月 13 日，普京称俄军已经到达达吉斯坦境内，并已展开了针对车臣独立武装分子的大规模军事行动，同时普京表示军事行动会在最短的时间内以最少的代价完成。

要在短时间内平息达吉斯坦的战火，这是十分困难的事，尽管普京做出了这样的保证，但在他同样承受着巨大压力。他知道，作为这次行动的总负责人，假使这次行动失败或者伤亡惨重，自己就会成为俄罗斯政府的替罪羊，所有的失败都将由他一个人承担。

这是一次赌注，赌赢了，迎接普京的就是辉煌的未来；赌输了，普京的政治生命就此结束，还会成为千夫所指的千古罪人。普京必须参与这次赌注，他没有别的选择，因为只有这样才能在短时间内巩固自己的政治地位，这对一个新上任的总理十分必要。

为了完成自己的承诺，普京全力以赴。他派遣了好几架空军武装直升机，对达吉斯坦的几个车臣独立武装分子聚集的村庄进行猛烈地轰炸。直到 9 月 14 日，俄罗斯总共出动了 1700 多架次战斗机，几轮猛烈地攻势之后，车臣独立武装分子损失惨重，两千多名武装分子被消灭，150 个训练基地被俄军破坏，250 多个活动点也遭到轰炸。

9 月 15 日，入侵达吉斯坦的大部分武装分子都被消灭，承受不住俄罗斯的猛烈攻势的巴萨耶夫，无奈之下只能带着剩余的残兵败将灰溜溜地逃回车臣。

就像普京之前保证的那样，他以很少的代价迅速地解决了这次事件。这次行动中，俄军损失了 100 多人，剿灭了 2000 多个车臣独立武装分子。普京出色地完成了这次任务，他在这次任务的执行过程中所表现的坚毅果敢的形象深入民心，这也让他赢得了更多民众的支持。此前，还有人认为这位新总理年轻气盛、毫无经验，还担心他能否胜任总理职务，现在看来，这些担忧都是多余的。

车臣的武装分子在俄军的这次行动中遭到重创，但他们并没有就此罢休，他们又集结了一批武装分子，在车臣临近的斯塔夫罗波尔的边境进行军事武装，随时准备与普京一决生死。

普京清楚武装分子在打什么主意，马上想出了对策。他增加了斯塔夫罗波尔地区的警力，在车臣武装分子进行军事准备的同时，向他们展开进攻。很快，巴斯耶夫的军队就被俄军打败了，俄军彻底将车臣武装分子赶出了达吉斯坦。

斩草要除根，所有恐怖袭击的根源便是车臣，要想保护俄罗斯人民的人身安全，就必须平定车臣。然而发动战争，人民就必定受到牵连，怎么样才能得到人民的支持呢？就在普京为这一问题苦恼时，车臣的武装分子给他制造了很好的理由。

接连吃亏的巴萨耶夫一心想要找机会报仇，很快又有了新的方案。1999 年 8 月 31 日、9 月 4 日、9 月 9 日、9 月 13 日、9 月 16 日，车臣的非法武装势力分别在布伊纳克斯克、伏尔加顿斯特、莫斯科等城市发动了一系列恐怖袭击。

9 月 4 日，布伊纳克斯克的一座军营发生爆炸，造成几十人死亡，其中大部分都是妇女儿童；9 月 16 日，伏尔加顿斯特的一栋 9 层居民楼发生爆炸，共造成 100 多人死亡。作为俄罗斯的首府，莫斯科也遭受到了 3 次恐怖袭击，最大的一起爆炸事件发生在 9 月 13 日凌晨 5 点，还沉浸在美梦中的俄罗斯人民不曾预料到，危险正在逼近。

莫斯科的交通中心——卡什尔大街，一栋 8 层居民楼成为这次恐怖袭击的牺牲品，当炸药爆炸的那一瞬间，居民楼内的居民大多都处于熟睡状态。这次爆炸事件造成数百人死亡，百十人受伤。

接连的爆炸事件，使得俄罗斯人心惶惶，没人知道自己的家是否安全，也没人知道究竟哪里没有被安置炸弹。仅仅 9 月 16 日一天，莫斯科警方就接到 1000 多通报警电话，人们都声称自己看到了可能的爆炸物品。这全是车臣非法武装势力的阴谋。他们在接连制造恐怖事件的同时，频频打电话到居民家中恐吓，这也加重了民众的焦虑。

车臣非法武装势力的行为严重地造成俄罗斯人民生命财产的损失，俄罗斯人民在感到恐惧的同时，对车臣非法武装势力的行为愤怒不已。彼时，民众的怒火成了普京惩治车臣的决定性力量。

1999 年 9 月 14 日，普京在国家杜马会议上首次提出调整车臣局势计划，称要严格把守车臣边界地区，临时将车臣隔离开。这等于是把车臣画在一个圈子里。

尽管车臣拥有独立的政权，但依旧是俄罗斯不可分割的一部分，任何一种试图分裂俄罗斯的行为都将被予以严厉地打击。接着，普京认为应修改《哈萨维尤尔特和平协定》，对协定的公正性应重新分析。同时，他认为应彻底消灭达吉斯坦境内的恐怖分子，不能继续放任他们行动，他还建议让车臣共和国之外的车臣人民重新组建一个车臣政府，以此吸引车臣内部渴望和平的人民。

普京清楚地知道，若不尽快解决车臣问题，俄罗斯将会面临更大困境。首先，继续放任车臣独立，北高加索地区、俄罗斯其他民族都将效仿车臣纷纷独立，这对俄罗斯来说十分危险；其次，如果俄罗斯不在车臣问题上采取强硬手段，会严重影响俄罗斯在国际上的形象，其周边国家会认为俄罗斯是一个软弱的国家，他们很可能会放弃与俄罗斯的合作，转而投向西方国家，那么俄罗斯就会陷入孤立无援的局面；再次，高加索地区是俄罗斯重要的石油产地，失去了车臣，对俄罗斯无疑是一个重大损失。

绝不能让车臣独立分子的阴谋得逞，“以暴制暴”才是解决这一问题的有效措施。这是硬汉普京对待恶势力时摆出的强硬姿态！

决胜时刻

战争，是每个渴望和平的人都不希望看到的，但有时候只有通过战争才能平定叛乱，获取和平。硝烟四起，拨开硝烟才能看见和平的曙光。

车臣非法武装势力的卑劣之处，就在于他们不单单在正面战场与俄罗斯对垒，还以恐怖袭击为手段来达到目的。

从1999年8月31日开始，车臣非法武装势力在俄罗斯多个城市内发动恐怖袭击，截至9月16日，这些恐怖袭击共造成300人死亡，成百上千的普通群众受伤。恐怖分子如此猖獗，身为总理的普京雷霆大怒，“是该让他们尝到恶果了！”这是普京的心声。

普京很快将他的心声转变为行动，在俄罗斯实行了严厉地打击恐怖分子的行动。

从9月16日到9月18日，仅仅3天的时间里，2200多名逃犯被警方逮捕，缴获武器两千多件，没收非法藏匿的炸药达300公斤，破坏了774个引爆装置。直到10月2日，俄军累计发现了515吨炸药，缴获枪支7000件，侦破涉嫌恐怖活动的案件达17万个，在很大程度上保护了俄罗斯人民的人身财产安全。

普京知道，仅仅在俄罗斯国内严打是没有办法根除恐怖事件的，要想斩草除根，只有靠武力去解决。大规模地军事反恐行动正式开展，普京担任这次反恐行动的总指挥。在这场反恐行动中，俄罗斯投入的兵力共计15万左右，除了出动空军、陆军之外，俄罗斯特种部队、空降部队、宇航部队都参与了这次反恐行动，由此可见普京对彻底铲除车臣非法武装势力的决心有多大。

从俄罗斯在第一次车臣战争中不尽人意的表现上吸取教训，普京这次制定了全新的战术，决不能重蹈覆辙。借鉴了北约空袭南联盟的经验，普京这次决定先让空军轰炸，同时让炮兵在一旁协助炮击，在解决大部分障碍之后，再由俄罗斯精良的陆军扫除残余分子。

1999年9月19日，俄罗斯空军出动，普京下令不得放过任何一个可疑目标，一切可疑目标都要对其轰炸。在这次空袭中，20辆车臣汽车被摧毁，5个根据点、4座营房都被炸毁，共消灭140名敌军。这仅仅是一个开始，接下来的几天，普京下令全面轰炸车臣的首府——格罗兹尼。

普京的做法得到了很多政府官员的认同，俄罗斯空军总司令科尔努科夫表示，只要车臣的非法武装势力不清除干净，俄军的空袭就不会停止，俄罗斯国防部长谢尔拜耶夫也称，我们的主要目标就是歼灭劫匪！

这次，普京是下定决心要平复车臣的战乱。

1999年10月1日，在俄罗斯装甲部队的猛烈进攻下，俄军兵分三路，从斯塔夫罗波尔、达吉斯坦、印古什三面夹击，攻入车臣境内。俄罗斯的军事实力在世界上属先进水平，即便车臣有两万多名训练有素的士兵，且都配备了非常精良的武器，但在拥有世界先进装备的俄军面前，他们的反抗显得十分羸弱，更何况这次俄军是铁了心要平定叛乱。

有了坚定的信念，俄军的进攻便非常迅猛，车臣的武装分子竟没有丝毫还手之力。很快，他们在与俄军的正面较量当中惨败，开始向车臣腹地撤退。

突破了车臣的防线之后，俄军士气大振，在短短的几天时间里就控制了车臣 1/3 的土地，解放了近 30 多个居民点。

1999 年 10 月 7 日，在俄罗斯政府的支持下，车臣议会组建了国务委员会，它的成立标志着车臣武装分子完全失去了合法性。同时，也标志着普京反恐行动的第一阶段顺利结束。

同年 10 月 16 日，第二阶段的反恐行动正式展开。

第二阶段的主要任务，是全面封锁非法武装聚集地。越战越勇的俄军一鼓作气，于 21 日渡过了捷列克河，向车臣腹地进军。11 月初，俄军向格罗兹尼的车臣非法武装司令部发射了导弹，导弹击中了马斯哈多夫、巴萨耶夫的住宅，但当时两人均不在家，侥幸逃过一劫。

俄军的强大火力让车臣的武装分子难以招架，他们已经多次向俄罗斯政府表示，希望双方能够停火和谈。对于车臣武装分子提出的和谈条件，普京自然也愿意答应，但他同时提出了一个附加条件，那就是将巴萨耶夫为首的恐怖分子交给俄罗斯政府处置，并要求车臣停止一切分裂活动。结果双方没谈拢，车臣拒绝了普京的要求，既然他们选择拒绝，普京自然继续发动进攻。

10 月末，俄军包围了车臣的第二大城市吉杰尔梅斯。当时，驻守在吉杰尔梅斯的是亚马达耶夫。尽管亚马达耶夫也是车臣非法武装分子的议员，但他对车臣总统马斯哈多夫的某些做法十分不满。了解到这一细节，俄军认为与亚马达耶夫可能有和谈的机会。

恐怖分子十分狡猾，事先捕捉到了亚马达耶夫的“叛变”意向，为了守住车臣的第二大城市，马斯哈多夫立即派人去劝说亚马达耶夫，甚至还威胁他，要么选择投降，要么代替俄军炸毁吉杰尔梅斯。

这样的威胁要是放在以前，或许还有效果，但在当时兵临城下的紧急情况之下，比起马斯哈多夫的口头威胁，眼前俄军的飞机大炮才是最有效的恐吓手段。最终，亚马达耶夫选择用和平的手段来解决俄罗斯与车臣的关系。由于亚马达耶夫的倒戈，普京不费一兵一卒就占领了车臣的第二大城市。

占领吉杰尔梅斯，可以说是俄军在这次战争中取得的一大重要战果，但普京并未因现在阶段的喜人成果沾沾自喜，他决定趁热打铁，乘胜追击。他的这一方略很快奏效。

11 月 20 日，车臣马尔坦区的居民向俄军投降，该地区政府以及长老们还表示，愿意自行组织民兵部队帮助俄军攻打车臣的非法武装部队。是时，俄军已经逼近车臣首府格罗兹尼了。

11 月 23 日，俄军在离格罗兹尼郊区两公里处接到了车臣非法武装部队发来的和谈请求，但普京断然拒绝。

和谈的结果早已知道，俄方停止战火的唯一条件，是对方交出巴萨耶夫等恐怖分子，而车臣非法武装部队肯定不同意，他们表面上是来求和谈的，可实际上是在为自己争取时间。普京一眼就看出了他们的缓兵之计，称在击溃车臣非法武装部队之前，他们发来的任何协商请求都一律拒绝。接着，俄军继续用飞机向车臣非法武装部队藏匿的居民点进行轰炸。

1999 年 12 月 3 日，反恐行动进入第三阶段。

俄军司令谢尔盖耶夫对记者说，预计在 1 ~ 3 个月内便会结束战争。12 月 4 日，俄军已经包围了格罗兹尼，解放格罗兹尼只是时间的问题。12 月 6 日，俄罗斯空军再次盘旋于格罗兹尼的上空，但这一次俄罗斯空军并没有投放炸弹，而是散发了宣传单。传单上说，如果在 12 月 11 之前，城内的居民若没有通过“五一村”这条安全通道离开格罗兹尼，就会被当做“恐怖分子”，将在之后予以惩治。

这是普京下的最后通牒，他已经准备好了，只等待发动最后一击的时机。

1999年，对普京而言是特殊的一年，在这一年的最后一天，他由政府总理变为俄罗斯的代总统。当所有人都沉浸在千禧年的喜悦中时，还有更重要的事情等着普京去做。

奋斗在战斗一线的士兵们，还在车臣与敌人僵持，不能回家与家人团聚，这个时候也是士气最为低落的时候。普京知道，如今自己已是代总统，必须要为此做些什么。

2000年1月1日，身在前线的士兵们听到了一条让他们振奋的消息——代总统普京将带着妻子飞赴车臣前西岸慰问所有英勇参战的战士们。

普京结束这次慰问时，俄军攻破了韦杰诺附近的制高点，车臣东南部的战略要地也被俄军占领，这也让车臣非法武装部队的领导人慌乱了阵脚。

2000年年初，正是普京为竞选俄罗斯总统紧张地筹备时期，即便如此，他也没有放松对车臣的军事行动。

1月18日，天微亮，俄军终于发动了最后的攻击。俄军在最后时刻选择三面夹击，在警察以及车臣民兵的协助下，俄军顺利地攻入格罗兹尼市的中心广场。当然，轻松攻进格罗兹尼并不意味着车臣非法武装会放弃最后的抵抗。对地形十分熟悉的车臣叛军在一开始还处于优势地位，他们事先早就已经埋好了地雷，这场决战势必异常惨烈。

在最后的战斗中，车臣的叛军死伤无数，但俄军同样伤亡惨重。俄军少将马洛弗耶夫在这次战斗当中不幸牺牲了。当普京得知这一噩耗后，立即向马洛弗耶夫的家中打了电话以示慰问。

1月19日，俄军再次派出了飞机对格罗兹尼的市中心发起了猛攻，在炮兵的协助攻击下，俄军前进中的阻碍基本扫除，俄军顺势攻入格罗兹尼市中心。非法武装分子愤然反抗，两军展开了殊死搏斗。

1月20日，俄军第三次攻入市中心，但这一次俄军却出现了重大失误。当时冰天雪地，四处白茫茫一片，而俄军却身着绿色军装，在白色雪地中显得格外明显，这无疑成了车臣叛军的醒目目标。这一天，俄军损失惨重。

为了尽快结束战争，普京批准特种部队参与这次战争。2000年1月21日，特种部队赶到了格罗兹尼，马上投入战斗。随着特种部队的加入，俄军的战斗力立即得到提高，而进入了2月份以来，好消息便不断从前线传来，可谓频频报捷。

在2月1日、2月2日的战斗中，车臣前总统杜达耶夫的侄子等4名车臣叛军的“战地司令”被俄军击毙，巴萨耶夫在躲避俄军攻击时，不小心踩到了车臣叛军自己埋的地雷，右脚被炸断，头部及手部都受到了重创。

车臣叛军们接连失去“主心骨”，早就成为一盘散沙，加之俄军乘胜追击，更是溃不成军。2月4日，俄军终于攻占车臣的首府格罗兹尼，该市中心及车臣政府大楼上都插上了俄罗斯国旗。随风飘扬的国旗向世人宣告了这次车臣战争的终结。自此，车臣的叛军们彻底失去了自己的地盘，车臣战事进入清剿阶段。

2001年1月22日，普京命令俄军全面撤出车臣，俄军的工作也从歼灭非法武装更改为反恐怖行动。七八千人的内务部以及1.5万人组成的第42师编成了一个旅，长期驻守车臣，维护当地的和平。

第二次车臣战争持续了一年多的时间，大量兵力消耗在这次战斗中，尽管俄军付出的代价是惨痛的，但还是完成了自己的预定目标，这才是最重要的。

车臣战争的胜利，无疑让普京成为俄罗斯人民心目中的英雄，他在车臣战争当中所表现的强硬形象，也让俄罗斯人民产生了这样一个想法：普京，将是给俄罗斯带来安定与富强的福星。

车臣人民也十分感谢普京平定了当地的战乱。2014 年 10 月 7 日，在普京 62 岁生日当天，车臣首府格罗兹尼的人民组成俄罗斯国旗图案，以此来庆祝这位带给他们安定生活的总统的生日。

普京在车臣战争中的表现可圈可点，从制定的政策到如何安置无辜民众，可谓面面俱到。这样的普京，一如俄罗斯民众所言——他的确是俄罗斯的福星。

又一个“八·一九”？

第二次车臣战争结束之后，俄罗斯政府在车臣首府格罗兹尼的郊区设立了一个叫坎卡拉的军事基地，这里有驻车臣俄罗斯内务部队司令部、驻车臣俄罗斯联邦武装部队司令部、驻车臣俄罗斯联邦特警部队司令部，此处，便是俄军在车臣的指挥中心。

俄军众多主要机构均在坎卡拉军事基地设立，加之坎卡拉还设立在车臣首府格罗兹尼的郊区，处于战争前线，故此对坎卡拉的防卫必定极为严密。

在坎卡拉军事基地中，每一名士兵都是精心挑选的，其能力可媲美特种兵。每名士兵还都配备了最精良的装备，在巡逻时，他们还都会带着一只嗅觉灵敏的军犬，以保证军事基地的安全。除了荷枪实弹的士兵及嗅觉灵敏的军犬之外，最先进的电子侦察装置也是必不可少的。

当然，仅仅这些并不能保证坎卡拉军事基地不被恐怖分子入侵。坎卡拉军事基地的四周是密密麻麻的灌木丛，在这些灌木丛中，俄军早就埋好了数以千计的地雷。这片雷区宽两千米，方圆8公里内都埋有地雷，不仅数量多，种类也不少，饵雷、绊雷、返单兵地雷等一应俱全。布置得如此密集的雷区，就算是老鼠也很难闯进来，更何况是人呢。

密集的雷区成为坎卡拉军事基地的安全屏障，但任何事物都具有两面性，雷区给坎卡拉带来安全保障的同时，一并带来了安全隐患，这也成了“八·一九”事件的导火线。

事件发生在2002年8月19日。那天，天气情况良好，无风，能见度也很高，可就在这样一个适宜飞机起飞降落的情况下，惨剧发生了。下午4点50分，有“巨无霸”之称的米－26直升飞机向坎卡拉军事基地飞来，正当它准备降落时，突然失去了平衡，机身剧烈地晃动了起来，一时间失去了控制。随后，更糟糕的情况发生了。

米－26失去控制之后，竟向军事基地外的雷区倒了下去！当机身触碰到雷区的地雷时，“轰”的一声，紧接着又引爆了其余几颗地雷。

军事基地内的直升机场附近执勤的士兵看到了爆炸的情形，立即拉响了附近的警报，救援队员火速出动，立即向事发现场赶去。

当救援队员赶到米－26坠落的地点时，现场已是一片狼藉，浓烟密布，遍地都是飞机残骸，浓烟的另一边正传来幸存者的呼救声。近在咫尺的同伴身陷困境，而作为同伴的自己却无能为力，这是最令人痛心的。

飞机坠落的地点正好是地雷区，救援队员对于地雷埋设地点根本不清楚，更何况现场散布浓烟，可见度很低，这也加重了救援难度。没有人敢冒然闯进雷区去营救自己的同伴，救援队员们赶到现场却束手无策，一个个满心焦急，有些人甚至都急哭了。

当时，有两个选择摆在救援队员们的面前，一个是选择放弃，不去救雷区里的同伴，但是这样做会让救援队员的良心一辈子都受谴责；另一个选择，是去营救困在雷区里的同伴，可救援队员不知道地雷埋在何处，冒冒失失地闯进去，非但救不了被困者，自己也可能被炸死。

就在救援队员进退两难之际，炸弹专家及军事基地的工兵迅速赶来，他们很快清理出一条安全通道，有了接近伤员的通道，救援队员迅速将埋在飞机残骸中的士兵们救了出来。军事基地内的医生也赶了过来，他们对那些受伤严重的士兵进行了紧急处理，然后迅速将这些伤员送往最近的医院进行救治。

据相关人员统计，当时在米－26 直升飞机上共有 147 名士兵，但最后幸存下来的仅 33 人，114 人在“八·一九”事件中罹难。

俄罗斯军方在第一时间将“八·一九”事件报告给普京，得知这一噩耗时，普京深感痛心，他立即成立了调查委员会，指派委员会去车臣彻查“八·一九”事件的始末，他时刻关注调查的进程。

就在“八·一九”事件发生当晚，普京签署总统令，将 8 月 22 日定为全国哀悼日，为在“八·一九”事件当中罹难的士兵们默哀祈福。当天，全国下半旗，一切娱乐活动全部取消，而对遇难者的家属们，政府也是竭尽全力去帮助。

那么，米－26 直升机到底为何会坠毁呢？米－26 直升机绰号“光环”，是由米里莫斯科直升飞机厂研制的一款多用途的重型直升飞机，也是世界上最重的直升飞机。其净重达 2.82 万公斤，最大起飞重量为 5.6 万公斤，主要用于军事运输。

米－26 直升机拥有媲美美国 C－130 运输机的运输能力，可运送 80 名全副武装的士兵或 20 吨重货物。当时，俄军共有 300 架米－26 直升机。可是，就是这么一架高性能飞机却突然坠毁，实在令人不解。

有人猜测，米－26 直升机失事的原因可能是超载。按照设计规定，米－26 上最多只可以承载 80 名全副武装的士兵，但出事的那架米－26 上总共搭乘了 147 人，严重超载。不过，俄罗斯国防部部长伊万诺夫认为这并不是问题所在。

他表示，米－26 直升机最多可承载两万多公斤重的东西，即便是 147 名全副武装的士兵也很难达到这一总量，其完全有能力承载更多士兵，所以他坚持认为超载一说实在荒谬。

也有人推测，可能是米－26 直升机出现技术故障，因为有人看到米－26 直升机在起飞时机身带有火花。不过，这个猜测也很快被人否定了。

米－26 直升机一直承担着运输工作，几乎每天都要经历多次起飞降落，始终都未曾出现过故障。而且米－26 直升机上的飞行员对坎卡拉军事基地附近的地形应该是十分了解的，加之当时天气状况良好，很适合降落，所以不可能出现降落失败一说。此外，因在地上的指挥中心的人并未收到米－26 直升机上传来的机械故障的报告，故此火花问题也并不存在，或者说，即便真的在起飞时有火花，也绝不致命。

除了上述两种说法之外，还有一种说法备受关注——恐怖分子袭击说。

米－26 直升机发生事故时，在其附近还有一架执行任务的米－8直升机，据米—8 直升机上的飞行员所说，当时他在执行任务时曾看见有导弹击中了米－26。而专门调查米－26 直升机失事原因的调查委员会的调查结果也与那位飞行员的说法不谋而合——造成米－26 直升机出事的主要原因，是直升机右发动机被便携式地对空导弹击中。此外，还有一个更直观的证据，在米－26 直升机坠毁地不远处，调查人员发现了一节便携式地对空导弹的管子。经由检查，可以判断这个废弃管子是不久前掉落此处的。这样看来，“八·一九”事件完全是一起人为的恐怖事件，绝非意外。

在米－26 直升机坠毁之前，就曾经发生过车臣恐怖分子用导弹击落俄军飞机的事情，此时将几次事故联系在一起，答案再明显不过。当然，证据看似齐全，但至于到底是谁所为还尚属臆断，不过，更直接的证据很快就出现了。

车臣武装分子在专门的网站上面贴出了一张米－26 直升机出事的照片，并且公然承认这次事件是由他们造成的，他们大肆宣传这次事件，以此为荣，宣称这是“反抗占领军的重大胜利”。至此，真相水落石出。

尽管造成“八·一九”事件的罪魁祸首是车臣的恐怖分子，但普京并不将责任完全归咎于他们，在他看来，造成这一重大损失，与俄罗斯内部官员不遵守相关规定有关。

1997 年时，俄罗斯已经有相关的明文规定，不允许使用米－26

直升机运送士兵。显然，纵然这次事件不是恐怖分子所为，某些官员肯定逃不了干系，因为他们明显没有照章办事。普京质问国防部长伊万诺夫，为什么要违反规定使用米－26直升机运送士兵，伊万诺夫无言以对。

从这次事件中普京意识到，必须加大力度深化军事改革，只有完善军事体制才能让俄罗斯走向辉煌。

就在“八·一九”事件发生后的第12天，又一架飞机出事了。出事的那架飞机是米－24“鳄鱼”式武装直升机，这架飞机在车臣诺扎伊—优尔特山区附近执行任务的时候，车臣恐怖分子故伎重演，用便携式地对空导弹击中了“鳄鱼”，飞机上的两名飞行员当场死亡。

获悉消息后，俄方马上展开全面调查。10天后，调查委员会得出结论，国防部是造成这一事件的主要负责人。确定结果之后，普京立即对国防部的5位高管实行了严厉的处分。

至此，“八·一九”事件算是告一段落，但这次事件对俄罗斯所造成的打击和负面影响都不小，此次事件也为普京敲响了警钟——必须严惩车臣恐怖分子。

俄罗斯军方经过相关调查分析，获知车臣恐怖分子的手中共有超过10套便携式地对空导弹。不仅如此，境外还有人为他们提供资金作为支持。提供经费的人还许诺，车臣的恐怖分子每击毁一架飞机或装甲车，就能得到一笔丰厚的奖励。重赏之下，越来越多的恐怖分子削尖了脑袋参与到俄罗斯的恐怖事件当中。

然而，恐怖分子越是猖狂，普京打击恐怖分子的信念也就越坚定，打击力度也就越强硬。在恶势力面前，俄罗斯要对恐怖分子说“不”！

12
纵横四海

梅开二度

一个人的成败，应该交由群众评价，不是常听人说群众的眼睛是雪亮的吗？

普京的第一任总统做得是好是坏，可以从民意调查结果判断出来。曾有53%的俄罗斯人民希望这位新世纪总统能连任三届，对于这位人民支持率长期保持在70%的俄罗斯总统而言，获得民众的支持远比连任总统荣耀。而人民的支持也表明他的第一任工作做得还不赖。

是时，普京的总统任期即将结束，而在新一届总统选举中，他能否胜出再次当选呢？

就如2000年总统选举一样，俄罗斯国家杜马的选举为2004年3月的总统选举拉开了序幕。2003年9月2日时，普京签署了相关法令，俄罗斯第四届国家杜马选举将在2003年12月7日举行。

国家杜马选举的重要性，对于已经参加过一次杜马选举的普京来说不言自明。对于这次杜马选举，普京也是火力全开，全力以赴。支持参加国家杜马选举的共有10个政治团体，分别是俄罗斯共产党、人民党、自由民主党、农业党、波赫缅·尔金—费奥多洛夫联盟、“祖国联盟”、“右翼力量联盟”、“俄罗斯复兴党—俄罗斯生活党”、“统一俄罗斯”、“亚博卢”集团。值得一提的是,“统一俄罗斯”的领导人正是普京。

国家杜马的选举，对之后的总统大选至关重要，故此为了能在国家杜马当中获得优势地位，普京利用职权，在法律允许的范围内对他的对手们施加政治压力，以此来保证“统一俄罗斯”的优势地位。

众人皆知杜马选举的重要性，因此那些曾经被普京打压过的寡头们又开始蠢蠢欲动了，他们打算趁着国家杜马选举的关键时期推翻普京的统治地位。

普京上任之初，就大刀阔斧地惩治俄罗斯寡头们。最初，他并未赶尽杀绝，只是希望这帮寡头遵守本分，老老实实做生意，不要试图染指政治。可他的这种不痛不痒的干预，已经严重损害了他们的利益，故而此次普京若是在杜马选举当中惨败，那么他在接下来的总统大选中也基本没戏了。只要他下台了，他们又可以像以前那样财权兼得，所有失去的都可一并拿回来。

这次杜马选举，与普京对着干的人中冲在最前面的是当属霍多尔科夫斯基。

早在1997时，霍多尔科夫斯基就登上了《福布斯》“全球亿万富翁排行榜”，之后他的个人资产一直都在迅速增加。2002年至2003年，仅一年的时间，他的个人资产就从37亿美元增至80亿美元，在2003年的《福布斯》“全球最有影响力的十大富豪排行榜”中，霍多尔科夫斯基排名第7位。

其实，霍多尔科夫斯基并非仅靠自己打拼才积累了如此雄厚的财富，他的第一桶金来得并不光彩。当年，他通过“股份换产权”的方式，以3亿美元从当时的俄罗斯第一寡头别列佐夫斯基的手中，收购了俄罗斯曾经最大的石油企业尤科斯石油公司。

作为当时世界第4大石油公司，尤科斯石油公司拥有140亿至210亿桶石油，而当时俄罗斯石油总储量也不过490亿桶。换算一下可知，拥有俄罗斯将近一半石油储量的尤科斯石油公司，当时的市场总值至少在320亿美元以上，而霍多尔科夫斯基仅花了3亿美元就将这么一座大型企业收入囊中，真是“赚”大了。当然，他的“赚”纯属欺骗行为。

人的欲望是无止境的，拥有雄厚家底的霍多尔科夫斯基并不满足自己在物质上的富有，他也像之前的寡头们一样，开始染指俄罗斯的政治，在俄罗斯政府及议会中不断收买人心，他甚至还幻想当上俄罗斯的总统。对他而言，这次国家杜马选举便是他扳倒普京的绝佳机会。

普京明白让寡头干扰政治的危害有多大，所以他一直对此头痛不已，也十分痛恨。可他不会逃避和妥协，对那些执意与他作对的寡头，他向来都会以强硬的手段对待。因此，此次霍多尔卡夫斯基从中作梗，简直是自寻死路。

2003年10月25日，俄罗斯总检察院以巨额诈骗、偷税漏税等罪名将霍多尔科夫斯基逮捕，与此同时，检察院还对其名下的各大企业进行大规模的调查。最终，霍多尔科夫斯基锒铛入狱，被判9年监禁。

2003年12月7日上午8点，俄罗斯第四届国家杜马的选举正式拉开了帷幕。一大早，普京就带着妻子柳德米拉来到投票点进行投票，柳达米拉很快做出了选择，但普京却花了很长时间。

当普京从投票点出来的时候，他马上被在一旁等待的记者们围了起来，还没等记者询问他把那一票投给了谁，他就告诉他们，他并没有选任何人，他投了弃权票。

杜马选举的结果很快出炉，进入杜马的是4个得票率超过5%的政治团体，普京代表的“统一俄罗斯”以36.84%的得票率位居4个入选政治团体的首位。对于这个结果，其实很多人都已经预料到了。

普京担任总统以来，俄罗斯的经济得到了迅速恢复，人民的生活水平也日渐提高，在他的领导下，俄罗斯经济状况确实得到极大改善，民众也十分感谢普京的领导，故此对于其大力支持的“统一俄罗斯”，俄罗斯民众似乎找不到不支持的理由。

“统一俄罗斯”的胜出让普京松了一口气，因为它的胜利表明，议会当中绝大多数人都支持普京，这对普京之后实行政策是十分有利的。更关键的是，杜马选举的胜利也让普京在接下来的总统大选中多了一分胜算。

普京在第一任总统任职期间，政绩卓著，深得众望，他的支持率一直居高不下，很大原因便在于此。不过普京知道，目前的优势并不能锁定最后的局势，政坛总是瞬息万变，只有将胜利的姿态保持到最后一刻，真正的胜利才会被握在手中。故此，他对接下来的总统选举不敢松懈半分。

在接下来的时间里，普京对内阁进行了大规模调整，改组之后的内阁基本实现了“去叶利钦化”，也大体实现了“亲信化”，当时的内阁成员基本全是普京的心腹，这对其今后的执政非常有利。

此前，在杜马选举期间，俄罗斯的一些机构对接下来的总统选举结果做了一些事前调查，以盘算谁将有更大几率赢得胜利。事实上，不管他们做多少次调查，结果基本已成定局——普京将在这次总统大选中胜出。

根据俄罗斯总统选举的相关规定，如果参加投票的俄罗斯公民少于俄罗斯总人口的50%，那么投票产生的结果将不被承认。当然，这种情况基本不可能发生，或者说很难发生。民意调查表明，有60%以上的俄罗斯公民将会在这次总统选举中行使自己的投票权。换言之，普京连任已是板上钉钉的事儿了。

普京是个信心十足的刚强之人，可绝不盲目自信，更不会自以为民众一边倒而坐等硕果，他依旧积极筹备总统竞选的相关事项。他曾向俄罗斯人民保证，如果他继续担任俄罗斯总统，他还会继续努力，用更高的热情投入到建设俄罗斯中去。

人贵有自知之明。面对如此强大的普京，对手们纷纷选择退出这次总统大选。在普京所有竞争对手当中，势利最大的恐怕要算“俄罗斯共产党”的代表久加诺夫了，但由于他在国家杜马选举当中再一次失利，他的支持率因此大打折扣。就算他是普京竞争对手中最有能力的，此时也只能选择退出。

竞争对手的接连退出，也让普京更接近胜利，只是，选手们若都退出了，那总统大选不就成为普京的独角戏了吗？为了避免这种情况出现，克里姆林宫不得不挽留几个人，请他们继续参加大选。即便如此，这次总统选举的候选人，算上普京也仅有7个。这是俄罗斯建国以来参与总统选举人数最少的一次，由此可见普京的庞大能量。

总统的竞选者中，除了普京，最具实力的候选人要属“祖国联盟”的领袖——谢尔盖·尤利耶维奇·格拉济耶夫，可悲的是，即便是这6人当中最厉害的格拉济耶夫，他的支持率也仅有3%，而其余几人无疑都属于“重在参与”类型的。

值得一提的是，在这次总统候选人当中，有一个是曾经被普京打击过的经济寡头——伊万·彼得罗维奇·雷布金，他参加这次总统竞选的目的只有一个——与普京较劲儿，遗憾的是，他的支持率仅为1%。

2004年3月14日，总统大选如期举行，普京以71.31%的支持率成功连任。结局就如所有人预料的那样，没有丝毫悬念，就连成功当选的普京也没有表现出过分的喜悦。普京在发表公开讲话时表示，他会继续努力，绝不辜负那些支持他的俄罗斯人民。

这一届俄罗斯的总统大选，是迄今为止最不热闹的。在过去，每到大选前期，俄罗斯的社会学专家们就开始分析那些候选人的优势及劣势，以推测最有可能当选的候选人。但这一次，几乎没有哪个社会学专家过分关注总统候选人，因为他们知道，强大的普京注定会是这次竞选的赢家，因而无需推测。而这些专家的表现也恰恰说明普京在人民心中占据的地位十分重要，人们都愿意相信这位严肃、热血的俄罗斯总统。

在俄罗斯，流传着一首名叫《嫁人就嫁普京这样的人》的歌，歌词的内容大致上是讲一个失恋少女渴望找一个像普京一样的男朋友。这首歌曲调优美，朗朗上口，而让这首歌爆红的主要原因，恐怕就是歌词所写的内容“真实”地反映了俄罗斯万千少女的真实心态。

工作中的普京是一个严于律己的铁腕总统，但他也有幽默风趣的一面，他有时会在镜头前眨眼、吐舌、扮鬼脸。

网络上曾爆出一段视频，显示普京参加过《俄罗斯好声音》，一曲终罢，获得三位导师转身，原来这只是一起“PS 嫁接”事件罢了。不过，能拿国家领导人“开玩笑”，也足以表明普京绝非一个为人刻板的总统。

从双头鹰到双翼

每个人都可以做主自己的人生，有时迫于种种因素选择了一条别的路，可那也是自己的选择，我们能做的是甘之如饴，微笑接受，而非自怨自艾妄自菲薄。

选择继续担任俄罗斯总统的普京，难道不渴望安稳生活吗？只是他知道自己属于这个多变的时代，他是个能担当大任的人，这样的人，又怎能如平民百姓一般，过着小资生活呢？那样的生活又怎能释放出他内在的全部热情？

普京明白，要想继续担任这份重职，就必须担负起它所带来的重责。

苏联解体之后，叶利钦曾对俄罗斯的外交政策进行了一系列整改。最初，叶利钦推行的是“一边倒”的外交政策。叶利钦当时的想法是，希望在外交上全面倒向西方，想借此来获得西方国家的接纳，这样一来西方国家就会向俄罗斯提供大量资金，便可以让俄罗斯暂渡难关。

然而，作为苏联解体后最大的成员国，俄罗斯一直被当成苏联的代表，尽管当时美苏冷战时期已经过去，可西方国家对俄罗斯的敌视态度并未完全改善，他们仍然希望能削弱俄罗斯的力量。俄罗斯的退步、妥协并没有令其达成预期目标，不仅没能融入西方国家，在东方的影响力也大打折扣，得不偿失。

叶利钦在其第二个任期当中，又制定了“双头鹰”的外交战略。“双头鹰”的目标，是推动世界多极化，进而将俄罗斯打造成多极化格局中的重要一极。叶利钦的这项决定得到了俄罗斯各界的认同。普京也十分支持叶利钦的“双头鹰”战略，甚至还在此基础上补充了几点，从而制定了“巩固独联体、平衡东西方”的“双翼外交”。

总结普京的“双翼外交”，不外乎以下 4 点：

第一，愿在降低武力因素在国际关系中的作用方面，与美国有进一步的合作；

第二，将欧盟视为俄罗斯重要的政治经济伙伴，有限发展与欧洲国家的关系；

第三，积极发展同中国的友好外交关系，亚太外交将是俄罗斯接下来的重点方向之一；

第四，“双翼外交”的重点是发展与独联体所有国家的友好关系以及战略伙伴关系，其优先方面是保证与独联体国家进行多边和双边合作。

普京的“双翼外交”，是从俄罗斯的实际情况出发，着眼于俄罗斯长远利益的一项正确决策。他曾向俄罗斯人民保证，俄罗斯有能力捍卫自己的主权，也有足够的力量保证自己的安全。在国际上，俄罗斯可以维护好自己民族的根本利益。俄罗斯永远都不会回到苏联时期，也绝不会通过造成新的两极分化的格局来达到复兴的目的。进行市场改造，融入国际社会，这才是俄罗斯应该选择的道路。

北约东扩、美国国家导弹防御体系（NMD）的发展……面对西方国家强烈的排挤，俄罗斯必须改善同西方国家的外交关系，在加强同西欧的合作的同时，还要抓紧同东方国家搭建友好桥梁。

普京曾写过一篇题为《二十一世纪的头十年》的文章，在这篇文章当中，他表示世界在未来一定是朝着多极化发展的，他认为，俄罗斯应该继续推动多极化格局的形成。

出任总统的时候，普京处处小心，担心自己的一时疏忽会酿成大祸。直到他适应总统职位，他的才能才逐渐展示出来。任职期间，俄罗斯的各个方面都得到了发展，最主要表现在俄罗斯与西方国家的关系开始有了微妙的转变，尤其是与美国之间的关系转变得较为明显。这一转变来之不易。

普京在刚上任的时候，美国的专家学者们都表示，俄美将会进一步恶化，很多人都不看好接下来俄美的关系走向。有部分专家学者甚至认为，普京领导下的俄罗斯恐怕将会对美国采取强硬的抵抗手段，普京在一段讲话中似乎也将西方国家从“伙伴”变为了“竞争对手”，而他的这种微妙变化也自然引来了更多专家学者的担忧。

还有一部分专家学者认为，在普京的统治之下，俄罗斯恐怕难成气候。俄罗斯已经没落了，再也回不到苏联时期的那种地位，对美国来说，俄罗斯远没有之前那样的威慑力了。

只是，事情的发展出乎了所有人的预料，俄美关系的状态也并未像那些专家学者们预期的那样会越发僵持，反倒趋于缓和了。

普京担任代总统时，美国特使塔尔博特曾访问过莫斯科。当时受制于种种外部因素，见面对于两人来说都极其不自在，尴尬的气氛一直萦绕在两人周围。两人的表现似乎正在印证某些传言。而到了 2000 年 2 月初，塔尔博特正式访问俄罗斯，访问结束之后，两人则都表示这一次访问的结果令他们满意。显然，两国关系正在回暖。

除了与美国的关系开始缓和，俄罗斯与欧洲国家的关系也趋于正常化。伦敦俱乐部勾销了俄罗斯在苏联期间欠下的一大笔债务，最终仅仅要求俄罗斯偿还还不到原先一半的债务。这一结果，也让俄罗斯拥有了重新回到国际资本市场的机会。

2000 年 2 月中旬，北约秘书长罗伯逊对莫斯科进行了访问。此次访问中，双方纷纷表示将终结科索沃战争以后北约与俄罗斯不温和的外交关系，重新回到原本通畅的官方接触层面，而双方在布鲁塞尔共同设立的理事会也将恢复工作。

尽管俄罗斯逐一修正着与西方各国的关系，但西方国家与俄罗斯的矛盾依旧尖锐。西方国家不仅在经济方面排挤俄罗斯，在军事上也予以强有力的压制。

事实上，俄罗斯与西方国家的矛盾由来已久。

早在 1991 年时，华沙条约组织解散，而原组织成员接连提出要加入北约的要求，当时的俄罗斯坚决反对成员们的要求，如此，其与其他成员之间的关系开始出现裂痕。到了 1993 年，美国提出了一个折中计划，美方表示只要加入“和平伙伴关系”计划，就可以为加入北约创造条件。随后，俄罗斯与其他 22 个国家都加入到该计划中。俄罗斯之所以加入其中，是因为不想被欧洲新军事安全一体化排除在外。只是，美国提出的这种计划并没有遏制东欧国家加入北约的居心，对俄罗斯而言，这个结果相当不尽如人意。

1972 年时，美苏签订了《限制反弹道导弹系统条约》，但近几年，美国一直要求俄罗斯同意修改条约内容，虽然俄方未曾应允，可为了谋求更大的地面、空间的优势，美国依然单方面违反条约内容。

1999 年 7 月，颇有私心的美国在总统克林顿的牵头下签署了与《限制反弹道导弹系统条约》内容完全相反的国家导弹防御系统（NMD）法案。美国不顾其他国家的反对，一再为 NMD 的研究拨款，美军还在是年 10 月份首次试验了导弹拦截技术，并大获成功。

显然，美国签署国家导弹防御系统法案的行为严重影响了世界安全，必定会打破国际战略平衡，但归根到底，美国的目的即是要降低俄罗斯的核能力。

美国看准了当时俄罗斯国内的经济危机，认定俄罗斯没办法为国防建设投入太多的资金，这样一来，俄罗斯也就没办法在核武器上与美国分庭抗礼。而美国签署的国家导弹防御系统法案将会大大降低俄罗斯的核抑制能力，俄罗斯一旦失去了核武器这张王牌，其必然退居二线，失去大国地位。

普京自然清楚美国这一系列举动的真正目的是什么，他也明白美国部署 NMD 对俄罗斯将会产生十分不利的影响。为了维持俄美的军事战略平衡，为了保护国家利益，为了保障俄罗斯的大国地位，普京绝不能坐以待毙。

普京明白，一味地反对、指责根本无法阻止美国进行 NMD 计划。因此，他避免针锋相对，选择从侧面去解决这个问题。

在他的推动之下，俄罗斯的国家杜马通过了《全面禁止核试验条约》以及《俄美第二阶段削减战略核武器条约》，俄罗斯方面还将《俄美第二阶段削减战略核武器条约》与《限制反弹道导弹系统条约》挂钩，此番举措极大地限制了美国发展反导系统。

普京还积极谋求其他国家的支持，力图通过外交手段阻止美国的 NMD 计划，最起码也要起到抑制效果。2000 年 7 月，普京访华，与中方探讨了这一问题，两国很快达成一致，签订了《中俄关于反导问题的联合声明》。与此同时，英国、法国、德国、意大利、加拿大都对美国实行 NMD 计划表示不满，而对普京的反导行动纷纷表示支持。

通过普京的努力，美国的 NMD 计划遭到了北约盟国、中国、俄罗斯等国家的强烈反对。迫于国际指责，克林顿只好宣布推迟 NMD 的实行。

国与国的交往没有绝对的对峙，只有绝对的利益，敌人不会永远是敌人，朋友也永远不会一直是朋友。普京巧妙地利用了这一点，才使得俄罗斯不至于被踩在脚下，也不至于与美国结怨太深。而实际上，俄罗斯与美国长久以来都保持着忽远忽近的关系，这无疑是“利益”在作祟。

俄美，对抗与合作

在新的世纪，俄罗斯在新任领导人的带领之下，其未来必定会绚丽多彩。只是这份多姿的背后，是无尽的利益交锋。

说到俄罗斯，就不得不提及它的老对头美国，作为在世界上都极具影响力的国家，俄罗斯与美国的关系更让世界人民关注。俄罗斯经济的恶化，再加上美国及北约不断给予俄罗斯重压，俄美关系急速下滑。在新的世纪，两国究竟是选择继续合作，还是重新对抗，一时之间众说纷纭。

自苏联解体之后，俄罗斯的国际影响力便大不如前，而美国依旧是经济、军事强国。面对两国的差距，普京当然清楚选择与美国对抗是没有好处的。

2000 年，普京批准了《俄罗斯联邦外交政策构想》，他在这篇文章中写道，尽管俄美之间存在着很严重的分歧，但俄美的相互关系是改善国际形势的重要保障，是保证全球战略稳定的必要条件。在普京看来，俄美应该保持继续合作的关系，在相互合作当中谋求两国的共同发展。

俄罗斯希望与美国友好相处，可两国之间存在的矛盾非一朝一夕便能解决，而在改善关系上，美国方面还表现出了强烈的抵触心理，因此普京想要与美国改善关系，必须等待时机。

2001 年，美国发生了震惊世界的“9·11”恐怖袭击事件，这次事件的发生，对世界安全局势以及外交格局产生了极大影响。普京认为，改善俄美关系的机会来了。

2002 年 11 月初，普京访华并登上中国的长城，领略了中国的壮丽江山。在他登上长城时，俄罗斯代表团中的一个成员提醒普京，美国总统小布什访华时也曾游览过长城，并且一直登上了第三座烽火台。“我不准备同布什先生竞赛”，普京笑着说道。普京这句话看似无心之语，其实蕴含着深刻道理。这句话表面上的意思是说他本人不会与布什较劲儿去登更远的烽火台，实际上他的用意是希望能改善俄美的关系。

2002 年 5 月，在莫斯科举行的峰会上，俄美两国的总统共同签署了《俄美新战略关系联合宣言》、《俄美关于削减进攻性战略力量条约》等文件。俄美两国正在建立新型的战略伙伴关系，普京与布什都表示，俄美关系永远都不会回到美苏冷战时期那样。同时两人还称，俄美双方将会为促进世界经济一体化努力，一同应对全球性威胁以及地方冲突等问题。

就在这次峰会结束后不久，美国商务部便承认俄罗斯为市场经济国家，这也加快了俄罗斯进入世界贸易组织的脚步，同时也为俄罗斯进入美国市场扫清了阻碍。

俄美关系在大形势上已有好转，可在具体问题上似有分歧，尤其是在北约东扩的问题上，两国一直处于僵持状态，好在彼此都在积极寻找解决办法。

当北约继续向东扩展势力时，波罗的海三国就成为其东扩的目标。波罗的海三国是指立陶宛、爱沙尼亚、拉脱维亚，三国为俄罗斯西北边境国家，若它们加入北约，对俄罗斯而言，无疑是一个巨大的安全隐患。普京曾对北约东扩予以严厉谴责，而美国及欧盟各国对北约东扩却持坚决同意的态度，普京知道，他必须灵活解决这一矛盾。

2001 年 11 月 13 日，应美国总统小布什之邀，普京赴美国访问。访问期间，布什极尽地主之谊，他还热情地邀请普京夫妇去他位于德克萨斯州的农场做客。两人或把酒言欢，或相约林间漫步，在外人看来，这俨然是两个多年未见的老友再找寻往昔的斑驳岁月。不管真假，两人此时的表现使得俄美之间的关系有了缓和的机会。

在两人的交流中，就反对恐怖主义的问题有很多共同语言。普京在反对车臣恐怖主义问题上的措施得到了布什的支持，而美国在阿富汗战争问题上的表现，俄罗斯也表示理解。加之“9·11”恐怖袭击事件发生没多久，反恐话题无疑成了拉近俄美关系的一大法宝。

尽管在反对恐怖主义的问题中，俄美双方有了很多共识，可这不代表彼此间的矛盾都可“一笑而过”。北约东扩问题，实在棘手至极。

是年11月23日，普京在俄罗斯两百会议国际事务委员会中发表了讲话，在讲话中谈及俄罗斯对北约的态度，他表示，北约的东扩应该抱有一定的条件限制，只要不损害到俄罗斯的利益，俄罗斯方面愿意同北约展开积极的、有建设性的合作。

除了东扩问题，在伊朗、伊拉克等中东国家的问题上，俄罗斯与美国也存在着相当多的矛盾。或许，这是俄罗斯“制约”美国的一个手段。毕竟敌人的敌人，就是朋友。

出于对自身经济利益的考虑，俄罗斯向伊朗出售了核技术，这一做法遭到了美国的强烈反对。美方认为，俄罗斯为伊朗提供核技术会影响国际的安全形势，美方担心伊朗会利用俄罗斯提供的核技术制造核武器，因此美国要求俄罗斯终止这一行为。而俄方却认为，美国的担心纯属杞人忧天，故而并未听从劝告。

2000年3月，伊朗总统哈塔米对俄罗斯进行访问。为了推进俄罗斯与伊朗之间的关系，双方签署了两国关系基础和合作原则条约。在哈塔米访问期间，双方还达成了共识，签订了关于黑海法律地位的联合声明。哈塔米与普京在谈话中均表示，要加强两国之间的军事技术合作，普京还打算帮助伊朗建立布什尔核电站。

2000 年 10 月，俄罗斯宣布将在和平利用原子能的前提下，加强与伊朗在原子能方面的合作，俄罗斯方面允诺将继续帮助伊朗修建 3 座核电站。

2003 年 3 月 20 日，伊拉克战争爆发，俄罗斯与德国、法国合作，形成三角关系，在伊拉克战争的问题上他们表示，在维护国际法和联合国尊严的前提下，将会保护自身在中东地区的合法利益。俄罗斯此举，也是出于自身利益及战略利益方面的考虑，可美方对此十分不满，俄美关系迅速恶化。

俄美两国之间的关系好不容易才得到缓和，两国也都十分珍惜这样的改变，不仅俄罗斯将改善俄美双方关系看做是当前的紧急任务，美方也同样如此。可这次事件又让两国关系降到冰点。

2003 年 9 月底，普京与布什在戴维营会面。在这次会面当中，两人都认为在反恐战争中，俄罗斯与美国的关系已不仅局限于战略伙伴关系了，彼此更像是真正的盟友。布什在会面中，首次明确地承认了俄罗斯打击车臣极端分子的行为属于世界反恐战争的一部分。显而易见，“分分合合”的俄美关系不会因一次政治或军事事件而完全修复，也未必会因此而陷入不可逆转的境地，这一如商业上的“有钱大家赚，没钱靠边站”。

近几年，俄美关系再次降温，导火索即是乌克兰危机。

乌克兰拥有 4500 多万人口，是东欧最大的市场，有着极大的消费前景，且乌克兰占据着十分优越的地理位置，拥有丰富的自然资源。可是，占全优厚条件的它却一直面临着经济困境。

自苏联解体后，乌克兰的经济增长便不容乐观，其经济状况更排在所有独联体国家的末端。乌克兰政府部门贪污腐败严重、失业率高、经济低迷、货币管制，都是造成此次乌克兰危机的原因，而这次危机的根本性原因即是乌克兰与欧盟签订联系协议失败。

乌克兰的大片国土连接着4个欧盟国家，俄罗斯向欧洲供应天然气时大多都经过乌克兰，故此其地理位置以及资源都有着重要的战略意义。欧盟于2009年启动了东部伙伴计划，想借此来加深与前苏联的6个成员国之间的关系，乌克兰便是欧盟拉拢的对象之一。

然而，拉拢乌克兰在内的6个前苏联成员国之举却严重地损害了俄罗斯的战略意义，为了保护自己的利益，俄罗斯强势介入乌克兰问题。这就是造成乌克兰危机的直接原因。

2014年3月1日，普京与奥巴马进行了1个半小时的电话交谈，他们就乌克兰的危机进行了深刻讨论。奥巴马称，俄罗斯“入侵”乌克兰的行为严重违反了国际法，他呼吁普京能把俄罗斯部队撤回克里米亚的军事基地内，警告普京如果再不撤军，美国以及其他盟国将会实行报复行动。但是普京强调，一旦暴力继续蔓延，俄罗斯将会为了维护自身利益以及当地的俄语语系居民的安全继续派兵。显然，硬汉普京并不妥协。

其实，乌克兰危机事件致使很多俄罗斯人都开始担忧俄美关系。2014年1月时，对俄美关系持负面评价的民众只有17%，自从乌克兰危机爆发以来，这个比例急速攀升至82%。这明显不是好兆头。乌克兰危机也让66%的人民对俄罗斯与欧盟的关系打上了“差评”。40%的人认为，俄罗斯与西方国家的关系将会进一步恶化。

利益一旦发生冲突，朋友可能也会立即转变为敌人，只看这种利益的冲突大小和类型了。俄美之间的关系是相当复杂的，说它们是合作关系并不正确，说它们是抵抗关系也不完全。但有一点可以肯定，俄美关系较冷战时期已有了很大改善。未来之路或许会越发平坦，这当是两国人民的期冀。

俄欧，疏远与靠近

世间万事的发展总有一两个不利因素相伴，就如俄罗斯在外交上的问题一样，对俄罗斯来说，美国固然是自己长久以来的劲敌，可也是自己未来的合作对象，而除了美国，欧洲国家同样是俄罗斯外交着重发展的对象，似乎也是“亦敌亦友”的味道。

普京就任俄罗斯总统以来，一直都十分关注与欧洲国家的外交关系，他始终采用积极进取、务实、灵活的外交方针与欧洲各国相处。自 2000 年 4 月开始，他便积极去欧洲各个国家进行国事访问。

2000 年 4 月，普京对英国进行国事访问。

作为上任以后第一个访问的西方国家，英国是普京经过深思熟虑做出的选择。之所以选择英国，主要还是考虑到经济方面的因素。当时俄罗斯正处于经济困顿时期，急需一个能在国际货币基金组织上为自己说话的人，而最适合这个说客角色的，恰恰就是在欧盟中占据重要地位的英国。

除此之外，普京选择英国还考虑到英美之间的特殊关系。与英国友好相处能间接地改善俄美之间的关系，对缓和俄美之间对立的局面有着十分重要的意义，同时也能使俄罗斯与西方国家的关系从困境当中摆脱出来。

在英国访问期间，普京向英国的企业家们表示，俄罗斯将采取一系列措施改善俄罗斯投资环境，以此保护西方投资者的合法利益，他还借机做起了“广告”，表示俄罗斯将是他们选择投资的好地方。

当时的英国首相托尼·布莱尔，在第一次与普京接触之后，由衷地称赞普京是一个“有政治远见”的领导者。很明显，这次访问是成功的，通过这次访问，普京与布莱尔决定建立两国经济热线等决策，还决定建立俄英两国领导人年度会晤机制，这次访问也加快了两国建立“特殊伙伴关系”的步伐。

接下来普京也没有闲着，继续为俄罗斯开拓欧洲市场，向欧洲各个国家展开了强势的外交攻势。意大利、西班牙、德国、法国等欧洲国家陆续成为普京的“外交战场”，他一路“攻城略地”，实现了俄罗斯与欧盟首脑的会晤。

强势而有效的外交，对于拉动俄罗斯经济大有益处。事实上，普京的当务之急就是解决俄罗斯经济低迷的问题。在这一系列外交访问中，普京一直将双边经济合作、多边经济合作放在外交任务的首位，他所实行的“经济务实”对外政策也取得了喜人的成绩，他的一番举措也为俄罗斯的经济带来了新希望。

普京的这套外交组合拳聚焦于经济合作，不得不说，这是很漂亮的打法，也很快有成效了。普京在访问意大利期间，意大利政府许诺将会为俄罗斯提供15亿美元，作为俄罗斯经济振兴的援助金。意大利政府的慷慨举动不仅使俄罗斯的经济慢慢苏醒，更使两国之间的关系变得更亲密了。

在普京的欧洲外交计划中，还有一个国家占据了相当重要的位置——德国。德国对俄罗斯的重要性不亚于美国、英国，普京深知这一点，发展俄德外交关系也被他提上议事日程。只是，科索沃战争等一系列琐事令俄德关系急速冷却，如何挽救这种濒临破裂的关系，成了普京急需考虑的头等问题。

作为俄罗斯最大的债权国，普京知道必须与德国重修旧好，为此在对德友好访问时，他特地准备了见面礼——他将在第二次世界大战中获得的“艺术战利品”的一部分归还给了德国，这算是为访问起了个好头。

好的开端是成功的一半，普京这次德国访问之行的主要目的，就是希望德国能减免部分俄罗斯的债务。

当时，俄罗斯欠德国的债务累计高达750亿马克，这样一大笔外债让俄罗斯偿还起来实在吃力，出于经济考虑，普京在访问中提交了减免债务的申请，但德国政府拒绝了他的这一请求。

料想德国也不会如此轻易地减免了俄罗斯这么一大笔债务，虽然如此，但事情也有转机，因为德国政府同意将偿还债务的时间向后推迟。德国政府的这一决定，使得俄罗斯国内经济压力骤减，这对俄罗斯的经济发展相当重要。普京在商谈中表示，俄德两国应扩大经济往来，深化贸易合作，德国总理格哈德·施罗德表示赞同。总的来说，普京的德国之行还算完满。

2000 年 10 月，俄罗斯与欧盟首脑会晤在巴黎举行。欧盟表示，将在接下来的一段时间内继续向俄罗斯提供技术帮助，并加大对俄罗斯的投资，深化与俄罗斯的经济合作，更承诺会尽早把俄罗斯拉进世界贸易组织中。

与美国的空头支票不同，欧盟在经济领域中为俄罗斯提供的是强有力的、可行的、实质性的帮助。在 2002 年 6 月举行的欧盟—俄罗斯首脑会议中，启动俄欧一体化进程这一重要议题被提出，而该项措施的实行，将会大大加快俄罗斯的经济发展，使得俄罗斯更快地融入到欧洲经济体系当中。

欧盟的市场、技术、资本，为俄罗斯经济发展提供了强大动力，而俄罗斯丰富的能源储备与巨大的市场潜力，也吸引着欧盟的加入。俄罗斯与欧盟之间的经济合作，为彼此战略伙伴关系的发展打下了基础。

北约持续东扩，一直是普京的一块心病，而北约新一轮东扩的目的更让他坐卧不安。其旨在将目标国家直接扩展到俄罗斯西北部的边界，显然，北约此举对俄罗斯的国家安全造成了严重威胁。虽然俄罗斯无法阻止北约东扩，可至少要想办法减少这一举动对俄罗斯造成的影响。普京为此一直在寻找对策。

2002 年 5 月 28 日，普京与北约 19 个国家的首脑齐聚在意大利的首都罗马，20 个国家的领导人聚在一起，一同签署了《罗马宣言》，北约—俄罗斯理事会就此而生。这个“20 国机制”中，北约将在海上搜救、危机处理、防止核扩散、反恐等问题上与俄罗斯加强合作。这种新型合作机制的建立，表明俄罗斯在国际安全防务上与欧洲有了更进一步的合作。此种新型合作机制的确减少了北约东扩对俄罗斯造成的威胁，也在一定程度上起到了安抚俄罗斯国民情绪的作用，从而避免了俄罗斯内部政治动荡。

此种机制的建立对俄罗斯与北约都十分有利，而这种双赢结局也受到很多人的高度评价。普京称，这是俄罗斯与北约双方朝着平等合作关系迈进的重要性一步，北约秘书长罗伯逊也表示，这种新型合作机制的确立预示着“冷战思维的结束”。英国外交大臣杰克・斯特劳说：“这是冷战葬礼的最后仪式，俄罗斯不再是敌人，而是朋友和盟友。”

在处理俄罗斯与美国之间的关系时，普京采取的是灵活变通之策，既尊重美国这个命中夙敌，又不退让妥协；既与其保持一定距离，又愿意与其保持密切合作。而在处理与欧洲国家的外交关系时，他的态度则很明确——接近他们，与之亲近。

俄中，友好与睦邻

远亲不如近邻，中国是俄罗斯最大的邻国，因此与中国搞好关系，对俄罗斯的重要性不言而喻。

对俄罗斯而言，中国具有相当特殊且重要的地位。无论是叶利钦执政时代，还是现在的普京时代，他们都将加强与中国的友好往来当成俄罗斯重要的战略方针之一。

俄罗斯与中国的关系，实际上是中国与苏联关系的继承与发展。自苏联解体，俄罗斯独立以后，中国与俄罗斯的领导人对两国之间的关系都进行了冷静地思考与分析，从国家的根本利益出发，两国之间的关系必须得到友好、健康的发展。

作为亚洲两个最大的国家，中国与俄罗斯几乎占据了亚洲板块一半以上的土地，两个地域广阔的国家的边界线就达 4300 多公里。中国与俄罗斯都是联合国安理会的常任理事国，同时也同属世界 5 个核国家的成员，故此中国与俄罗斯的关系，对亚洲，乃至世界都有着“制约性”的影响。

中国是普京“双翼外交”中的重要一员，因此为维持中俄友好关系，他付出了巨大努力。

2000 年年初，普京接见了中国的国防部长迟浩田，在与迟上将会面时，普京明确地表示俄罗斯将继续发展与中国之间的政治、经济、文化、科技、军事在内的战略协作伙伴关系，称俄罗斯将会与中国一起推动世界多极化的建立，在反对干涉别国内政、反对建立单极世界等问题上两人也达成了共识。这次会面之后，双方还签订了《关于进一步加强军事领域合作的互相谅解备忘录》。

同年 7 月 5 日，已正式就任总统的普京参加了于塔吉克斯坦首都杜尚别举行的“上海五国”元首会晤，此次会晤，他第一次见到中国主席江泽民。江泽民表示，在新世纪必须加强和深化中俄战略协作伙伴关系。此后，普京访问中国，更与中方领导人签署了《中俄北京宣言》。

随后应普京之邀，江泽民主席于 2001 年 7 月 15 日起，对俄罗斯进行了为期 3 天的国事访问。访问期间，中俄两国领导人签署了《中华人民共和国与俄罗斯两邦睦邻友好合作条约》。之后两国领导人又发表了《中俄睦邻友好合作条约》、《中俄元首莫斯科联合声明》。好朋友、好伙伴、好邻居，这是中俄双方共同期望的两国关系，双方甚至用法律的形式将这些固定下来，这为两国关系的进一步发展打下了法律基础。条约的签订也意味着中俄两国将进入不断深入发展的新阶段。

2002 年 12 月 1 日，普京再度来华访问，为期 3 天。访问期间，普京与江泽民主席签订了《中华人民共和国与俄罗斯联邦联合声明》，声明强调，中俄两国必须加深战略伙伴关系，加强两国在反对恐怖主义上的合作，加强两国的经济贸易往来，中俄双方应该遵守《中华人民共和国与俄罗斯联邦睦邻友好合作条约》中的原则与方针，加深两国的合作关系。

2003 年 5 月末，中共中央总书记、中国国家主席胡锦涛，在他成为新一届的党和国家领导人时，将俄罗斯作为他第一个出访的国家，由此可看出中国国家领导人对中俄关系的高度重视。访问期间，两国最高领导人一致表示，无论国际形势如何，中俄双方都将加深两国睦邻友好、合作互利的战略伙伴关系当成两国外交政策的优先方向。

2009 年 6 月 17 日，中俄建交 60 周年，俄罗斯历史最为悠久的俄罗斯国家大剧院举行了盛大的庆祝大会。当晚，俄罗斯大剧院金碧辉煌，流光溢彩，欢乐的气氛笼罩在大剧院内，每个人的脸上都洋溢着兴奋、喜悦的表情。在主席台的背后，中俄两国的国旗威严地悬挂在背景幕布上。对两国来说，这是一个特殊的夜晚，也是一个非常有纪念意义的夜晚。

在庆祝大会上，胡锦涛主席发表了题为《共创中俄关系美好未来》重要讲话，一再强调并高度评价了中俄外交关系近几年的重大发展，并追忆过往两国关系的发展历程。

对俄罗斯来说，中国是不可或缺的联盟伙伴，加强与中国的合作关系，在诸多方面都将有厚重的“依靠”；而对中国而言，俄罗斯又岂是可有可无的角色呢？从整个国际形势上看，中俄的友好合作也是时代发展所需。

中俄两国国家元首、政府首脑定期互访，使得两国间的联系越发密切、顺畅，除了国与国的亲密，中俄两国地区间的联系也逐渐频繁、健康、有序起来。截止目前，共有 60 多个俄罗斯联邦主体与中国的地方省份建立联系。

外交上的友好，直接受益的即是两国的经济，而中俄两国在经济方面的联系也在逐步加强。与 2008 年相比，中俄双边贸易额在 2009 年时下降了 31.8%，但仅过了一年时间，中俄双边贸易额又迅速恢复到原来的水平。

2010 年 9 月 27 日，中俄原油管道工程竣工，胡锦涛主席与俄罗斯总统梅德韦杰夫一道出席了管道工程竣工仪式。原油管道将在当年 11 月 1 日进入试运行阶段，同时，中俄两国的双边贸易也可直接用人民币与卢布结算。

除经济上的互利互助，在军事领域，中俄两国也有了密切联系。

2009 年 7 月，为期 5 天的“和平使命 - 2009”中俄联合反恐军事演习在吉林洮南地区举行。在 80 分钟的演习中，坦克、步战车、自行火炮、歼击机、歼击轰炸机、强击机、武装直升机等一应俱全，演习结果让双方十分满意。

此外，中俄两国在文化上也加强了交流。在中俄两国政府及两国领导人的大力支持下，两国互相举办了“俄罗斯年”、“中国年”，之后又分别在 2009 年及 2010 年在国内举办了“俄语年”、“汉语年”。两国在相互学习的同时，彼此的友谊也更深厚了。

2013 年 3 月 14 日，习近平以高票当选为中华人民共和国国家主席。习主席上任后，也将俄罗斯作为自己出访的首个国家。

中俄两国的战略关系一直被两国领导人所重视。在访问期间，习近平主席与普京就如何扩大合作领域、加强相互支持等问题展开了深入探讨。在访问期间，双方签署了《中华人民共和国和俄罗斯联邦关于合作共赢、深化全面战略协作伙伴关系的联合声明》，并通过了《〈中华人民共和国和俄罗斯联邦睦邻友好合作条约〉实施纲要（2013 年至 2016 年）》。

俄罗斯科学院远东研究所的高级研究员别尔格尔认为，习近平将俄罗斯定为他就任国家主席之后的首个访问国家，表明中国仍然将俄罗斯视为优先战略伙伴，“这是非常重要和意义深远的步骤”，他如此评价习近平的这次访问。

习近平的俄罗斯访问之行，在俄罗斯国内掀起了一阵“中国热”，俄罗斯媒体对此进行了大量报道，俄罗斯人民对中俄两国关系也都持乐观态度。

应习近平主席的邀请，普京于2014年5月20日对中国进行了国事访问，为期两天。访问期间，普京还出席了在上海举行的亚洲相互协作与信任措施会议第四次峰会，其高度评价了亚信峰会合作机制，并对进入新阶段的中俄两国的战略合作伙伴关系予以赞誉。

中国与俄罗斯互为邻邦，两国早有很深的渊源，两国的利益也是休戚相关的，加强两国的战略关系，是两国政府及人民共同的愿望。

国际关系一如朋友间的相处，总要多多走动方能加深情谊。无论与美国及欧盟国家之间是否有隙，与中国的关系是否牢靠，都将左右着俄罗斯这艘航母的前进之路。作为船长，普京或许也说不清未来的事情，可至少他在努力修复漏洞，悉心经营友善，这已经足够。

13

后普京时代

蛰伏才是大智慧

不冒进、不争胜，激流勇退，这是一个人获取人生最高成就的不二法门。普京很“幸运”，因他是个心甘情愿“低调”的人。

2008 年，普京第二任总统的任期近在眼前。俄罗斯宪法中有这样一条规定：同一个人连续担任俄罗斯总统不能超过两届。这条宪法也宣告了，连任两期俄罗斯总统的普京不可能再继续连任。即便人民拥护他、爱戴他，他都无法参加接下来的俄罗斯总统竞选。

普京就任总统期间，为振兴俄罗斯做了很多事，但那时候俄罗斯人民都认为他所做的一切都理所当然，因为他是俄罗斯总统，是当家人，理应为俄罗斯的未来打拼。在广大民众看来，距这位给他们带来幸福生活的总统离任还远着呢，殊不知时光荏苒，白驹过隙，转眼之间，普京的第二个任期也将结束。

当了 8 年总统，普京在俄罗斯人民心中的地位也许都不能单单用崇高来形容，用一句通俗之语似乎更能表达俄罗斯人民的心境：这位总统太牛了！

物有本末，事有始终，再牛的总统也要按照规定退位。然而就在普京卸任前一年，有小道消息传出，他将修改俄罗斯宪法，以延长总统的任期。

这不难理解，没人愿意相信普京会这么轻松放下权力，或许多半人都不希望他那么轻易离任。其实大部分俄罗斯人民都希望这位将俄罗斯从困顿泥潭之中拯救出来的“普大帝”能继续担任俄罗斯总统，继续领航俄罗斯走向辉煌。

许多政界要员们纷纷公开表示了自己想让普京继续担任俄罗斯总统的意见。“普京连续第三次担任俄罗斯总统这将保证俄罗斯的稳定”，圣彼得堡市市长瓦莲金娜·马特维延科如是说。是时，很多官员提出修改宪法的要求，甚至有人建议将俄罗斯总统的任期时间延伸至 7 年，他们的这些做法目的只有一个——挽留普京，希望他继任总统。

除了始终如一支持普京的人希望他能留任，连之前一直与政府作对的俄罗斯国家杜马主席——鲍里斯·维亚切斯拉沃维奇·格雷兹洛夫也发表声明，表示希望普京能继续担任俄罗斯总统。俄罗斯联邦委员会主席谢尔盖·米哈伊洛维奇·米罗诺夫称，既然无法修改宪法，那么普京可以参加 2012 年的总统选举，他建议将其他重要的职位留给普京以作过渡。

高官政要们纷纷表示支持普京留任，那么俄罗斯人民又是怎么看待普京留任的问题呢？

2007 年，俄罗斯相关研究机构做了一份民意调查，调查结果显示，近 60% 的人希望通过修改宪法来让普京继续担任俄罗斯总统。假如对修改宪法进行一次公投，这条提议基本上是会通过的，如此一来，普京继续连任俄罗斯总统也将成为可能。

与外界的种种言论相比，当事人普京却显得沉稳、淡定许多。对于是否留任的问题，他从来没有公开表露过自已的态度。

2008 年 2 月 14 日，年度大型记者招待会在克里姆林宫召开，这也是普京此次总统任期之内最后一次记者招待会。会上，普京首次对自已接下来是否会连任总统表明了态度。他称，自己从未产生过连任第三次总统的意愿，他对很多人都向往的权力最高点并无过多留恋。自他担任俄罗斯总统的第一天起，他就表示决不违反宪法。既然宪法规定不能连任第三届，那么他就不会参加接下来的总统竞选。

其实，在第二任期内，普京就已开始为自己物色接班人，在他的推荐下，德米特里·阿纳托利耶维奇·梅德韦杰夫成了总统候选人。普京能推荐梅德韦杰夫，自然因为他有着出色的能力，此外一点，即是两人之间的渊源。

普京与梅德韦杰夫都是从列宁格勒国立大学走出来的，两人一开始都不是从政的，他们都从事过教育行业。共同的母校、相似的经历，让普京对这位候选人印象颇好。此外，两人还有另一个共同点——领他们走上政治道路的人都是索布恰克。正因彼此之间拥有着那么多联系，才使得他们在很多看法上都类似，而两人的友谊也因此越发厚重。

1999 年 12 月 31 日，普京被任命为代总统时，他就将梅德韦杰夫调任到自己身边，任命他为总统办公厅副主任。如果说先前两人同被索布恰克领进政坛，是同门师兄弟的手足之情，那么之后两人一同工作，朝夕相伴，则更是一份远比兄弟情亲密的关系。两人既是彼此的良师，也是益友，亲密无间，惺惺相惜。

普京曾说他有很多朋友，但真正贴心的并不多。人生有一二挚友实属幸事。普京感谢这几位挚友在他受困之时能为自己排忧解难，从未背叛，从未离开，这真是难能可贵。他并没有指明这些挚友到底是谁，可人们都应该清楚，梅德韦杰夫必定是其中之一。

梅德韦杰夫对普京是绝对忠诚的，这是普京给予他高度信任的原因之一，就如当初普京对索布恰克、叶利钦绝对忠诚一样。两人多年的交情也让普京深知梅德韦杰夫的为人，在他看来，梅德韦杰夫完全可胜任总统一职。

若想立于不败之地，就必须有高人相助。对于在国家杜马中占据 297 个席位的“统一俄罗斯”党派来说，普京就是能让其处于政治巅峰的高人。不过，纵然普京一直站在“统一俄罗斯”的阵营，而要想让“统一俄罗斯”永世不败，光凭这一点还不够，唯一的胜算点就在于，普京成为“统一俄罗斯”的领导人。因而，普京的离任对“统一俄罗斯”的确是一个好机会。

2008 年 4 月 15 日，莫斯科举行了“统一俄罗斯”党派的第九次代表大会，普京出席了此次会议，并在大会上同意就任“统一俄罗斯”党派主席一职，同时称接下来可能会担任俄罗斯政府总理一职。普京的这一决定，算是拉开了“后普京时代”的序幕。

普京从总统的宝座上退了下来，可这不意味着他离开了政治权力的中心。出任“统一俄罗斯”党的主席，确保了其在离任之后仍留在俄罗斯政治权力的中心地带。俄罗斯许多政治专家纷纷表示，普京同意就任“统一俄罗斯”主席的决定，是其深思熟虑之后做出的正确选择。

普京担此重任，不仅可以扩大“统一俄罗斯”党派的力量，也使其在离任之后仍能保持自己的政治影响力。

要想顺利实施政府政策，就必须在杜马中拥有一批强有力的后盾。作为俄罗斯政坛的一股强大力量，获得“统一俄罗斯”党派的支持至关重要。普京选择担任“统一俄罗斯”党派的主席，实在是明智之举。

2008 年 12 月 2 日，在新一届杜马选举中，“统一俄罗斯”再次取胜，在 450 个议席中，“统一俄罗斯”共获 315 个席位，占杜马 70% 的席位，这意味着“统一俄罗斯”在杜马中的地位无人可撼动。这同时也表明，“统一俄罗斯”有能力自主通过法律甚至可以修改宪法。此外，“统一俄罗斯”的壮大也代表着普京的政治影响力再一次扩大，这为他的下一次竞选提供了决定性助力。

强者不拘小节，后退不代表认输。以退为进，这才是成功的秘诀。

靠谱的“梅普”组合

从动荡到安定，从低迷到复兴，普京执政的这 8 年可谓硕果累累。就如他所说：所有的目标都已达到，所有的任务都已完成。但完成的仅仅是阶段性的目标与任务，振兴俄罗斯这个最终目标却还没有真正达成。

普京表示，要想让俄罗斯回归到大国的行列，至少需要20年的建设。他离任之后，俄罗斯究竟要走哪条道路是个问题，是继续沿着普京的计划，还是新总统另辟蹊径？

从普京的角度看，他更倾向于第一种选择。可接下来的总统并不是他，所以决定权不在他手上。不过，他曾向世人表示过，希望他的接班人能继承俄罗斯现行的政策。

“统一俄罗斯”在杜马选举中大获全胜，这对担任“统一俄罗斯”主席的普京无疑是一个天大的好消息。正因“统一俄罗斯”在杜马中占据着举足轻重的地位，才让普京拥有了影响俄罗斯政治发展轨迹的能力。

2008年2月8日，国务委员会扩大会议正式召开。会议上，普京正式提出了《2020年前国家发展战略》。战略的目标就是要发展俄罗斯的经济，改善俄罗斯国内的医疗状况，同时提高教育质量，增加国民收入水平等。普京指出，要想实现这些目标，政府与议院要协调工作，和谐相处。

是时，普京是“统一俄罗斯”党的领导人，但对于党内的矛盾与不足，他并不会偏袒隐瞒，而是直视缺点，勇于改正。他指出，党内存在少部分的投机者，要想让“统一俄罗斯”成为更加优质的党派，必须要对党内部进行调整、改革。他建议改正党内的不良风气，官僚习气必须要排除，而那些盲目自大、自私自利者更要清除干净。

普京的目标，是将“统一俄罗斯”党建立成为一支更民主、更团结、更有威望、更利于俄罗斯发展的政治党派。无论他身居何位，国家利益始终被摆在第一位。

2008年5月7日，普京为自己挑选的接班人——梅德韦杰夫在总统竞选中最终获胜，这也标志着普京 8 年的总统生涯就此告一段落。卸任总统的普京手中的权力还是很大，或者退一步说，即便不担任其他职务，单凭这些年的劳心劳力，他所积累的人气始终居高不下，更何况时代并不允许他彻底消失于政治舞台。

从总统之位上退下来的普京，被提名为俄罗斯国家总理，在梅德韦杰夫当选总统之后的第一天，他以超过 80% 的支持率通过了俄罗斯国家杜马的审核。9 年前，普京成为了俄罗斯的国家总理，经过几年的时光洗礼，他再次担任此职。

彼时的俄罗斯，已不是 1999 年以前的俄罗斯了，普京也不再是当初那个初出茅庐的小伙子。俄罗斯发展了，普京成长了，对于现在的俄罗斯，普京信心十足。

在担任总理的第一天，他便提出了自己的工作目标，他向所有俄罗斯人保证，他会令俄罗斯的经济继续增长，并在这一基础上降低通货膨胀率，同时降低特定行业的税率，还要扩大对外投资，更希望在 2008 年年底超过英国，成为世界上第六大经济体制。

普京担任俄罗斯政府总理，梅德罗杰夫担任俄罗斯的总统，“梅普”组合就此形成。这一组合的成立，可以确保俄罗斯仍按现有的政策继续走下去，并且保证了俄罗斯在接下来的几年里，政治局势基本不会有太大变动。

叶利钦执政时期，总理是一个变动极大的职务，这使得身为总理的普京随时都有被叶利钦罢免的可能。但今时不同往日，现在普京再任总理，叶利钦已不能再任总统了，作为普京的继承者——梅德韦杰夫不会随意罢免普京的职务。

作为叶利钦的继承者，普京继任俄罗斯总统，从某一个角度来说是对叶利钦政治的继承，而作为普京的继承者，梅德韦杰夫的就任，也意味着是对普京政权的一种继承。尽管普京已经不是总统，但担任“统一俄罗斯”党主席的他政治影响力丝毫不减。梅德韦杰夫是普京的继承者兼挚友，他可以完美地继承普京时代的方针政策。换言之，“梅普”组合堪称俄罗斯历史上最平稳的政权交接方式，这对于俄罗斯人民来说也是一件好事。

不再是俄罗斯最高领导人的普京，仍然保持着对俄罗斯的控制力，作为一个一生都将振兴俄罗斯当成自己奋斗目标的他来说，不论身居何职都会为了自己的目标鞠躬尽瘁。

事实上，卸任对普京而言并非坏事，甚至暂离总统之位更利于他目标的完成。

作为俄罗斯第一大的党派，“统一俄罗斯”将成为普京强有力的后盾。担任“统一俄罗斯”党主席的普京，可以更顺利地实施自己的治国方针。而“统一俄罗斯”在杜马中的重要地位，也使得议会与政府的矛盾时期彻底结束。普京必然将尽一切努力来扩大“统一俄罗斯”的影响力，以此为俄罗斯政府服务。

作为“统一俄罗斯”党的主席，普京自然会让杜马尽可能配合政府工作，杜马与政府有效配合，既能使两者的工作量大大减少，也会最大限度地提高工作效率。

担任俄罗斯总统时，普京积极发展与各国之间的外交关系，俄罗斯的经济便是因此得到复苏，但外交只是组织经济低迷的手段之一，治标不治本。要想让俄罗斯经济得到真正的发展，必须要优化俄罗斯内部的经济结构。

当初担任总统时，普京一直忙于政事，无暇顾及优化事项，此时担任俄罗斯总理了，他可以将原本搁浅的事项一一捡起，继续实施。他之前的努力，其实早已为俄罗斯勾画了大致的大国轮廓，而现在要做的就是利用所有时间、精力，去实施自己早就计划好的政策。

担任总理的普京，一如既往地尽心竭力地为人民服务，可毕竟身份不同了，细心的俄罗斯人民还是发现了一些微妙之处。比如，普京又像以前那样很少在公众视野中出现，普京的身影渐行渐远，可在基层中却时常能看到他并不高大却十分健硕的身躯。此时的普京一改之前西装革履的正式着装，时常一身休闲装着身，丝毫不见一点总理架子，亲切大方地与地方官员们交谈。

有人说，普京越来越像一个总理了。其实不是他像总理，他就是总理，他恢复了之前就任总理时的生活方式。那是因为，他觉得作为一国总理，应该要做好自己的本职工作，唯有如此，才有精力去操心其他大事。振兴俄罗斯固然重要，但他并没有忘记现在的责任与义务。

普京担任总理之后，政府的工作效率得到了进一步提高。此前，政府中有些部门的部长工作效率低下，但却没有一个总理敢去撤销部长的职务，俄罗斯之前也有几任严厉的总理，可不知为何，他们却在撤部长职务上畏首畏尾。

普京不喜欢搞特殊，也不允许政府内有特殊圈子。那些影响政府工作效率的人，被他毫不留情地撤销了，不管是谁，只要他不能胜任自己的职务，普京都严惩不贷。在这种严厉打压下，起刺儿的部长偃旗息鼓了，毕竟没人愿意自讨没趣，这使得政府各个部门的工作效率快速提高。

2008 年 5 月 12 日，普京向总统梅德韦杰夫提交了一份新内阁人员的名单，该名单很快被批准。新内阁由 28 名成员组成，其中有 8 名新人。新内阁将副总理的人数从原先的 5 人增至 7 人。

5 月 15 日，俄罗斯新一届政府举行了第一次内阁大会，这也是普京担任总理以来的第一个内阁大会。会上，普京宣布为了提高政府的工作效率，将成立一个政府主审团。主审团的成员除了总理以及其他 7 名副总理之外，还包括国防部长、农业部长、外交部长、经济发展和贸易部长等人员。参与主审团的都是俄罗斯最有权力的一群人，人数占内阁人数的 2/3。普京规定，政府内阁会议每个月至少召开一次，主审团会议每个星期会举行一次。

俄罗斯媒体认为，普京的举动会让外界认为其仍然控制着俄罗斯的大权。政治分析师科古恩尤可说，普京还没有放弃当总统的一些习惯。

尽管普京已经不是总统了，但“普京时代”仍然还在继续，他清楚自己该做什么，明白哪些事对俄罗斯有利，即便他不再是俄罗斯的总统，可他依旧是俄罗斯的“精神”。

配角的见证

你永远都是你自己人生剧本当中的主角，但是在历史舞台中，你却并不一定是主角。主角的地位确实吸引人，可当一片陪衬的绿叶也不失为一件好事，没有配角的陪衬，哪来主角的光环。成不了主角，就当好陪衬的配角。

在普京退居二线的时候，一场战火却在俄罗斯国境内蔓延开来。这场战争的爆发时间是 2008 年 8 月 8 日。就在世界人民都在关注着北京奥运会开幕之时，格鲁吉亚境内爆发了这场战争。

其实，早在 8 月 1 日，南奥塞梯就与格鲁吉亚便发生了数次冲突，但南奥塞梯一直处于劣势，随着格鲁吉亚的节节胜利，格鲁吉亚军队的气焰也愈发嚣张起来。

8月8日凌晨，格鲁吉亚展开了全面的军事行动，在格鲁吉亚的突然袭击之下，南奥塞梯半数以上的领土都被格鲁吉亚控制，南奥塞梯的首府茨欣瓦利也被格鲁吉亚的军队包围了。接连的胜利让格鲁吉亚的胆子越来越大，最后，夜郎自大的格鲁吉亚军队，开始算计起驻扎在南奥塞梯的俄罗斯军队。

格鲁吉亚与俄罗斯的矛盾由来已久。很久之前，俄罗斯经过很长时间的战斗才将整个高加索地区收入囊中。在苏联时期，高加索地区被划分为南北两部分。高加索山以南的部分称为外高加索，划分给了格鲁吉亚、亚美尼亚、阿塞拜疆；高加索山以北的部分称为北高加索，划分给了俄罗斯。而在高加索地区的奥赛梯，也被划分为南北两个部分，分别划分给了格鲁吉亚和俄罗斯，这也为日后格鲁吉亚与俄罗斯的矛盾埋下了隐患。

此次发生战火的南奥塞梯，原本属于格鲁吉亚的一个自治州，但在1989年时，南奥塞梯就提出要与北奥赛梯合并的要求。这种情况在苏联解体之后愈发严重。南奥塞梯一直谋求独立，在1992年时，南奥塞梯还通过全民公决的手段要求独立，并要求与北奥赛梯合并。南奥塞梯的一意孤行，使得南奥塞梯与格鲁吉亚政府的关系日渐恶化。南奥塞梯一直都与俄罗斯保持着良好的关系，格鲁吉亚政府常常指责俄罗斯暗中怂恿南奥塞梯独立，对于南奥塞梯上的矛盾，俄罗斯与格鲁吉亚似乎从来没打算和解。

格鲁吉亚一直在走“亲美路线”，与西方国家一直保持着密切的联系，而西方国家一直都为格鲁吉亚提供大量武器装备，这也是格鲁吉亚挑起战争的原因之一。

只是，素以勇猛著称的俄罗斯军队，又怎么会输给格鲁吉亚呢？历史上，多少军事强国曾妄想征服俄罗斯，如法国、德国，最终还不都以失败告终？格鲁吉亚亦然，其很快就为自己的不自量力埋单了。

遭受到格鲁吉亚的攻击，俄罗斯方面很快予以反击。

8月8日下午3时左右，俄罗斯政府决定向南奥塞梯增加兵力。决定发出后的20分钟之内，俄罗斯的装甲车就开进了南奥塞梯的边境。又过了将近半个小时，俄罗斯大部队已经进入南奥塞梯的首府茨欣瓦利的范围内。除了装甲车队之外，俄罗斯政府还出动了第74空降师、第58集团军，特种部队也参与进来，空军、海军也全力配合这次的作战计划。

相较于俄罗斯的强大阵容，格鲁吉亚的军事力量就显得过于薄弱。格鲁吉亚现役的士兵仅有两万多名，其中陆军1.7767万人，国民卫队1578人，空军1310人，海军人数不足千人，由内务部、海防警卫队、边防警卫队组成的准军事部队总共只有1.17万人。

不仅士兵人数远远少于俄罗斯，就连军事装备与俄罗斯也存在着相当大的差距。格鲁吉亚总共拥有128辆坦克，9架战斗机。而俄罗斯方面派出的是第58集团军，这支曾参与过车臣战争、别斯兰人质解救事件的军队，无论在规模上还是在战斗力上，在世界范围内都可圈可点。面对如此强大的对手，格鲁吉亚的失败早已注定。

不过，格鲁吉亚选择在奥运会开幕当天进攻，这是一步好棋。

格鲁吉亚兵分三路，从茨欣瓦利的东南西三个方向对茨欣瓦利发起突袭。格鲁吉亚军队出动了BMP－1/2步兵战车、BM－21火箭炮等重型武器。在苏25强击机与地面部队的配合之下，十几个小时之后，格鲁吉亚军队便攻破了茨欣瓦利。

南奥塞梯的首府——茨欣瓦利，距离南奥塞梯的边境相当近，跟格鲁吉亚更是毗邻，在作战部署上，格鲁吉亚充分利用了地形的特点，再加上格鲁吉亚的先行军队强有力的进攻，使得其在一开始就占据了主动地位。

萨拉布克、乌比阿吉、1475 高地、1134 高地等地的俄军驻地都被格鲁吉亚军队偷袭。在格鲁吉亚的偷袭当中，共有数十名俄罗斯士兵受伤，有十几名士兵死亡。面对格鲁吉亚的挑衅，俄罗斯彻底愤怒了。

在增兵南奥塞梯时，梅德韦杰夫在克里姆林宫召开了紧急会议，会议中做出了将格鲁吉亚军队赶出南奥塞梯的决定。

惹怒了被称为“战斗民族”的俄罗斯，后果是相当严重的。在决定做出的 1 小时 20 分钟之后，俄罗斯国防部第 58 集团军赶到茨欣瓦利。

第 58 集团军是一支规模庞大、战斗力强大的军队，其在接到命令之后的 140 分钟之内就迅速地完成了包括弹药补给、燃料补充在内的军事准备。迅速制定出作战方案，快速赶到现场，这也为俄罗斯的胜利埋下了伏笔。

第 58 集团军在接到命令之后，在第一时间就向茨欣瓦利前进。其从南奥塞梯北部穿过高加索山区，山路崎岖，不适合装甲车、坦克等大型车辆行驶，于是这些大型军备就从洛克斯基隧道进入南奥塞梯。沿途被格鲁吉亚占领的村庄也被俄军顺利抢回。在炮兵、空军的掩护之下，第 58 集团军沿着公路迅速进入了茨欣瓦利的范围之内，随即就向格鲁吉亚军队发起了进攻。

8 月 9 日凌晨两点，在第 58 集团军的强力炮火下，格鲁吉亚军队的攻击被压制了下来。由于格鲁吉亚军损失惨重，他们对茨欣瓦利的攻击也暂停了。

俄军包围了茨欣瓦利，然后兵分三路向茨欣瓦利内的格鲁吉亚军队发起了猛烈的攻击。首先，俄军攻占了茨欣瓦利南部的哥里，这也意味着，格鲁吉亚军的后路被彻底切断了。接着，俄军用大型武器向茨欣瓦利内的格鲁吉亚军发起了炮击。没了退路，也得不到支援，面对俄军的强大火力，格鲁吉亚军只能往茨欣瓦利西南地区以及南部郊区撤退。

俄军首战便赢得开门红，他们决定趁热打铁，乘胜追击。俄军攻占哥里之后，便往哥里东部的郊区进军，控制住了哥里东郊东西走向的高速公路。这样一来，俄军不仅完全切断了格鲁吉亚军的退路，还直逼其首都第比利斯。格鲁吉亚军的败局已定，士兵们也失去了战斗意志。

面对俄军的强大炮火，格鲁吉亚军溃败不堪。公路上，到处都是格鲁吉亚军被摧毁的坦克、装甲车，随处可见被慌乱逃窜的格鲁吉亚士兵丢弃的武器装备。格鲁吉亚军队还指望美国能派兵支援，但美国方面还没有做出什么反应，他们就已经被俄军瓦解了。

俄军除了在陆地上对格鲁吉亚军发起进攻之外，还指派北高加索军区空军第四集团军对格鲁吉亚进行空袭。第四集团军进行空袭的时候，仅出动了不到总数一半的飞机。尽管如此，俄军仍然占据了相当大的优势。两军刚开始交战的时候，俄军就已经掌握了南奥塞梯及格鲁吉亚区域的制空权。俄空军对格鲁吉亚空军、控防军的基地及设施进行了一番轰炸，这些目标都设立在居民密集区，俄空军尽量将误伤人数降到最低。与格鲁吉亚在南奥塞梯发动战争时误伤两千人相比，俄空军误伤的 100 人已经很少了。

除了俄罗斯空军之外，海军也相当配合此次作战计划。

俄罗斯在乌克兰设立了黑海舰队基地。黑海舰队是俄罗斯四大海军舰队之一，海军实力位列第三。这个实力不凡的舰队基地，正与格鲁吉亚的黑海沿岸隔海相望。在格鲁尼亚发动战争后不久，黑海舰队就抵达了格鲁吉亚海域，随后对该海域实行了全方面的海上封闭，防止其他国家对格鲁吉亚提供军事物资。

8 月 10 日，在阿布哈兹水域执行巡逻任务的俄罗斯海军，恰巧遇到了格鲁吉亚的导弹艇。是时，格鲁吉亚的导弹艇竟然向俄罗斯的海军发起了挑衅。面对格鲁吉亚海军的挑衅，俄罗斯海军自然是全力反击。很快，格鲁吉亚的海军就被打得毫无还击之力。格鲁吉亚的一艘导弹艇在这场对决当中被俄罗斯海军击沉。

俄罗斯海军的目的是封港断线，无论格鲁吉亚海军是否挑衅，在相遇的那一刻，格鲁吉亚海军的命运就已经注定了。

俄罗斯在与格鲁吉亚战斗的时候采用了全方面的进攻计划，除了直接的武力对抗，还施用了之前没有使用过的网络攻击。

在战争爆发之前，大量标有“win + love + in + Russia”的字样在格鲁吉亚政府官方网站上出现，格鲁吉亚的总统米哈伊尔·萨卡什维利的照片全都换成了希特勒，其政府的官方网站彻底瘫痪，持续了整整 24 个小时。

在战争爆发之后，俄罗斯对格鲁吉亚的网络攻击程度也全面提高。不仅是格鲁吉亚政府的官方网站，就连格鲁吉亚的媒体、通信系统、交通运输系统都被俄罗斯攻陷。这使格鲁吉亚战争动员行动以及支援能力都大打折扣，也为俄罗斯的胜利打下了基础。

俄罗斯不愧是军事大国，使得不自量力的格鲁吉亚为自己的盲目无知付出了惨痛的代价。

这场战争是普京就任总理之后遭遇的第一场战争，当时梅德韦杰夫才刚刚上任，对于俄罗斯军队的掌管程度还远远不够，俄罗斯之所以在这场战争当中取胜，除了与俄罗斯军队自身的强大力量之外，还与普京的努力密不可分。

是时，普京已不再是俄罗斯的总统，但身为配角的他却拥有着比主角更加璀璨的光环。

神勇不减当年

老骥伏枥，志在千里。退居二线就任总理之后，普京仍没有彻底退隐的意思，振兴俄罗斯是他一生的追求，目标还未完成，他又怎肯归隐？此时的普京，似神一般的男人。

2008 年 8 月 31 日，普京跟着一群野生动物专家前往远东原始森林中的自然保护区去观察一只东北虎。这是一只 5 岁的东北虎，野生专家们将它捕获，意在研究野生东北虎的生活习性。

突然一大群人出现在眼前，这只东北虎实在不习惯，受到惊吓的它使劲在那边扑腾，就在这时，意外发生了。

老虎兽性大发，此刻摆脱了束缚，满腔的怒火全都化为动力，直接扑向离它仅 5 米的负责拍摄的记者。

在此万分危急的时刻，始终沉着冷静的普京见势不妙，立即举起自己手中的麻醉枪，开保险、瞄准、射击，一套动作一气呵成，这只重达 450 公斤的东北虎应声倒下。普京凭借精准的枪法、临危不乱的心态，化解了这次危机。

老虎被打晕之后，普京马上上前给这只老虎戴上项圈，该项圈上装有微型跟踪系统，通过它，科学家们就可以实时地观测这只老虎的所有行动，以便研究其生活习性。戴好项圈之后，普京和科学家们一同测量了老虎的身长等数据。

普京当机立断的一枪解救了电视台记者，他的举动获得了俄罗斯各个媒体的一致好评，大家都对普京英勇无畏的表现钦佩不已，他在公众心中又树立起了全新的形象——“猛男”。只是，普京“射虎”的行为却被西方媒体评论为是一种“警告”。

当时，俄罗斯正与格鲁吉亚发生冲突，已经就任俄罗斯总统的梅德韦杰夫公开承认南奥塞梯与阿布哈兹的独立，美国对此十分不满，布什发表声明谴责了他的这一决定，要求俄方重新考虑，但遭到梅德韦杰夫的反对。是时，俄美双方又出现对峙局面，局势相当紧张。由此事件作为前奏，也难怪有西方媒体称普京毫不犹豫的一枪是在向美国发出警告了。

“硬汉”是普京一直以来展示出的外在形象，可他并非始终如此，他偶尔也会展现出温情的一面。

2008 年 10 月 7 日，普京 56 岁生日时，得到了一份特殊的生日礼物——一只两个半个月大的小老虎。普京向来喜欢动物，而这不同寻常的生日礼物让平时不苟言笑的他难掩心中的喜悦。他决定先将这只小老虎养在家里，等它大一些之后再送到动物园。普京十分爱护这只小老虎，对它的照顾格外用心，甚至还曾与它一同在电视节目中亮相。爱护动物的人，通常都很有爱心，普京的表现，恰如其分地证明了这一点，也拉近了他与人民的距离。这种拉近的距离，不是政治支持率，而是让人看到了他是个有血有肉、有情有义的人。

2009 年 7 月 31 日，普京抵达俄罗斯远东地区的契卡洛夫岛，目的是帮助科学家研究大白鲸的迁徙模式。当时，普京有一项任务——为一只名叫“达莎”的雌性大白鲸安装无线电信号发射器。

在科学家的指导下，普京一身专业装备，与科学家一同走入水中，他借助钳子小心翼翼地将无线电信号发射器安装在“达莎”的脊背上。普京开玩笑说，他担心“达莎”会将他们吃掉，科学家微笑着解除了他的顾虑。当科学家确定无线电信号发射器安装成功之后，普京轻轻地拍着“达莎”的背小声地说，“不要生气了。”面对动物，普京总会露出温柔的神情，这与他在政坛上的形象当真大相径庭。可以说，退位后的普京，在点滴的生活中，更完美、完满地展现出了自己独特的魅力。

同年 8 月 1 日，普京乘坐微型潜水艇来到贝加尔湖进行考察，跟随着潜艇，他与考察队员们一同潜至世界最深的淡水湖——贝加尔湖 1400 米深的水下，他打算一睹新型能源“可燃冰”的真容。

“可燃冰”，即天然气的水合物，作为 21 世纪的代替能源，它的发现备受世界各国的关注。俄罗斯科学家预测，贝加尔湖底下可能含有大量“可燃冰”，其含量可能超过 1 万亿立方米。这显然是一个巨大的水下宝藏。

在水下，普京用无线电系统与岸上的记者们对话，告诉记者们贝加尔湖的湖水并不清澈。经过 4 个小时的水下之旅，普京再次登上陆地时，脸色已有些苍白了，但他仍坚持与记者们分享在水下的感受。上岸之后，他参加了一个环保为主题的会议，在会上，他呼吁人民要保护环境，惩治那些污染环境的人。

退居二线的普京，生活较之前似乎略有空闲。2009 年 8 月 3 日，结束了对伊尔库兹克的观察之后，普京在图瓦共和国度过了一个难得的假期。

在休假期间，普京无意之间在一个无人的山区发现了一群羊，当他走向这群羊时，遇到了它们的主人——一个当地的牧羊人。尽管普京贵为一国主席、总理，但没有一点高官的架子，不但与牧羊人一同品茶，亲切交谈，甚至还接受了牧羊人的盛情邀请，去了他的住处休息。

跟着这位牧羊人来到他的家中，普京稍事休息，随后便与牧羊人和他的儿子骑上马，驰骋山林。热情好客的牧羊人带着普京参观了自己的住处，还将自己的两个女儿介绍给普京认识。

牧羊人主要说图佤语，他的俄语讲得并不好，普京听不懂图佤语，只能认真地去辨别他蹩脚的俄语的意思，可他仍表现出了极大的耐心。临走时，普京把自己的手表送给了牧羊人的儿子，还把猎刀送给了这位热情的牧羊人。如此看来，这才算得上真正的“与民同乐”吧？

在休假期间，普京骑马、游泳、漂流、垂钓，过得相当悠闲，他本人十分享受这难能可贵的假期。之后，俄罗斯媒体向外界公布了普京在图瓦共和国休假的照片，在这组度假照片中，这位57岁的政坛勇将大秀肌肉，蓝天白云之下更衬现出他的英雄气概。

有时，这位硬汉领导人也会表露出孩子气的一面。2010年8月25日，在远东休假的普京跟随着科考队去了一趟奥加尔湾。在俄罗斯远东地区的堪察加半岛附近，这位素来严肃的国家领导人却毫不顾忌地显出孩童般的玩闹形态。身带射击飞镖，乘坐一艘橡皮艇，普京玩起了追逐鲸鱼的游戏，乐此不疲。

手持特制飞镖，他在快速前行的橡皮艇上瞄准鲸鱼，向它们发起了“进攻”。普京一共发射了4枚飞镖，有一枚飞镖击中了一头灰色的鲸鱼，他十分开心。这种特制的飞镖是用来获取鲸鱼的皮肤样本进行研究的，故此他的“攻击”对鲸鱼并不会造成很大伤害。

射中鲸鱼后的普京异常兴奋，对着身边的记者大呼过瘾。上岸之后，面对一直等候的记者，他耐心地回答他们的问题，有记者问他为什么要冒险下海，他神情轻松地回答说，他是个热爱大自然的人。

英雄迟暮仍壮志满怀，一颗不服老的心，一份迎难而上的信念，令普京成为俄罗斯在国际上的标志。

《福布斯》杂志曾公布2013年度全球“最有权力人物”排行榜，前三名分别是普京、奥巴马、习近平。普京“击败”了奥巴马问鼎宝座，这是否也意味着大国崛起指日可待？

2012年3月5日，普京再度当选为俄罗斯总统，他将继续带领俄罗斯奋战6年。不知2018年时的俄罗斯会是什么样，但有理由相信，有普京在，俄罗斯的未来定不会差。

普京的人生还在继续，辉煌也将一路绽放。无论未来之路如何，这个硬汉都会推动俄罗斯巨轮徐徐前行！